上海市普教系统
名校长名师培养工程

题导向的校课程发展

刘玉华

等著

上海教育出版社
SHANGHAI EDUCATIONAL
PUBLISHING HOUSE

本书编委会

刘玉华　杨四耕　吴宝贵　向小成

赵之浩　仇虹豪　吴丽凤　朱海兰

汤　林　顾霁昀　杨贤龙　张丽芝

前言

　　从 2006 年至今，历经 18 年的实践，我们分四个阶段探索了学校课程的实践优化路径。

　　第一阶段：点上探索，积累经验。围绕"一所学校，一类课程"的实践目标，上海市实验学校附属光明学校在建设"琴棋书画"特色课程的基础上，提出"人文探究学校"的理念，逐渐形成了 1—9 年级分层递进的课程框架，积累了学校课程建设的经验，形成了学校课程发展的基本架构。

　　第二阶段：整体设计，建构模型。我们把上海市实验学校附属光明学校的经验迁移到上海市南汇第二中学，研制学校课程规划，整体设计学校课程。同时，学校运用综合分析法将课程发展的目标模式、过程模式、实践模式、情境模式、理解模式和文化模式等进行整合，建构 APPR 课程发展模式，总结实践操作要点。

　　第三阶段：校际联动，学区辐射。我们将 APPR 课程发展模式应用到学区内的初中，实现了校际联动和学区辐射。此外，我们补充了上海市"绿色指标"评价数据的问题诊断系统；基于文献梳理和问卷调查，诊断和分析了学校课程的优势与问题，并通过"圆点—涟漪"机制辐射到学区内的 18 所学校，优化了学区内的初中学校课程体系。这一课程体系由九年一贯制学校率先实行，再基于小学阶段的特征对诊断工具等进行调整，最后延伸至学区内的小学。

　　第四阶段：全面优化，多向推广。一方面，我们根据上海市"绿色指标"的结果进行增值分析，更新了可选追因评价模块；另一方面，我们通过借鉴 OECD 的 PISA、TALIS 等数据，全面优化了学校课程发展工具。比如，我们运用循环实证的方法，从 1 所学校到学区内的 18 所学校，再到全市的 30 所学校，层层推进，多向推广；同时，通过活动展示、报告、论文和操作性文本等形式，进行全方位辐射。我们在上海市第四期"双名工程"攻关基地的 9 所学校、市强校工程校、浦东校长基地校等跨地域课程共同体校之间形成了"标杆—扩散"联动机制，产生了积极反响。之后，本研究在临港地区的幼儿园、小学、初中、完中等不同学段进行进一步的实践，并作为浦东推广课题进行深入推广。

此外，我们通过讲座、培训形式在教育部中学校长培训中心对贵阳市、海南省、福建三明等地的学校进行展示和辐射推广。

本书是上海市第四期"双名工程"攻关基地研究成果的呈现，在实践推广的过程中受到上海市教育科学研究院杨四耕老师的大力支持，在此表示感谢和敬意。此外，也非常感谢9所学校的校长、教师以及上海市南汇第二中学的教师对本研究的大力支持。

刘玉华

2024 年 6 月

目录
CONTENTS

第一章　绪论 / 1

第二章　桃花源课程：让每一个孩子在美好中追求美好 / 15

　　第一节　直面学校课程建设现状 / 16

　　第二节　明确学校课程设计理念 / 24

　　第三节　细化学校课程实施评价 / 35

　　第四节　完善学校课程改革方案 / 47

第三章　牧歌式课程：让每一个孩子在这里自由呼吸 / 55

　　第一节　挖掘学校课程建设的增长空间 / 56

　　第二节　聚焦学校课程体系的丰富内涵 / 59

　　第三节　统整学校课程资源的实施评估 / 64

　　第四节　反思学校课程发展的深度提升 / 77

第四章　生长性课程：让每一个生命蓬勃生长 / 83

　　第一节　分析学校课程建设的生存状态 / 85

　　第二节　焕发学校课程体系的生命活力 / 95

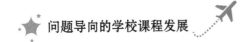
第三节　建构学校课程实践的生动体系 / 106

第四节　反思学校课程建设的生成价值 / 110

第五节　探寻学校课程变革的生长空间 / 113

第五章　相遇式课程：让每一个孩子拥有幸福童年 / 119

第一节　分析萌生课程的基础 / 120

第二节　形成引领课程的理念 / 124

第三节　细化映射生活的体系 / 134

第四节　反思谋定课程再出发 / 142

第六章　渡美课程：学校，让自己更美好 / 147

第一节　寻找学校课程建设的增长点 / 148

第二节　确定学校课程体系的聚焦点 / 152

第三节　形成学校课程实践的立足点 / 165

第四节　反思学校课程管理的核心点 / 173

第七章　S-H-A-N课程：在这里，与最好的自己相遇 / 177

第一节　寻找课程建设的增长点 / 178

第二节　建构"至善教育"课程体系 / 183

第三节　形成多元化的课程实施与评价体系 / 190

第四节　推动课程建设的可持续发展 / 204

第八章　FLAME 课程：让每一个孩子都自信满满 / 209

第一节　寻找学校课程发展的突破和成长 / 210

第二节　提炼学校课程体系的核心和重点 / 214

第三节　建构学校课程实施的框架和内容 / 219

第四节　反思学校课程建设的收获和变革 / 234

第九章　聚焦式课程：向着美的方向奔跑 / 239

第一节　引领学校美育课程方向 / 240

第二节　深耕学校美育课程体系 / 244

第三节　探索学校美育课程实践 / 252

第四节　美育领航学校课程建设 / 261

第十章　精彩性课程：让每一个生命都精彩 / 265

第一节　问题诊断促进课程开发更趋合理 / 266

第二节　学校是让每一个孩子成就精彩的地方 / 271

第三节　精彩课程的多途径实施与多维度评价 / 276

第四节　健全制度体系以保障学校课程实施 / 289

后记 /291

第一章

绪论

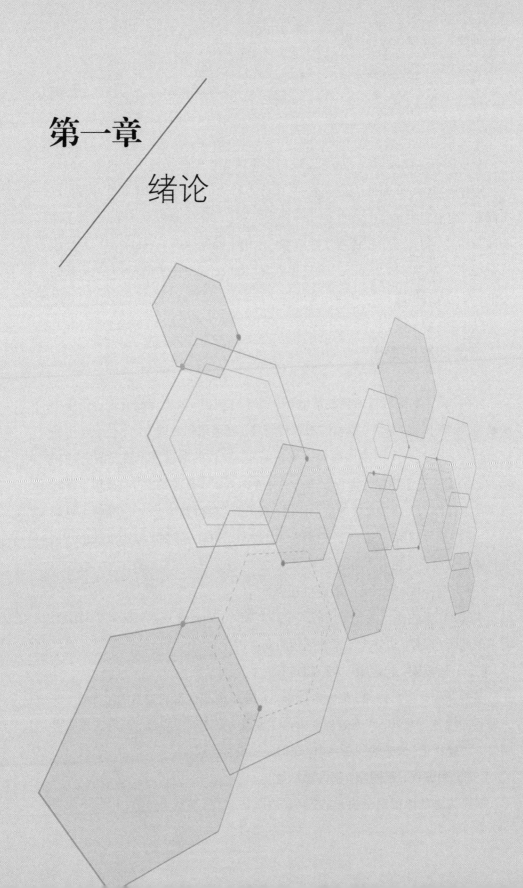

学校课程是国家课程、地方课程和校本课程在学校场域中有机整合的结果，具有现实性、全面性、统整性、具体性等特点。上海市南汇第二中学（以下简称"南汇二中"）经过多年的学校课程实践，以评估诊断为基础，设计了课程改革路径，提炼了学校课程实践智慧，建构了问题诊断（Analysis）、系统设计（Plan）、实施推进（Practice）和反思提升（Reflection）四步循环、行之有效的APPR课程发展模式。

一、问题的提出

2001年，《基础教育课程改革纲要（试行）》提出，改变课程管理过于集中的状况，实行国家、地方、学校三级课程管理，增强课程对地方、学校及学生的适应性。自此结束了国家课程大一统的局面，学校的课程意识被唤醒。2014年，《教育部关于全面深化课程改革落实立德树人根本任务的意见》肯定了课程改革在立德树人工作中发挥的重要作用，提出要"坚持系统设计""坚持重点突破""坚持继承创新"，这为学校课程建设指明了方向。然而，在实践过程中，学校课程建设还存在以下问题。

（一）有碎片，无计划，随意性较强

刚开始，学校课程大多是由教师设计实施的，随意性较强。既缺少对学生需求的调研、调控，也缺少专家和同行的专业指导。

（二）有框架，无逻辑，大杂烩堆积

学校课程框架已构建，但校本课程之间缺少关联，也缺少与国家课程、地方课程的统整。此外，实施过程缺少科学监管，整体的逻辑性、系统性无法得到保障。碎片化、大杂烩问题突出，逻辑建构没有形成。

（三）有课程，无理念，整体感缺乏

缺少先进的课程观引领，学校课程被孤立，没有被赋予价值，因此不能很

好地落实立德树人根本任务；或是理论与实践脱节，无法进行深度融合。

（四）有经验，无反思，低水平重复

学校有大量的课程实践经验，但缺少在反思基础上的提升，始终处于低水平重复状态。

学校的主要问题如下：如何诊断、明确学校课程发展的历史与现实基础？如何形成有逻辑且有机整合的学校课程架构？如何更好地迭代更新学校课程决策、组织、实施、管理、评价与完善？如何有效推广经过实践证明行之有效的学校课程发展模式，让更多的学校受益？

二、解决问题的方法

（一）问题诊断法

基于课程理念，我们对相关文献进行梳理，对学校师生、校长进行问卷调查与访谈，深刻分析学校课程的优势与发展空间，以构建学校课程体系。比如，结合上海国际化发展方向，完善了校长问卷、教师问卷和学生问卷，修改了分析框架，增强了校长、教师和学生的自我意识。最终，我们从最初的"外来者"视角过渡到学校与师生的"自我评价"视角，实现了工具引领的课程主体转换。

（二）经验提炼法

学校主要采用三种方式提炼经验：一是直接提炼三十余所学校的课程实践经验；二是对通过调查获取的师生信息中的间接经验进行提炼；三是科研专家对所指导区域和学校的课程实践经验进行再提炼。

（三）理论整合法

学校通过梳理多种课程模式理论，整合目标模式、过程模式（实践模式）、情境模式（文化分析模式）、理解模式、问题解决模式等课程开发模式，完善课程实践路径。

（四）循环实证法

APPR 课程发展模式中每一轮实践的反思是从新的问题诊断开始的，其结论也是下一个路径设计优化的起点。学校的课程实践也符合这一特征，从一所

学校的实践到九所学校的实践，再到另外几所学校的实践，如此层层推进，不断优化。

（五）评价导引法

学校在课程推进中注重开展评价研究，如在制定每一项课程推进的实施措施前，会基于文献与已有经验制定评价方案，以评价导引实践。

三、研究成果的主要内容

在整理了二十几种课程设计模式的基础上，学校形成基于评估诊断的 APPR 课程发展模式，由问题诊断、系统设计、实施推进和反思提升四步循环（见图 1-1 ）。

观察法、文献法、问卷法、访谈法……	教育哲学、课程目标、课程体系、实施路径……	学科群建设、课堂教学、社团建设、环境文化……	诊断分析、总结反思、再设计、循环推进、螺旋式上升……
问题诊断	系统设计	实施推进	反思提升

图 1-1　APPR 课程发展模式

（一）问题诊断

我们开发了学校课程问题诊断工具群，旨在清晰把握课程发展基础。APPR 课程发展模式中的问题诊断包括三个层面：宏观上是指学校地域文化特征分析；中观上是指学校课程现状分析；微观上是指校内课程问题与师生需求分析。宏观视角的学校地域文化特征分析包括两方面：一方面是分析学校及其地域文化的历史视角，分析学校可继承的文化优势及发展空间；另一方面是把学校、学生、教师放在国际教育发展的大背景之下，进行面向未来的分析（见图 1-2 ）。

问题诊断的方法包括观察法、文献法、问卷法、访谈法等。比如，由表及里地对学校概况、学校课程情境进行诊断评估，分析学校课程现状的优势及发展空间，挖掘学校特色及教师、学生和社会文化资源。

观察法是指校外人员通过观察校园环境、参与学校大型活动、听课等对学校课程情况进行简单评估。

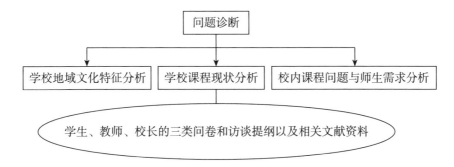

图 1-2 学校课程问题诊断结构图

文献法是指通过学校督导报告、学校课程规划、"绿色指标"等对学校的具体情况进行了解。督导报告是指以外来专家实地考察的形式形成的专业报告，可以作为学校进一步发展的评价依据。学校每年都会上交课程计划或课程规划，以此来体现学校对于自身发展的主观意愿和实践愿景。"绿色指标"是衡量上海市义务教育阶段学生发展、成长环境、均衡程度和增值发展的综合评价指标体系。评估每三年一次，初中主要针对初三学生。目前，2015 年、2018 年、2021 年的评价报告已经反馈到学校。以 2018 年为例，"绿色指标"考查的学科素养涉及语文、数学、英语、科学、艺术学科，其中艺术学科仅分析素养指数及能力维度的表现情况。语文、数学等 4 个学科的分析维度见表 1-1。

表 1-1 2018 年"绿色指标"中语文、数学、英语、科学学科的分析维度

学科	总体学业水平评价	学科各能力维度表现	学生学业成绩的标准达成度	学生高层次思维能力指数	学生学业成绩均衡度
语文					
数学					
英语					
科学					

此外，我们通过家长、学生、教师、校长问卷对"绿色指标"中的 6 个一级指标、16 个二级指标（见表 1-2）进行了分析，涉及学校课程在非成绩因素方面的效果评价。

表 1-2　2018 年"绿色指标"中非成绩方向的评价指标

一级指标	二级指标
学生学校认同度	师生关系、同伴关系、学校归属感
学生学习动力	学习自信心、学习动机
学业负担和压力	学业负担、学业压力
学生品德和社会化行为	个人礼仪规范、亲社会行为、国家认同、国际视野
教师课程领导力	教学理念、教学方式、学业评价能力
学生身心健康	体质健康、心理健康

对比 2015 年、2018 年、2021 年的评价报告，我们可以发现学校的一些发展趋势和需要重点关注的方向。

学校在"绿色指标"评价报告的基础上，补充了若干追因评价模块，拓展了学校课程分析、诊断、完善的空间。在课程实施过程中，学校创造性地利用历年数据、信息进行纵向比较，清晰地把握了学校课程的增值指数。

模块 1：跨年级追因。对"绿色指标"评价报告中学校存在的某些问题进行跨年级追因，如果确证此问题不只出现在九年级，则要针对全校实行干预。

模块 2：细化指标追因。对"绿色指标"评价报告中存在的某些问题进行细化指标追因，如针对学生作业过多的问题，分学科、年级进行作业量调查，探寻系统化干预策略。

模块 3：学校课程规划与实施追因。此模块重点分析学校课程规划与实施情况，与"绿色指标"进行相关分析。

此外，学校结合 OECD 相关数据进行问卷设计，以保障问卷指向未来的前瞻性；同时，把参与问卷设计作为一次培训过程，引导学校各主体清晰认识全球化背景下上海教育的发展趋势。

学校既可以借助访谈对问卷进行优化，也可以对问卷数据进行追因分析，了解数据背后的故事。

考虑到教师、校长、学生对问题不同层面的理解存在较大差异，我们以三角互证的视角分析不同主体对学校课程的思考（见图 1-3）。在问题诊断阶段，找准问题是学校课程发展的关键点。学校师生是最了解学校微观细节的主体，因此借助师生的力量，能充分发挥学校、教师和学生的主体性。同时，学校课程情境的构成因素复杂多样，因此也需要借助校外人员的力量（如专家基地团队等），为学校课程发展提供更广阔的思考空间。

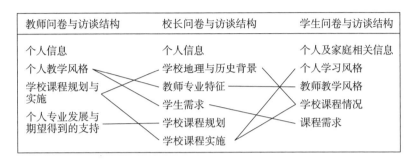

图1-3　教师、校长、学生问卷与访谈结构

（二）系统设计

为了解决学校课程碎片化、无逻辑等问题，我们要基于对学校课程的问题诊断，结合学校教育哲学与育人目标，通过关联和整合，对学校课程进行整体规划。我们以"明确学校教育哲学，分解学校育人目标，架构学校课程系列，设计实施与评价策略"的步骤设计学校课程体系（见图1-4）。

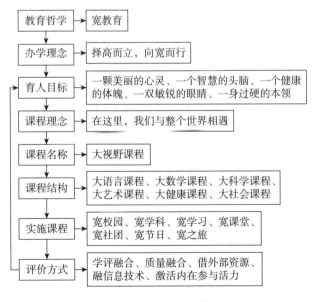

图1-4　南汇二中课程体系

1. 建立教育哲学，确定课程理念

学生的个性发展与社会化成长，需要在实践中平衡优化。学校课程观应该以学生的发展为中心，既要考虑学生的课程需求，也要引导师生认识未来世界的发展，在此前提下参与学校课程的架构，成为课程建构的对话者、课程实施的参与者。比如，上海市建平中学西校的课程理念是"让每一个生命蓬勃生长"，上海市实验中学东校的课程理念是"与生命相连，与生活相通，与生态相融"，上海市北蔡中学的课程理念是"在这里，与最好的自己相遇"……学校在借鉴其他学校的课程理念的基础上，结合自身特色，确立了自己的课程理念为"在这里，我们与整个世界相遇"。

2. 确立育人目标，厘定课程目标

如果说学校的教育哲学具有传承性，体现学校的文化底蕴，学校的育人目标就更具有时代特征，也有更多的灵活性。学校要以"五育"并举为引领，结合育人目标在不同年级的分解，形成学校课程目标。如南汇二中的育人目标是"一颗美丽的心灵、一个智慧的头脑、一个健康的体魄、一双敏锐的眼睛、一身过硬的本领"，指向德、智、体、美、劳而非一一对应。比如，"一个健康的体魄"并非对应体育课程，更不是仅仅针对体育课，而是要在各学科和学校活动中体现健康意识与健康能力，包括心理建设、课间活动等。"一双敏锐的眼睛"也不只对应美术课，而是要在各学科学习和学校活动中体现发现美、创造美的能力，如各学科内在的感性美与理性美、教室美与校园美、日常书写美与规则美等。"一身过硬的本领"更不是只对应劳动技术课，而是要在学科实践、社会实践与职业体验等活动中体现综合实践能力。因此，学校要将这种体现学校智慧的"通学段""跨学科""融德育"的育人目标分解到各个年级，形成阶梯递进的目标体系。

3. 建构课程框架，丰富课程体系

学校课程体系的建立需要有"破与立"的观念，既要保持原有学科课程的完整性，又要打破原有的学科界限，形成相互关联的学科群。如语文与英语同为语言类学科，而这类学科还包括地方语言或日语、韩语等。虽然这类学科的学习以原有学科的学习为主，但教师也要有"通学段""跨学科"的意识与能力，

通过对比不同领域进行跨学科学习。

　　基于 15 个学科，南汇二中建构了大视野课程模型（见图 1-5）。对于跨学科学习，目前多见的是 STEM 课程和项目化学习，但跨学科学习绝不仅限于此。除了前文提到学科群内的跨学科学习外，还存在更广泛领域的跨学科学习。比如，数学史的内容可能涉及数学、天文、物理、历史、哲学、音乐、美术等领域，武术课的内容可能涉及体育、韵律、哲学等领域，表演课的内容可能涉及编剧、舞台美学、服装美学、语言美学、动作美学、摄影和后期制作以及沟通合作能力，等等。

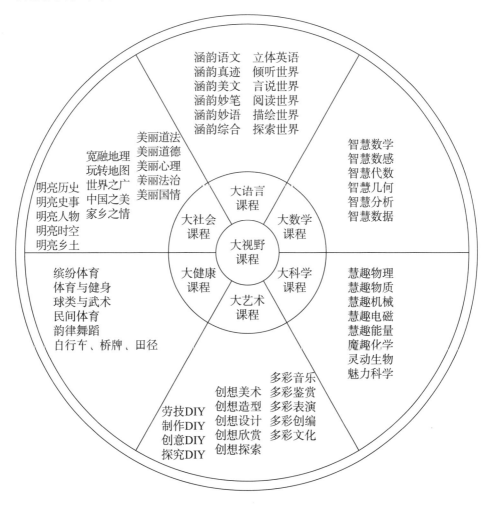

图 1-5　大视野课程模型

课程体系"破与立"的过程是一个渐进的过程,其阻力一方面来自人的认识,另一方面来自人的行为惯性。因此,学校课程的评价也要结合学校课程实际,实施"高观点"理念引导下的积极评价。这也决定了学校课程的实施路径要以循环往复、螺旋式上升为原则。

在学科群建设过程中,我们引导教师关注学科教育哲学的引领作用,在学科教育哲学与课程目标的引领下,建构各学科群的课程体系与评价方法,发动更广泛的教师参与学校课程建设。

如南汇二中的数学学科以"数学再创造"为学科教育哲学,以国家课程为基础,整合数学实验、数学史、数学游戏、数学制作等课程,形成学科课程群。学校由此获得了上海市第七届学校教育科研成果奖三等奖和上海市基础教育教学成果奖二等奖,并在课程研讨、设计、实施的过程中培养了一批优秀教师。

4. 设计实施路径,选择评价方法

学校课程实践推进的科学性,在于实践之前的实施路径设计。基于课程理念、课堂教学等,课程实施的方式有 16 种(见表 1-3)。指向学生成长的学校活动都涵盖在学校课程中。

表 1-3　学校课程实施的 16 种方式

	方式
不同场景	场馆学习、赛事学习、行走学习、社团学习、仪式学习、节庆学习、影视学习、玩耍学习、服务学习、创客学习
不同形式	搜索学习、留白学习、整合学习、问题学习、项目学习、沉浸学习

在实践中,我们特别重视评价设计,要求教师在进行课程设置时兼顾实践与评价。没有评价设计,课程实践与课程目标就容易脱节;没有评价优化,实践改进也缺少方向引领。在学校课程规划与学科课程建构的过程中,评价常常被忽略;但在 APPR 课程发展模式中,特别关注评价意识、评价工具的进步性,使学生与教师能有更先进的评价理念,从而促进课程的不断优化发展。

此次评价分为以下四种:一是研究评价,二是学校课程整体评价,三是教师课程评价,四是学生学习评价。以学校课程评价的 18 种创意(见表 1-4)为基础,给学校和教师提供多视角的评价方式,以激活课程评价的活力与张力。

表 1-4 学校课程评价的 18 种创意

	创意
过程性评价	情境性、游园式、探宝式、闯关式、议题式、积分制、审议性
结果性评价	展示性、护照式、赛事性、面试性、评选性、满意度
整体性评价	表现性、真实性、模块化、差异性、过程性

（三）实施推进

在学校课程的实施推进过程中,我们参考斯滕豪斯的过程模式和施瓦布的实践模式进行规划。课程对人的成长与发展的影响是整体性的,其内在的力量是系统发生的。我们需要多维度地进行系统聚合,促进课程与生活的全面融通。因此,多维度的课程实施路径、多元化的课程评价方法、多角度的课程管理体系是学校课程深度变革的生态系统。推进学校课程深度变革,必须激活这个生态系统,才有可能真正让学校课程变革扎根过程,才有可能真正触及每一个学生真实的自我,帮助他们获得个性化的成长经历与体验。学校从学科群课程建设、课堂教学优化、校园环境文化建设等方面践行教育理念,促进育人方式变革,探索课程评价方式,深入推进学校课程建设,落实立德树人根本任务。

在学校课程管理方面,我们形成了学校课程管理的 18 种智慧(见表 1-5)。在此过程中,我们通过制定学校课程管理机制与评价细则,收集相关数据,评估课程实施成效。实证意识是课程评价的关键,且实证性不只体现在制定评价细则、实践推进与管理、评估与反思等阶段上。

表 1-5 学校课程管理的 18 种智慧

	智慧
常规管理	价值引领、制度建构、组织建设、文化管理、顶层设计、链式突破、特色聚焦、现场管理
突出主体	赋权教师、共享决策、专业协同
拓展特色	时间管理、空间管理、知识管理、目标管理、情境管理、问题驱动、项目管理

我们以 18 种智慧引导学校选择或再创课程管理智慧，如在此基础上再创了课程研修、课题聚焦、资源盘活、课程计划、迭代发展等学校课程管理方式，保障了学校课程的有序推进。

（四）反思提升

社会的发展决定了先进的学校课程也不可能是一成不变的。学校课程变革是一种反思性实践，需要对实践进行反思，再将反思带到新的实践中。对学校课程实践进行反思、总结、再设计，如此循环推进，才能促进学校课程的迭代发展。反思性实践是一种主动且持续地审视理论、信念和假设的过程。它可以帮助我们在课程实践中审视每一个专业判断背后的潜在逻辑，选择合适的方式应对可能出现的情境。

APPR 课程发展模式以行动研究为线索，在每个发展周期（如每学年）结束时，借助更新的诊断工具，对课程规划与推进实施成效进行反思、总结、再设计，如此循环推进、螺旋式上升，才能促进学校课程保持其应对各种变化的适应性。

四、效果与反思

研究成果深度应用于惠南学区的 18 所学校、上海市"双名工程"攻关基地的 9 所学校、浦东新区名校长基地的 4 所学校，总计惠及 3122 名教师和 39386 名学生。

（一）实践效果

1. 均衡各学科学习，提升了选课自主性、认同度、学习自信心、睡眠时间

从南汇二中 2015 年和 2018 年的"绿色指标"数据可知，学校保持了学科综合的高位运行，薄弱学科（科学）提升了 1 级（级别分为 1—9 级，9 级为最高），学生的学习自信心提升了 2 级，学生的睡眠时间提升了 2 级。

从上海市"双名工程"攻关基地成员校的三年（2018—2021 年）数据对比可知，学生对学校课程的整体认同度由 60.17% 提升至 72.26%，学生对自己参与选课的自主性由 64.40% 提升至 71.73%，学生对学校专题教育的认同度有了

明显提升（如 5 项提升了 5%—10%，4 项提升了 10% 以上）。

2. 教师课程意识明显增强，且课程领导力明显提升

从上海市"双名工程"攻关基地成员校的三年（2018—2021 年）数据对比可知（见表 1-6），教师课程意识明显增强，且课程领导力明显提升。

表 1-6　上海市"双名工程"攻关基地成员校的数据对比

评价方向	2018 年前测数据	2021 年后测数据
教师对"课程领导者"意识的认同度	28.32%	37.40%
教师对"家长参与课程"实践的认同度	13.69%	25.00%
教师对学校课程制度的认同度	33.49%	44.72%
教师对学校课程奖励的认同度	17.39%	45.33%
教师对学校课程的认同度	34.08%	43.70%
教师对学校课程培训的认同度	32.31%	44.82%

3. 学校美誉度明显提升，学校课程领导共同体意识得以凝聚

APPR 课程发展模式实践以来，相关学校获得不同程度的发展。比如：第一个进行课程实践的上海市实验学校附属光明学校于 2015 年被评为上海市第二批新优质学校；由南汇二中牵头组建的惠南学区于 2020 学年在浦东新区义务教育阶段学区化集团化办学绩效考核中排名第一；上海市香山中学于 2021 年成为上海市特色普通高中。上海市"双名工程"刘玉华校长攻关基地成员校的家长对学校课程的整体认同度由 83.44% 提升到 89.55%。基地成员校中的赵之浩校长被评为上海市特级校长、"2020 上海教育年度新闻人物"，朱海兰校长被评为上海市优秀校园长。

4. 有思想观点，有具体模型，有实践案例，辐射影响力大

在梳理相关课程理论的基础上，我们提出"学校是落实立德树人根本任务、实施国家课程的基本单位""学校课程是国家课程、地方课程和校本课程在学校场域中有机整合的结果"等观点，将实践成果推广至 30 所学校，撰写专著或成果编著 6 本，开展专题报告 14 场，组织进校参观考察团 83 个。

（二）实践反思

通过 APPR 课程发展模式的实践，学校的课程设计与实践能力得以提升，学校课程得以优化，教师与学生得以发展。

我们在实践中提炼的 APPR 课程发展模式在以下方面得到发展。一是问题导向性。APPR 课程发展模式是问题导向的课程发展模式。这一模式可以精准确定发展方向并制定课程规划，也是挖掘内在发展动力、促进自主发展的动力源泉。二是实践聚焦性。APPR 课程发展模式是实践聚焦的课程发展模式。这一模式通过问题诊断充分挖掘学校课程潜力，以案例引领学校课程实践。三是螺旋上升性。APPR 课程发展模式的实践不是一蹴而就的实践模式，而是以行动研究的方式循环推进、螺旋式上升的。在此过程中，反思性研究是重点，而反思又建立在下一个问题诊断的基础上。四是理据多维性。综合运用目标模式、过程模式、情境模式（文化分析模式）、理解模式、问题解决模式等理论进行合理架构，解决实践问题，充分扩大各种课程模式的优势，规避其不足，实现实践的不断优化。五是发展灵活性。布迪厄认为，实践离不开"习性"和"场域"的共同作用，因而实践在个人"习性"与社会"场域"的相互作用下表现出更多的灵活性。

APPR 课程发展模式增强了学校课程发展的理性自觉和自我提升能力，增加了学校整体课程的逻辑性和系统性，推进了学校课程的深度变革。

（撰稿人　刘玉华）

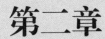

第二章

桃花源课程：让每一个孩子在美好中追求美好

上海市泾南中学（以下简称"泾南中学"）是浦东新区的一所公办普通完全中学，前身是正谊中学。1947年，贾德超等人发起筹建了正谊中学，并提出"忠信笃敬"的办学理念。之后，在黄炎培、胡厥文等人组成的新校董会的主持下，学校于1954年2月收归市里，并于1958年正式更名为"上海市泾南中学"。在几十年的发展历程中，学校历任领导和广大教职员工谨遵校训，恪尽职守，培养了一批又一批人才。

近年来，泾南中学以强校工程为契机，不断调整学校整改措施，在培养学生核心素养、提升教师专业水平等方面取得了较为突出的成绩。比如：学校连续多年获得"浦东新区文明单位""上海市安全文明校园""上海市贯彻《学校体育工作条例》先进学校"称号，多次获得"浦东新区高中生农村社会实践活动优秀组织奖"；学校成功举办了"走进科技，走进梦想"科技节，其中"航行天下"船模社被评为浦东新区五星级社团。此外，在组队参加的全国青少年模拟飞行锦标赛中，学校被中国航空运动协会授予"中国航协青少年航校"称号；学校承担的区级课题"改进课堂教学策略　提高学生学习效能的研究"荣获上海市教育科学研究院第五届学校教育科研成果奖三等奖；每年教师荣获区级以上奖项共计20余人次，学生荣获区级以上奖项共计50余人次。

本章采用APPR课程发展模式对泾南中学的课程建设进行深度研究，揭示学校课程发展的理性逻辑与实践智慧，以期进一步探索课程建设与发展的方法，并为其他学校推进基于校情的课程建设提供可借鉴的经验。

第一节　直面学校课程建设现状

课程发展中的问题诊断是现有课程建设的成效反馈，具有一定的导向、诊断、甄别作用。学校通过问题诊断，更客观、清晰地认识到课程建设的现状；根据调查报告，梳理优势与问题，进一步明确课程建设的发展方向；根据问题诊断结果，建立健全相关措施，完善管理体制，提升教学质量。

本次的问题诊断依据《上海市泾南中学课程调研报告》，包括泾南中学在内的 9 所学校①（以下简称"九校"）中部分师生的问卷调查数据和对比分析。

一、学生课程需求与学校课程数量的张力

学校课程活动的展开首先要基于对学生的分析研究，只有切实地了解学生，才能保证学校课程活动的针对性和适应性。

（一）学生具有主动性优势

通过学生参与校本课程的数据对比可知，相较于九校均值，我校学生的参与度和参与意愿更高，没有参与校本课程的学生仅有 5.41%。比如，当被问到"如果由你来选课，你希望如何选择学校开设的校本课程"时，我校学生选择"无所谓上什么"的比例为 0。可见，我校学生对好的课程的渴望更强烈，即对校本课程质量有更高的要求。学生希望根据自己的兴趣爱好独立选择校本课程，在拓展知识面、提升能力的同时，也能展示和发展自身特长。同时，学生更倾向于以"作品展览"和"组织活动"的方式进行课程评价。这也能说明他们更希望自己的能力和作品都能得到充分展现和展示。学生对课程的高需求度和高表现欲，有助于推动校本课程的开发与实施。

（二）课程存在结构性问题

从调查数据可知，现有的校本课程尚不能完全满足学生诉求。虽然我校学生的课程参与度较高，但是每周参与 2 节及以上校本课程的学生占比相较于九校均值则较低。特别是参与 2 节以上校本课程的学生占比仅有 2.70%，远远低于九校均值（25.55%）。此外，学校在一些课程开发上仍有所欠缺，如探究课程

---

① 其余 8 所学校为上海市实验学校东校、上海市建平中学西校、上海市香山中学、上海市北蔡中学、上海市上南中学北校、上海市闵行区浦江第一中学、上海市闵行区浦江第三中学、上海市闵行区曹行中学。

的开设情况不容乐观。学生对于高质量、多形式课程的需求，也对学校和教师提出了更高的要求。

（三）改进方向

在完善课程建设时，学校应立足学生的成长与进步，通过多种调查渠道及时掌握学生的发展现状和需求，开设形式多样、内容合理且评价灵活的校本课程。同时，学校要进一步提升课程建设质量和教师教学质量，努力满足学生对于好的课程的需求。

二、教师队伍素质与群体结构的张力

（一）成熟教师显优势

泾南中学作为浦东新区的一所老牌学校，从建校初期便吸引了一批优秀教师的加盟。在之后几十年的发展中，在学校的精心培养以及教师的自我完善下，形成了业务素质、思想道德素质、教育科研素质较高的教师队伍。

调查数据显示，高级教师占全校教师的17.46%，超出九校均值5个百分点，50岁以上的教师和男教师的占比也相对较高。这表明学校师资队伍成熟度高，且教师结构较为合理。老教师不仅教学经验丰富、教学方法得当、课堂管理游刃有余，还在指导青年教师方面具有丰富的经验。从教师教学自信度的数据对比可知，我校教师对所有与个人教学相关的问题的认同度均高于九校均值。可见，我校教师的自我认同度整体较高。

（二）教师结构待优化

我校教师的学历结构和年龄结构尚不完善。调查数据显示，我校具有硕士研究生学历的教师和30岁以下的教师比例与九校均值相比仍有不小差距，优秀师资比例明显偏低。此外，调查数据还反映出我校教师在任教学科上存在不平衡现象，特别是科学学科与综合实践活动学科的专任教师比例为0。这也反映了学校教师结构性缺编，特别是学科性缺编的现状。这些都是制约教师队伍专业发展的因素。

（三）改进方向

事实上，学校已经注意到这些问题并采取了相应的措施。比如，针对青年教师建立了"泾南青椒苑"，由骨干教师牵头，定期开展教研和课堂观摩活动，鼓励和督促青年教师在其专业领域迅速成长。同时，充分发挥骨干教师的带头作用，加强对青年教师的培养，实施骨干教师带教制度，促进不同层次教师共同发展。日后，学校将会完善教师招聘政策，严格筛选，向高学历教师倾斜，改善教师结构不平衡现象。

三、课程研发实施认同度与内涵建设的张力

（一）学校课程受到师生好评

根据师生对学校课程实施情况的反馈来看，教师和学生对学校课程的研发与实施的认同度较高。

在教师方面，调查数据显示，25 个问题的平均认同度为 71.00%，其中认同度达到 80.00% 以上的问题共计 12 个，主要体现在对国家课程的处理、课程理念、学校制度三方面的认同上。此外，我校教师对学校校本课程开发制度和激励政策的认同度达到 90.48%，远高于九校均值（78.61%）；在"学校为进行学科教学方式创新的教师提供了激励政策"这个题目上，我校教师的认同度达到 85.72%。在学生方面，通过九校学生对学校课程实施情况的认同度的数据对比可知，泾南中学课程资源丰富，形式相对多样，自主选课度较高，专题教育内容落实较好，社团活动参与度较高。因此，学校校本课程开设情况总体上是令学生满意的，校本课程开发制度和激励政策得到了广大教师的认可。

（二）教师参与课程建设的主动性不足

本次调查也反映了学校在课程建设中仍有可以改进和提升的空间。

首先，教师参与性、自觉性有待加强。比如：88.89% 的教师未参加过校本课程开发，可见教师参与性不强；教师对于"我自己进行课程建设的自觉性不错"的认同度仅有 14.29%，远远低于九校均值（24.20%）。究其原因，我校大部分教师是比较成熟的老教师，有 73.01% 的教师已经从教 16 年以上，他们普遍

认同学校现有课程能满足培养学生核心素养的需要。同时,87.30%的教师认为已经形成自己独特的教学风格。这是他们经过多年实践形成的兼具魅力和稳定性的教学风貌,而非一朝一夕的事情。因此,要想改变和突破,是难上加难。

其次,学校课程内涵建设方面尚有欠缺。大部分教师认为关于校本课程开发能力和技巧的培训力度不够,如约三分之二的教师认为本学科的校本课程没有关注到学科内容的前沿知识,80.95%的教师认为学校推进国家课程校本化实施的课程资源不足,仅有一半的教师认为自己参与了校本课程的开发和实施。

(三)改进方向

总的来说,教师对于参与学校课程研发和实施的认同度比较高,主要体现在课程制度、激励政策、课程资源和形式等方面,但在内涵建设、群策群力等方面仍有可以完善的空间。中考、高考新政对教师提出了新的要求,他们都在不断适应中。学校拓展型课程、研究型课程有待进一步完善,特别是课程的多元评价体系。未来,学校将会有针对性地在这些方面加大力度,聘请校外专家进行进一步指导,也会更加重视教研组和备课组建设,落实基于学科核心素养的课程建设和课堂教学改革。此外,学校还会优化教师团队的行动研究,共同完善课程建设。

四、校园文化建设与文化认同的张力

(一)学校具有优良的文化传统

近年来,学校紧扣"忠信笃敬"的校训和"成为老百姓家门口的好学校"的办学理念,构建具有学校特色的校园文化体系,因此校园文化建设取得了实质性进展。

一是逐步形成了"立规育美,协作进取"的校风。所谓无规矩不成方圆,学校始终要求全校师生具备良好的、遵章守纪的道德品质,如教师要树立良好的师德形象,学生要展现良好的精神面貌。

二是形成了"爱生乐耕"的教风和"勤学善思"的学风。"爱生乐耕"的教风是指教师只有热爱学生，才能用心教书，才能教好书；教书有如耕耘，教师要有钻研精神，研究教材教法，寻找适合学情的教学方法，这样才能善于耕耘，快乐耕耘。同时，教师之间应该团结协作，不断进取，争创佳绩。"勤学善思"的学风是指同学之间互帮互助、团结友爱、积极向上、共同进步，不断取得优异成绩；同时要勤奋学习，善于思考，养成良好的思维品质。

三是重视文化的传承与发展。为了增进师生对校园文化的理解，增强师生的主人翁意识和学校认同感，学校立足文化的传承与发展，在校园文化建设过程中，将新时代的内容融入校训精神，使广大师生对其内涵有更深、更广的理解和认同。

（二）文化主体性与认同感有待提升

在校园文化建设过程中，学校仍然欠缺文化认同感。首先，面临升学率等压力，学校在校园文化建设方面投入的人力、物力、财力等，不能完全满足校园文化发展的需要，如学校的基础设施不完善、物质条件匮乏等。其次，学校虽然在校园景致、规划设计、结构布局、建筑标志、体育和娱乐设施等方面的投入较多，但却缺少对精神内核的探索和发掘，从而使校园文化建设流于表面。再次，校园文化管理不够完善。尽管学校的校园文化建设具有一定的标准化、制度化，但对文化发展的重视程度还略显不足。比如，学校决策者对校园文化建设的研习不足，在校师生也并没有很好地将目光放在校园文化建设上，没有发挥出其应有的主动性和积极性。最后，主体参与意识不强，甚至有些学生对思想政治教育课有些反感。大部分教师较少参加学校文化活动，与学生互动较少。由于学生容易受到同学的影响，因此导致校园文化建设的育人效果不能适应社会发展的需要。

（三）改进方向

一是加强校园精神文化建设，丰富校园文化建设内涵，培养学生人文素养。精神文化是校园文化的核心和灵魂。良好的校园精神，可以增强学校的凝聚力。在未来的校园文化建设中，可以创办校刊，拓展校园文化宣传窗口；可以开展读校史活动，挖掘文化底蕴；可以举办唱校歌比赛，形成校园文化特色；可以坚持升国旗制度，激发师生爱党爱国热情，强化师生的主人翁意识，使全体师生接受优秀文化的感染和熏陶。同时，把师生的行为文化作为校园文化建设的关键。比如，对师生的行为、语言、仪表、礼仪进行规范，全面提升师生综合素养。此外，学校将会努力营造校园文化氛围，让文化育人于无形。

二是加强校园制度建设，健全管理机制，形成优良的校风。制度是校园文化建设初级阶段的产物，是为了达到无意境界而采取的一种有意识的手段。学校在加强制度建设的同时，也要重视教育宣传工作，展现学校办学成果。比如，制作学校简介专题片，在多媒体室及校园宣传橱窗对教育成果和办学成果进行直观展示，树立良好的学校形象。

三是加强校园物质文化建设，美化校园环境，奠定育人基础。物质文化是一种直观性文化，可以直接反映出学校的办学水平。比如，校园内的教育牌、提示牌、提醒牌等，醒目美观，处处体现教育与文化内涵。此外，学校将会进一步加大校园环境美化力度，力求做到绿中求美，美中求乐；同时给师生创设安全、优美、和谐的学习生活环境，提升校园文化品位。

总而言之，学校始终致力于打造校园文化特色品牌，谱写校园文化新篇章。比如，以优良的校风影响学生，以高尚的师德感染学生，以优美的环境陶冶学生。

五、内部优化与外部竞争的张力

（一）强校工程带来新机遇

2018 年，上海市教育委员会发布《关于实施百所公办初中强校工程的意见》。泾南中学作为实验校，加入上海市建平教育集团，与支援校上海市建平中学西校签订帮带共建协议。学校借助这一发展契机，通过多种渠道重塑自信，立足自身、用好外力、内外兼修，以学生核心素养的养成和提升为基石，以教师专业发展的有效性为支撑，以形成适合学校现状的有效管理机制为保障，确保教育教学质量的持续提升。学校以聚焦健康成长的区级课题为实验项目，通过校内外的开放渠道开展学生生涯规划教育，包括邀请专家到校开设讲座，带领学生走进各类社会场所并参与职业体验，开展"红歌会"、"紫藤"书香节等系列活动，组织形式多样的科技社团，在提高学生课业成绩的同时，提升他们的综合素养，丰富他们的校园生活。强校工程实施以来，我校学生 2018 年的"绿色指标"相较于 2015 年总体呈现上升趋势（见表 2-1）。此外，学校 2018 年的中考合格率为 100%，2019 年的中考合格率为 97%，2020 年在优秀率上有所突破。

表 2-1 2015 年、2018 年泾南中学学生的"绿色指标"

"绿色指标"	2015 年	2018 年
语文学业成绩标准达标度	6	6
数学学业成绩标准达标度	1	5
英语学业成绩标准达标度	1	4
科学学业成绩标准达标度	3	4
教师教学方式	6	7
学生学习动机	5	7
学生睡眠时间	2	5
学校布置作业时间	7	6

（二）生源流失问题长期存在

尽管学生层次有所上升，教育教学质量逐步提高，但学校仍然处于"优质初中"与"优质高中"的包围中，优质生源流失较多。目前，我校初中生源流失率虽然略有回升，但还是有相当一部分学生流失；高中生源流失率回升艰难，生存压力加剧。

（三）改进方向

泾南中学将继续借助强校工程的东风，提升学校整体办学水平。此外，学校将充分利用课题研究成果，形成教育经验，以顺利达成预期目标。比如，综合利用各种资源，促进学校内涵发展，提升学校办学质量，让课题传达的德育观念能更为深入地渗透到教师的日常工作与思想意识中，助推教师专业成长，促进学生健康成长。在课程实施方面，普及科技课程，建设科技特色学校。比如，总结开展创新教育的收获与不足，为今后的创新教育实践奠定理论基础，提升学校科技教育的内涵。依据科技节上开展的各类活动，建设科技普及类课程和学生兴趣类社团课程，并形成实施方案。既要充分利用校内资源，在日常课程中结合不同学科特点，渗透科学知识、科学方法、科学思想，让师生都能积极参与各类科普活动，也要积极开发校外资源，组织外聘特色教师开展专业辅导，让科技活动在学生、家长、社会方面的影响力逐步提高。希望能涌现出一批热爱科技活动的学生，希望他们能在特色项目、创新大赛上有突出表现。

综上所述，泾南中学一是建立相关机制，鼓励教师根据学生的需要和兴趣，基于"以人为本"的原则自主开发课程；二是加强管理，确保课程开发的有效实施。

第二节　明确学校课程设计理念

威廉·F.派纳等人认为，课程是一个高度符号性的概念，是一代人努力界定自我与世界的方式。学校课程的宗旨在于引导学生关切自己与他人，帮助他们在公共领域成为致力于建设民主社会的公民，在私人领域成为对他人负责的个体，运用智力、敏感和勇气进行思考与行动。因此，课程不再是一个事物、一个过程，而是一种行动、一种社会实践、一种私人的意义，甚至是一种公共的希望。据此，学校基于桃花源课程规划，综合校本课程建设的优势与不足、教师与学生对校本课程的需求等，将学校课程的设计路径细化为课程哲学、课程目标和课程框架三部分。

一、课程哲学

课程哲学是基于学校实际需要和发展趋势，反映人们对课程的真实看法，用来指导教学实践的理论观点。哲学基础的研究与发展，对课程研究有着至关重要的作用。学校的教育哲学是"美好教育"，在此基础上确立了"做一个美好的人"的办学理念和"让每一个孩子在美好中追求美好"的课程理念。

（一）教育哲学

黄济先生指出，教育哲学是整个教育科学中一个重要的分支学科，是教育科学的概括和总结。教育哲学就是从哲学的观点论教育，更是从教育的观点论哲学的学问。[①]

我们认为，教育的本质是美好。好的教育是美的，教育的过程是一个发现美、享受美和理解美的过程。倘若没有对美的渴慕，教育就不会真正发生。因此，学校将教育哲学确定为"美好教育"。美好教育的核心内涵是对生命的关怀、对生活的欣赏、对生趣的表达。

第一，美好教育是对生命的关怀。教育的对象是人，同时也是生命。教育即生长，教育的目的是促进生命的成长，提升生命的价值，实现生命的意义。对教育而言，每个人都是独一无二的生命体。美好教育要做到顺应生命的本真状态，如对生命与生俱来的权利的尊重，向人类传递多姿多彩的生命气息。因此，美好教育应该做到因材施教，有教无类，使得人人皆可成才；也应该做到对生命成长变化的关注，让生命自然生长；还应该输出一种正确的生命价值观——所有生命都是平等的。生命关怀不仅是对学生自然生命的关怀，还是对学生精神生命的关怀，如促进学生心智成长、人格健全、情感丰富。一方面，需要教育者为学生提供最真挚的服务，摒弃控制和索取，师生平等而亲密；另一方面，也需要教育者以其人格魅力、精神引领、心理信任、情感温暖、行为支持去唤醒学生的灵魂。美好教育下的教育者将会用他们的耐心和细心去不断发掘学生的兴趣和特质，顺应他们的天性，帮助他们找到自己生长的方向，走出一条适合自己的道路。

第二，美好教育是对生活的欣赏。陶行知先生提出"生活即教育"，好的教育就是"从生活中学习""从经验中学习"。事实上，教育的目的就是让生活变得更美好，让学生在学习过程中发觉生活的诗意与浪漫，从而热爱生活、享受

---

① 黄济.教育哲学［M］.北京：北京师范大学出版社，1985.

生活，而不是厌倦生活、排斥生活。美好教育可以利用散落在生活里的教育资源，从而进行审美再创造。教师要为学生创设生活情境，引导学生将生活经验与学习经验相关联，既让学生有充分的感知和联想，建立起自己的认知体系，又让他们加深对生活的理解和感悟，提升审美素养。在学生成长过程中，教师要让其回归生活，把外在世界的相关事物转换成鲜活的教育内容，扩大教育的外延，让教育与世界、社会、现实建构起活泼而真切的联系。这样，学生接受教育的过程，就不会只是空洞的说教和强硬的灌输，而是一种发现之旅、唤醒之旅、熏陶之旅，是一种接受美好生活的洗礼。

第三，美好教育是对生趣的表达。朱光潜先生曾说："人须有生趣才能有生机。生趣是生活中所领略得的快乐，生机是生活发扬所需要的力量。"美好教育致力于在教育的各方面激发生趣。一是课程内容生趣。教师要努力为学生提供丰富多元、个性化的选择，除了文化学科外，特别不能忽略体育和艺术。正如英国教育家斯宾塞所说："没有油画、雕塑、音乐、诗歌以及各种自然美所引起的情感，人生乐趣会失掉一半。"二是教育方式生趣。美好教育以唤醒、启发、引导、激励为主，倡导自主、探究、真实且有深度的学习。三是教育氛围生趣。美好教育致力于构建一种民主、平等、信任、包容的师生关系，以教师的有趣带动教学的有趣、学生的有趣。有生趣才有活力，有活力才有创意，有创意才有美丽。这就是生趣表达的无穷魅力，也是美好教育的重要体现。

总的来说，生命关怀能给予人向善的情愫，是美好教育的道德制高点；生活欣赏使人嗅到美的真谛，是美好教育接地气的表现；生趣表达则赋予美好教育有活力、有创意的实现方式，使其永葆初心。

（二）办学理念

办学理念是学校办学的出发点，体现了学校的办学之道、教学之道、求学之道、管理之道，是教育者实现人生价值、追求卓越、走向辉煌之道。我们认为，在美好教育之下，学生应该发展成一个美好的人。因此，基于美好教育，学校确立了"做一个美好的人"的办学理念。

第一，做一个外表美好的人。仪表气质是个人涵养的外在表现，也体现着对他人的尊重。在与人交往中，仪表气质是一张没有文字却形象生动的名片。

整洁的衣冠给人以舒服的感觉，而好的第一印象往往是至关重要的，甚至会影响个人未来的发展。学校有责任让学生做到仪表端庄，气质不俗，展现良好的精神风貌和青春期少年特有的朝气。对于学生留长发、穿奇装异服、佩戴首饰的行为，学校要理解他们可能是对美的理解存在偏差，并及时对其进行纠正，让他们明白哪些服饰最符合学生身份、最具代表性，以及看上去最能凸显积极向上的精神风貌；同时要让他们做到"站如松，坐如钟，行如风"，呈现出充满朝气的精神面貌。

第二，做一个道德美好的人。道德是调整人与人之间以及个人与社会之间关系的行为规范的总和。培养学生高尚的道德情操，一直以来都是学校的目标。青少年时期是长身体的重要时期，也是思想道德观念形成的重要时期。要做到德智体美劳全面发展，思想道德方面的健康成长不可或缺。"德者，才之帅也。"思想道德在未成年人健康成长中起主导作用，关系到他们将来成为什么人，走什么路，能否成为对社会有用的人才。要让未成年人健康成长、全面发展，就要教育和引导他们树立正确的理想信念和世界观、人生观、价值观，培养高尚的思想品质和良好的道德情操，成长为有理想、有道德、有文化、有纪律的社会主义"四有"新人。

第三，做一个传递美好的人。如果说前两个美好的内涵侧重于自我完善，传递美好则是自我对外在世界的影响力。学校在办学过程中应该有意识地让学生学会感知身边的美好事物，学会发现美、追求美，引导他们将正确的价值观、审美观传递给身边的人。

（三）课程理念

基于上述理解，围绕"美好"这一关键词，我们提出了相应的课程理念，即让每一个孩子在美好中追求美好。

第一，课程始终关注学生在成长过程中品德、人格的养成与提升。以"忠信笃敬，勤学善思"为育人原则，以热爱生命为核心，帮助学生处理好与他人、社会、自然、国家的关系，指导学生增强国家意识并增进国际理解。以道德自律为目标，增强学生的生命意识、法治意识、正义意识、自由意识、诚信意识、竞争意识、合作意识、求真意识等。同时，弘扬"立规育美，协作进取"的校风，提高师生的生命质量。

第二，课程充分了解和尊重学生的个性差异，为学生全面发展创造条件。比如，确立学生在学习中的主体地位，提供符合课程目标指向的优质课程与课堂教学。关注每个学生的学习过程，运用多种教学材料、教学模式、教学方法，有效促进学生学习，并通过创设学习情境、开发实践环节、拓展学习渠道，引导学生在学习过程中联系社会生活实践。学校通过课程体系的构建与实施，为学生提供品德形成与人格发展、潜能开发与认知发展、身体与心理发展、艺术审美、综合实践等方面的学习经历，帮助学生在学习过程中体验、感悟、建构丰富的经验，为其全面发展创造条件，为其终身发展奠基。

第三，课程坚持以社会发展、学生需求、学校特色来促进学生学习品质的提升。学校通过不断改进教学方式，引导学生转变学习方式，将接受式学习与自主研究、实践体验、合作互动等学习方式有机结合。学校注重引导教师实施有效教学，落实增效减负，培养学生养成良好的学习习惯和规范的行为习惯，以丰富的学习环境和多元的学习评价减轻学生的学习负担，让师生充分感受课程之美好。

总之，我们要通过课程拓展学生的学习和实践领域，发掘其潜质，发挥其特长，使其体验自身发展与获得成功的乐趣。

二、课程目标

课程目标规定了学生通过课程学习，在发展品德、智力、体质等方面期望达到的程度，是确定课程内容、教学目标和教学方法的基础。

学校的育人目标是"培养知美、乐美、爱美、懂美的健康学生"。所谓"知美"，是指自尊自爱，向往美好；所谓"乐美"，是指勤奋学习，勇于实践；所谓"爱美"，是指喜爱运动，身心健康；所谓"懂美"，是指热爱生活，富有情趣。

学校课程是为实现育人目标服务的。基于上述育人目标，学校确定了不同年级的课程目标（见表2-2）。

表2-2　泾南中学不同年级的课程目标

年级	知美	乐美	爱美	懂美
六年级	了解班级的同学和老师，学会在班集体中遵守班规、友爱互助，与同伴、老师、家人美好相处。	善于思考，对知识产生求知欲，培养良好的学习态度和学习习惯。积极参与学校的各项课程学习活动，初步养成创新精神、实践能力、合作探究意识。	发现身边美好的事物，探究它们的特征与内涵。培养艺术审美能力，丰富审美经验，形成基本的艺术素养。将身体健康作为首要目标，积极参与课内外体育活动，养成良好的运动习惯。在课余生活中，发展几项感兴趣的运动技能，呈现出青少年应有的朝气蓬勃的精神面貌。	对生活抱有积极向上的心态，学会热爱身边的人和事物，懂得欣赏甚至改变生活。热爱祖国，热爱人民，认同中华文化，理解现在美好生活的来之不易，养成热爱劳动的意识和基本劳动能力。
七年级	培养关注现实、热爱生活、积极向上的生活情趣。增强自我意识，学会过集体生活，在互动中获得健康成长。	初步形成良好的学习态度和学习习惯，学会汲取广博的人文知识。培养良好的观察和思考能力，善于发现，乐于探究。在实践活动中善于观察和思考，勤于动手，勇于实践，增强探究和创新意识，提高综合运用知识的能力。	学会欣赏艺术作品，形成健康的审美情趣，增强对自然和生命的热爱。保持参与运动的兴趣和积极运动的习惯，掌握多项运动技能，热爱运动，热爱生活。	积极参加各类志愿服务活动。树立规则意识、劳动观念，培养公民意识。
八年级	增强对自己、他人、班级及社会的责任感。掌握与个体成长和社会生活紧密联系的法律知识，做到正确行使权利，自觉履行义务。	注重学习体验，具备良好的思辨能力。对所学知识产生浓厚的兴趣，能在实践中灵活运用所学知识，形成较强的求知欲和探索精神。	学会多角度欣赏艺术作品，形成健康的审美情趣，增强对自然和人类社会的热爱及责任感。保持参与运动的兴趣和积极运动的习惯，使性格更开朗、动作更协调。在进行体育活动时，形成积极进取、乐观向上的生活态度。	积极参加各类职业体验活动，养成热爱劳动、自主自立、意志坚强的生活态度。

（续表）

年级	知美	乐美	爱美	懂美
九年级	合理规划自己的学习生活，提升力量、速度、灵敏、耐力等身体素质，使动作更协调。保持参与运动的习惯，形成开朗大方、坚强自信的性格。热爱祖国，热爱学校，感恩社会，并将其转化为学习和前进的动力。	保持参与艺术活动的爱好和习惯，发挥自己的特长，体验生活的情趣。	热爱学习，坚持学习。实事求是，言必信，行必果。虚心接受别人的批评，坦然承认自己的不足。有主见，敢于发表自己的观点和看法。	保持浓厚的学习兴趣，具有学习责任感。正视自己的缺点，积极主动地表达自己的观点，形成社会责任感。
高一年级	通过深入思考，逐步形成更加健全的人生观、价值观。关心集体，乐于奉献，增强民族自豪感，具有强烈的爱祖国、爱家乡、爱社会的情感。成为有理想、有道德、有文化、有纪律的合格公民。	形成科学精神、科学态度与价值观。能独立思考，学会克服困难，养成科学的思维习惯和行为方式。在实践操作的基础上，提高发现问题、分析问题、独立解决问题的能力，发展思辨能力及个性化探究能力，在实践创新领域有自己的作品和成果。	自由抒发情感，表达个性和创意，增强审美自信，善于发现美，学会鉴赏美，敢于创造美。持之以恒地参与各项体育运动，增强体质。保持愉悦心情，激发创造力，发扬体育精神。形成健康的生活方式，促进身体素质与心理素质的健康发展。	积极参加各类社会实践活动，培养尊重他人劳动成果、乐于奉献的品质。
高二年级	懂得对生活中的美好事物表达欣赏，对他人的帮助表示感谢，对自己的学校有归属感。	在学习过程中形成较为固定、良好的学习习惯。发展一项自己喜欢的艺术特长，并将其培养成高雅的情趣。	积极参加体育活动，保持参与运动的兴趣和坚持运动的习惯，保持愉快心情。积极参加各类科技创新活动，培养创新精神。	尽可能多地寻找解决问题的方法，学会辩证、全面、客观地看待社会生活中的问题。思考和探索自己的发展目标。

（续表）

年级	知美	乐美	爱美	懂美
高三年级	用积极乐观的心态面对高考，培养良性竞争的心态，理解父母、老师和同伴对自己成长的意义。对即将步入的大学生活充满美好的期待。	合理支配剩余时间，制订适合自己的学习计划，不放松，不气馁，坚持自己的学习节奏，提高自我学习能力。	在步入大学的前夕，总结过往，展望未来，始终牢记学习的目的是获得美好生活。	能对自己的学业成绩有清晰合理的定位，对自己的未来有具体可行的规划。

三、课程框架

基于上述课程哲学和课程目标，学校规划了完整的课程体系（见图2-1）。

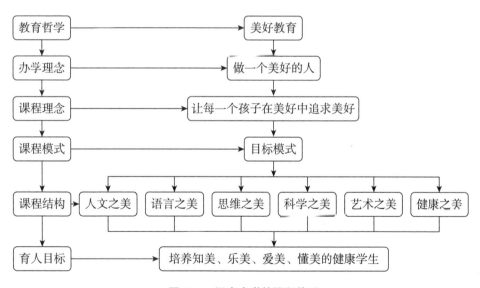

图 2-1 泾南中学的课程体系

（一）课程结构

为了解决课程碎片化、大杂烩的问题，学校采取了课程群的思路与方法。所谓课程群，就是以特定的素养结构为目标，由若干门性质相关或相近的单门课程组成的一个结构合理、层次清晰、彼此连接、相互配合、深度呼应的连环式课程集群。一般来说,课程群可以分为知识型课程群、方法型课程群、问题型课程群。其中,知识型课程群多由学科知识课程组合构成,而方法型课程群、问题型课程群则更多地表现为跨学科主题课程的组合。[①]

依据《上海市普通中小学课程方案(试行稿)》,结合课程体系,学校将基础型课程、拓展型课程和研究型课程整合为六大课程群(见图2-2),同时,在此基础上,以"1+X"的方式建构十多个学科课程群(其中数学和英语学科课程群细化为初中和高中课程群),并进一步细化各学科课程群的分年级细目。

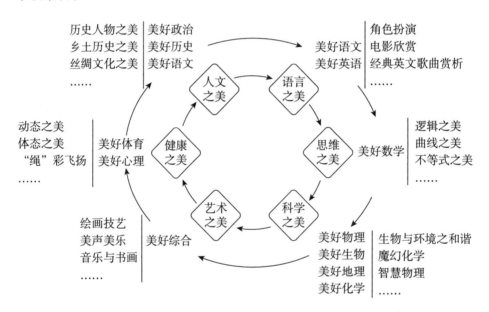

图 2-2 课程结构

从图2-2可知,学校设置了人文之美、语言之美、思维之美、科学之美、艺术之美、健康之美六大课程群。

人文之美课程群包含了一切人类在文化活动中体现的美感,鼓励学生从政治、历史和语文学科中挖掘先进、科学、优秀、健康的人类文化,感受人文关

---

① 杨四耕.建设课程群,突破碎片化改革的局限[N].中国教师报,2017-07-05(13).

怀，感受文化的博大精深。

语言的艺术魅力体现在语言本身能表达出美感上。在语文学科中，通过开设美文诵读等课程，让学生感受语言文字之美，领会中国语言文化的魅力，积累语言文化底蕴。在英语学科中，相应开设英纯语美等课程，通过英语情境表演等方式，还原英语国家的生活场景，让学生学习纯正发音，感受英语的魅力。

思维是人类精神生活的重要特征。狭义的思维通常是指逻辑思维。思维之美课程群指向数学学科，旨在培养学生的逻辑思维能力，激发学生的学习兴趣，提高学生的问题解决能力。

邓小平曾指出，"科学技术是第一生产力"。通过科学探究，能将生活中自然现象的本质揭示出来，进而改变生活。科学之美课程群通过细化出物理、生物、地理和化学学科课程群，引导学生在实验与探索过程中发现科学的神奇与美丽，不断提升科学探究能力。

艺术与美息息相关，比如，动听的音乐使人心情舒畅，精美的书画使人心意相通。艺术之美课程群即美好综合课程群，包括美术学科课程群、音乐学科课程群等。

对于美的界定，因人而异，但毋庸置疑，健康是美的体现。在此基础上，学校确立了体育和心理两个学科课程群。体育学科课程群肩负着增强学生体质和促进学生健康的使命，在教学过程中始终注重学生身体素质的锻炼效果，同时将美育融入其中，鼓励学生积极展现运动的快乐之美。学生心理健康也是新时代对学校教育提出的新要求。开展丰富的心理健康活动，有利于增强学生的心理素质，让其更好地融入社会，从而展现出学生应有的健康之美。

（二）课程设置

前文所述的课程结构整体上反映了学校的课程设置总体情况。同时，为了实现学生成长的目标，学校还对每个课程群进行了更为详细的设置，针对每个年级设置了相应目标和内容，以期通过办好六大课程群，让每一个孩子在美好中追求美好（见表2-3）。

表 2-3　不同年级的六大课程群

年级	人文之美课程群	语言之美课程群	思维之美课程群	科学之美课程群	艺术之美课程群	健康之美课程群
六年级	美文诵读校园生活之美历史人物之美	角色扮演绘本阅读	24点速算小能手	模拟飞行	绘画技艺	快乐跳绳
七年级	美文赏析交通安全之美历史故事之美	角色扮演绘本阅读	奇特的数字	创客天地	合唱乐团	快乐跳绳
八年级	美文写作品德素养之美乡土历史之美	电影欣赏讲故事	数学美篇	有趣的物理	电脑美术	花样跳绳
九年级	法治社会之美	撰写演讲稿与演讲比赛	数学文化之旅	生活中的化学	美声美乐	花样跳绳
高一年级	市场经济之美丝绸文化之美	经典英文歌曲赏析	公式之美不等式之美	动手做实验化学中的趣事	综合美育	健美操瑜伽
高二年级	哲学之美历史人文之美	课本剧表演英语趣配音	曲线之美	生活中的物理	音乐与书画	篮球足球乒乓球
高三年级	中国社会治理体系之美海派文化之美	广播电视台（新闻播报）	整体之美逻辑之美	科技之美	形体艺术美学	心理拓展

综上所述，学校围绕"美好教育"的教育哲学、"做一个美好的人"的办学理念和"让每一个孩子在美好中追求美好"的课程理念，依据育人目标和各年级的课程目标，规划了六大课程群，并进一步制定了各年级的课程内容。我们希望在课程实施及不断完善的过程中提高学生的学习能力，培养学生广泛的兴趣爱好，激发学生的内在潜能，使其形成日趋完善的人格特质，最终实现"让每一个孩子在美好中追求美好"的目标。

第三节 细化学校课程实施评价

课程实施与评价是 APPR 课程发展模式的重要一环。课程实施是将课程设计付诸实践的具体过程，是验证和发展课程的重要形式，是课程建设的一个实质性阶段。课程评价是依据教学目标，制定评价标准，通过收集、分析、整理等方式对课程价值和实施成果进行判断。学校在这一环节确定了以下具体流程：首先，细化"美好教育"的具体课程实施方式；其次，明确其内涵与外延，进而制定实施推进的策略；最后，在此基础上规范评价标准体系。

学校通过打造"美好课堂"、建设"美好学科"、开展"美好节日"、成立"美好社团"、探索"美好之旅"、创建"美好校园"，推进"美好教育"各类课程的有效实施，进而唤醒学生追求美好的意识，使其形成互相尊重、互相欣赏、体验和感知美好情感、实现美好的能力。

一、打造"美好课堂"，推进基础型课程有效实施

（一）"美好课堂"的内涵

在"美好教育"理念的引领下，"美好课堂"的营造应该凸显"美"这一特点，具体表现在以下五方面。

第一，教学目标美。在教学三维目标的设计中，学习知识与技能是载体，学习过程与方法是手段，在此基础上实现情感态度与价值观目标。在制定目标的过程中，要时刻体现"美"的影子，从而实现育人价值。

第二，教学内容美。在教学过程中，不同的学科都会散发出形式不一的美，如图形美、比例美、装置美、结构美、人文美、形象美、人格美、选材美等。"美好课堂"要充分展现这些"美"，引导学生在学习知识的同时感受和提炼美。

第三，教学过程美。"美好课堂"致力于让教师和学生在教学活动中展现出

美感。比如互动美，师生互动、生生互动展现出一幅美丽的流动风景画。再如板书美，布局合理的板书设计、赏心悦目的板书字迹，能在教学过程中充分实现知识点的相互联系、相互衔接。

第四，教学方法美。比如教学导入美和问题设计美，教师既要在导入过程中创设能体现美的教学情境，又要在提问过程中体现问题的层次美、逻辑美和思想美。

第五，教学环境美。比如课堂气氛美，教师应该营造民主平等的教学氛围，通过设置情境，培养学生的发散思维，鼓励他们敢于质疑。在气氛活跃、轻松的课堂中，学生既对未知的原理有茅塞顿开之感，又对自己的见解持有肯定自信的态度。

（二）"美好课堂"的实施推进

基于"美好课堂"的内涵，学校从理论学习和教学实践两方面制定了具体的实施推进策略。

在理论学习方面，一是组织教研组、德育处、大队部的老师学习课程设置的系列文章，对学校课程哲学等问题进行深入讨论，找出当前存在的不足之处，从而找到进一步实现"美好课堂"的相关措施；二是各教研组组长组织教师学习"美好教育"的相关理念，要求他们在各自丰富的教学经验与独特的教学风格的基础上，制定个性化的"美好课堂"改进方案；三是敦促青年教师尽快了解和熟悉校园文化及"美好教育"的相关理念，如备课时有意识地围绕上述五方面的课堂之美制订教学计划。

在教学实践方面，一是在课堂上围绕"美"开展教学活动，使学生逐渐学会发现美、鉴赏美和感悟美，全面建设"美好课堂"；二是基于"生活即课程"这一理念，要求教师在学校生活中成为学生的引领者，引导学生学会发现身边美好的事情，懂得欣赏周围的同学，从而获取积极面对未来成长和生活的勇气与能力。

（三）"美好课堂"的评价标准

基于"美好课堂"的相关理念，学校将"美好课堂"的评价标准具体化成课堂教学观察表（见表2-4）。观评人通过课堂教学观察表对教师行为、学生行为、教学成效维度进行考查，最终给出满意度及得分，并撰写评语。

表2-4 课堂教学观察表

学校		观评人		时间	

教师		性别		年龄		职称	

学科		班级		节次		学生数	

课题	

维度	项目	观察要点	分值	得分
教师行为	教学目标	目标适切，符合课标要求，导向正确；彰显学科的育人内涵（情感态度与价值观）。	10	
	教学设计	落实目标，内容正确，简明易懂，详略得当；体现学校课程理念，注重情境创设，注重课中、课后练习设计；注重学法指导，引导学生感悟并记录。	15	
	教学环境	师生关系融洽和谐；轻松愉快，使人心情愉悦。	5	
	关注学生	面向全体学生，注重个性差异；激发学生的学习兴趣，善于调控课堂，善于引导学生养成良好的行为习惯。	15	
	思维训练	注重启发引导，给予学生充足的思考时间；问题设计有导向性，评价科学合理。	10	
	资源整合	有效使用教学媒体与技术。	5	
学生行为	学习态度	学习用品准备齐全，情绪饱满地参与课堂学习。	10	
	学习习惯	善观察，巧记录；乐于合作互助，敢于表达。	10	
	学习品质	积极参与教学过程，积极思维，敢于质疑。	5	
教学成效		教学目标达成，效果好；时间合理分配，效率高；激发后续学习，效益显。	15	
总体满意度			总分（满分100）	
评语				

二、建设"美好学科",促进拓展型课程全面落实

(一)"美好学科"的内涵

"美好学科"课程群建设基于六大课程群,以知识性和趣味性兼具为原则,通过细化、重组、整合等方式对学科的基础型课程和拓展型课程进行规划与设置,通过学科散发的知识美、人文美等体现"美好"这一核心概念。

(二)"美好学科"的实施推进

1. 建立学科课程群

学校以学科教研组为单位,建立"美文赏析"课程群、"数学之美"(高中)课程群、"美的数学"(初中)课程群、"英纯语美"(高中)课程群、"多彩英语"(初中)课程群、"智慧物理"课程群、"魔幻化学"课程群、"道德+法治+哲理之美"课程群、"璀璨历史"课程群、"灿若星河"课程群、"和谐之美"课程群、"快乐健体"课程群、"艺术之学"课程群。

2. 在学科教育哲学的基础上分解学科育人目标,衔接学科拓展内容

下面以"和谐之美"课程群为例进行具体阐述。生物学是自然科学中的一门基础学科,是研究生物现象和生命活动规律的科学。义务教育阶段的生物学课程是以提高学生生物科学素养为主要目的的必修课程,是科学教育的重要领域之一。学生通过生物学课程的学习,既能理解科学的本质、生物的结构和功能、生物进化的历程,以及人类与自然、人类与其他生物之间和谐发展的意义,也能真正意识到地球是所有生物的共同家园,从而确立和谐共处的世界观和价值观。

我们从四方面进行知识拓展:一是生物的组成物质、结构和功能,探索结构和功能的和谐;二是生物进化的历程,感知进化过程中选择和淘汰的和谐;三是人类与其他生物的关系,体会人类与其他生物的和谐;四是人类生存的生态环境,了解生物和环境的和谐。综合以上几方面的拓展教学,学生能热爱大自然,珍爱生命,理解人类与自然、人类与其他生物和谐发展的意义。

图 2-3 "和谐之美"课程群

（三）"美好学科"的评价标准

"美好学科"旨在打造动态课堂，培养学生勤学善思的习惯，从而落实学校课程理念。学校制定了特色学科建设评价标准体系，从学习表现、学习能力和探究实践能力维度确定具体的评价内容、评价标准和评价方式（见表2-5）。学校通过定期对各学科建设和发展进行评价，促进特色学科的形成。

表 2-5 "美好学科"评价表

评价维度	评价内容	评价标准	评价方式
学习表现	学生在学习过程中的态度	1. 对学科感兴趣，能积极主动地参与学习过程。	1. 评价方式多元化，如学生自评、教师评价与学生互评相结合。 2. 评价侧重于培养学生的自主学习能力，并将过程性评价与总结性评价相结合。比如，通过学生作品、PPT展示、小论文汇报等形式呈现学科成果，并记录在学生的成长手册上。
	学生在学习过程中能与他人合作	2. 乐于合作，勇于表达自己的观点，尊重他人，善于沟通。	
学习能力	勤思考，能完成学习任务	1. 具有一定的独立思考能力，敢于提出不同的观点，并能成功完成学习任务。	
	能综合运用知识解决问题	2. 学习方法灵活，善于归纳和迁移知识，具有一定的分析问题和解决问题的能力。	
探究实践能力	积极参与学习活动	在学习过程中积极参与小组活动，具有一定的探究本领和动手实践能力。	

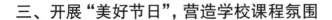

三、开展"美好节日",营造学校课程氛围

(一)"美好节日"的内涵

学校始终将民族精神和理想信念教育作为主旋律,以此来鼓舞学生、培育学生。比如,针对一些重大纪念日和传统节日,学校为学生搭建形式多样的展示平台,开展书香节、艺术节、科技节等丰富多彩的校园文化活动。这样既有利于加强学生对民族文化和传统文化的理解,也有利于塑造"美好"的价值观,引导学生成为一个"美好"的人。近年来,学校已开展学雷锋活动、学习党的十九大精神、庆祝改革开放40周年、"我的价值观培养"主题征文比赛、"传承好家风"手抄报征集活动、社会主义核心价值观"金点子"征集活动、"清明祭英烈"网上祭扫活动、"六一"大队主题集会活动、"庆祝建队日"大队集会活动等。

总之,"美好节日"能将爱国主义教育内容具体化,有利于弘扬民族精神及爱国主义精神。这种更具时效性和趣味性的活动方式,有利于进一步培育学生的综合素养,贴合"美好教育"的理念。

(二)"美好节日"的实施推进

学校围绕"美好节日"开设了书香节、艺术节、科技节及传统节日等,并下设具体的节庆课程与实施方式(见表2-6)。

表2-6 "美好节日"的节庆课程与实施方式

校园节日	节庆课程	实施方式
书香节	合唱比赛、读书沙龙、诗歌诵读比赛、书画比赛等	集中展示与竞赛
艺术节	达人秀比赛、歌手大赛、英语演讲比赛等	班级、学校层层选拔,包括初赛、复赛及决赛
科技节	船模展示、航模展示、机器人比赛等	综合实践、成果展示
传统节日	"清明祭先烈"网上祭扫活动	清明扫墓、寄语先烈
	五四青年节:做新时代好青年	主题讲座、黑板报
	国庆节:我和我的祖国	主题红歌合唱比赛
	迎新年,庆元旦	主题班会活动
	学雷锋活动	志愿者服务及义卖活动

（三）"美好节日"的评价标准

根据"美好节日"的具体内容，结合"美好教育"的目标，学校制定了相应的评价标准（见表2-7）。

表2-7 "美好节日"评价表

评价维度	评价内容	评价标准	评价方式
活动认同 与参与	认同度 参与度	积极参与，不断提升自我综合素养，认真完成相应的任务。	1. 评价方式多元化，如学生自评、小组评价、教师评价与学生互评相结合。 2. 借鉴参考完成各项学习任务的相关材料，如活动记录册、活动报告、竞赛成绩等。
学习过程 与方法	营造活动氛围 活动过程完整 活动方法有效	发挥合作精神，积极主动地为团队活动出谋划策。	
活动效果 与拓展	对传统节日的认知和热爱 综合素养的提升 实践和创新能力的培养	课程目标有实效，明确节日的意义，培育爱国精神。	

四、成立"美好社团"，培养学生兴趣爱好

（一）"美好社团"的内涵

"美好社团"致力于打造类别丰富的学校社团，以期提高学生的科学创新能力、实践能力、综合素养，最终实现"美好教育"的目标。一直以来，学校都十分重视社团活动，现已成立了学科类、科技类、文体类等十余个社团，并积极参与浦东新区中学生社团文化节，获得了较好的成绩。其中，始终弘扬忠信笃敬的"紫藤苑"文学社，以及始终给学生传播热门话题的"橙色骄阳"广播电视台社团，被评为浦东新区明星社团；美术素描社团和"新闻眼"记者站社团被评为浦东新区优秀社团；啦啦操社团通过出色的表现，被评为浦东新区四星级社团；"航行天下"船模社因其独特的活力，吸引了一大批喜爱船模又乐于科技创新的青少年，被评为浦东新区五星级社团。

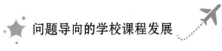
"美好社团"将延续这些社团的优势,在此基础上开展形式多样的学校社团活动,继续秉承"让每一个孩子在美好中追求美好"的理念,以期让学生身心变得更加美好。

（二）"美好社团"的实施推进

根据现有社团和师生对"美好社团"的要求,学校成立了18个社团,并制定了实施推进的方式(见表2-8)。

表2-8　四大类"美好社团"

社团类型	社团名称	实施方式
学科类	趣味沪语社	
	创意音乐社团	
	生活中的数学社团	
	你问我答社团	
	英语听说社团	
科技类	"航行天下"船模社	每学年初始,学生有两种方式参与社团。一种是学生根据兴趣爱好,提出申请,自主选择学校已有的社团。社团指导教师对社团成员进行综合评价,完成相应社团活动记录册的填写,并在学年末进行评优表彰。另一种是十个及以上的学生提出新的社团创意,找到对应的辅导教师来开展社团活动,完成相应社团活动记录册的填写,并在学年末进行评优表彰。
	创客空间社团	
	组培植物社团	
	机器人社团	
文体类	女声合唱社团	
	戏剧社	
	美术素描社团	
	啦啦操社团	
	跳绳社团	
综合类	"橙色骄阳"广播电视台社团	
	"紫藤苑"文学社	
	"新闻眼"记者站社团	
	心理拓展社团	

（三）"美好社团"的评价标准

根据"美好社团"的内涵和"美好教育"的目标，学校制定了"美好社团"的评价标准（见表2-9）。

表2-9 "美好社团"评价表

评价维度	评价内容	评价标准	评价方式
社团计划	社团主题	主题向上向善，贴近学生实际，有利于培养学生的综合素养。	1. 评价方式多元化，如学生自评、教师评价与学生互评相结合。 2. 将过程性评价与结果性评价相结合。 3. 注重对社团活动记录、活动成果进行展示。 4. 评价侧重于提升学生的自主学习能力，强调以学生为主体。
	活动方案		
活动过程	特长发展	挖掘学生的特长潜力，积极参与社团活动。	
	积极性高		
活动效果	学习成果	形成社团成果，积极参与社团成果展示活动。	
特色创新	新的创意	社团成果有创新，能激发学生的潜能。	
活动总结	活动表彰	学年末进行总结表彰，推优参加区级中学生社团文化节。	

五、探索"美好之旅"，落实研学旅行课程

（一）"美好之旅"的内涵

"美好之旅"即研学旅行课程，是集历史、地理、人文、社会等多元内容于一体的融合课程。学校倡导集社会调查、参观访问、亲身体验、资料收集、同伴互助、成果总结等于一体的综合性学习，使学生能在游中有学、在行中有思。"美好之旅"的具体研学活动如下。

第一，乡情市情研学。一是参观浦东开发陈列馆，了解浦东开发开放的历程；二是查阅资料，了解建设上海国际金融中心的意义和优势；三是亲临黄浦江边，欣赏让人流连忘返的迷人风景；四是乘坐便捷的交通工具，体验上班族

的"美好指数"。

第二，乡土地理研学。上海是我国最大的城市，也是我国最重要的综合性工业城市。上海的支柱产业是国际经济、金融、贸易、航运等，其中第三产业占比最大。上海有较多承载地理知识的乡情市情资源，因此学校可以借此开发丰富的地理研学旅行课程资源。比如，以环境为主题的水体、大气污染测量及预报研究，以水乡为主题的古镇分布与发展现状研究，以经济为主题的现代企业的生产布局条件及其对周边环境的影响研究，以交通运输为主题的港口建设条件及货物腹地来源和分布研究，以文化为主题的海派文化研究。通过研学旅行，学生不仅可以培养研究性学习习惯，提高自主合作学习能力，还可以进一步激发爱家爱乡之情。

第三，中国古代史研学。教师通过介绍中国古代王朝的朝代更替、疆域变迁等，使学生在脑海中形成历史发展脉络，并学会纵向比较各朝代制度的不同。教师通过介绍中国历朝历代的文化习俗、生活习惯、文化交流情况等，使学生感受中国文化源远流长，感知文化交流具有双向性，如特殊时期的文化具有排他性。

第四，社会现象研学。以"房贷"这一常见的社会生存话题为研究课题，引导学生依据政策，结合数学知识，作出更好的决策，实现学科知识与现实生活的融合。在研究过程中，学生体会到数学知识在实际生活中的广泛应用，学会运用数学知识理性分析和解决实际问题，从而提升了数学应用意识。

第五，名著阅读研学。比如，通过对《红楼梦》中主要人物的探究，教师引导学生走进作品，领略作品的宏大与精深，继而激发学生对中国传统文化的热爱。学生通过阅读全书，了解作品中的人物关系，并通过撰写人物自传、人物评价小论文等，提出自己对该人物的见解，加深对作品的理解。

（二）"美好之旅"的实施推进

旅行前，教师要做好研学规划，确定课题和评价方式，设计活动方案，并在此基础上编写课程纲要，合理、科学地组织学生进行分组研学。旅行中，教师要根据研学课程，制订周密可行的活动计划，组织学生有效开展研学活动。学生在旅行中通过查找资料、参观访问、实地考察、实验验证等方式获取相关信息。在整个旅行过程中，教师要引导学生善于观察和思考，勤于记录和整理，感悟知识与生活的完美结合。旅行后,教师要指导学生根据研学评价标准,对研学获得的信息进行整理与展示。此外,在自我评价、小组评价、教师评价的基础上,教师要指导学生撰写研学报告,形成研学成果。

(三)"美好之旅"的评价标准

通过上述对"美好之旅"的理解,学校从过程性评价、目标性评价、发展性评价三个维度制定了相应的评价标准(见表2-10)。

表 2-10 "美好之旅"评价表

评价维度	评价内容	评价标准	评价方式
过程性评价	学生参与研学过程的态度	积极参与研学活动,认真记录并整理研学过程中的资料。	1. 根据学生在研学过程中的阶段性表现,结合他们的积极性、参与度等,对其划分等级并进行记录。 2. 按照活动小组的分工要求,对照实施标准,对活动组织的各个环节进行检测,再根据活动完成情况,对研学效果进行过程性评价。 3. 举办研学成果评比展示活动,将结果记入学生成长记录手册中,并纳入综合素质评价体系。
	学生在研学过程中的资料收集、记录和整理情况		
目标性评价	活动完成情况	有效完成活动,能按时完成计划中设置的每一个活动目标。	
发展性评价	学生参与研学之后的收获	不仅能在研学活动中提升自我效能感和成就感,还能实现对研学课程的深度体验。	
	学生对研学活动的认知及情感体验		

六、创建"美好校园",创设坏境隐性课程

(一)"美好校园"的内涵

"美好校园"可以为学生提供自由伸展的美好空间,因此创建"美好校园"能起到春风化雨、润物无声的作用。学生在优美的校园环境中受到感染和熏陶,触景生情,因美生爱,从而进一步培养热爱集体、热爱学校的高尚品德。此外,校园环境既渗透着学校的文化传统,也蕴含着学校的历史脉络和内涵丰富的学校

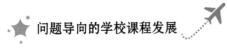

精神。我们认为，"美好校园"主要包括学校优美的自然环境和内涵丰富的人文环境。只有同时完善这两部分，学校才能给学生创造一个追求美好的环境。

（二）"美好校园"的实施推进

基于上述对"美好校园"的认识，学校制定了"美好校园"课程的实施方案（见表2-11）。

表2-11 "美好校园"课程表

校园环境	课程名称	实施方式
优美的自然环境	我是勤劳的小园丁	开展班级值周活动
教室文化	班班有文化	学生自主设计、布置
走廊、橱窗、墙壁文化	小荷才露尖尖角	制作标语，张贴名言警句，展示优秀作品
艺术之角	小舞台展示	组织才艺会演

（三）"美好校园"的评价标准

基于上述"美好校园"的理念，学校从参与状态、活动过程、效果与体验三个维度制定了相应的评价标准（见表2-12）。

表2-12 "美好校园"评价表

评价维度	评价内容	评价标准	评价方式
参与状态	参与活动的态度	积极主动地参与课程活动，专注认真，有责任心。	1. 通过学生自评与互评、小组评价、教师评价的方式，对学生参与活动的具体情况进行评价。 2. 通过活动记录、检查、评比等形式进行评价。
活动过程	师生、生生之间的有效互动	善于思考，敢于发表自己的意见，能在活动过程中做到自主学习，合作探究。	
	解决问题的能力和方法		
效果与体验	学生个人特长和综合能力展示	达成课程目标，感受课程传达的精神，激发创新精神。	
	养成创新意识和合作探索精神		

综上所述，泾南中学围绕"美好教育"这一理念，通过组建"美好课堂""美好学科""美好节日""美好社团""美好之旅""美好校园"六大板块，致力于为学生提供多种形式的"美好"，在丰富他们基础知识的同时，帮助他们提高个人素养，最终成为一个美好的人。

第四节　完善学校课程改革方案

在 APPR 课程发展模式下，学校分析了课程建设前期的诸多优势与不足，基于"美好教育"的教育哲学和"培养知美、乐美、爱美、懂美的健康学生"的育人目标，确立了泾南中学的课程框架；同时，在此基础上，将课程计划付诸行动，并制定了相应的评价标准。本节将对课程建设取得的成效进行梳理与分析，通过总结经验，找出存在的不足并提出改进方案。

一、价值引导是课程建设的内核

近年来，我国出台了多项关于育人方式变革的政策文件，如《教育部关于全面深化课程改革落实立德树人根本任务的意见》《中共中央 国务院关于深化教育教学改革全面提高义务教育质量的意见》《国务院办公厅关于新时代推进普通高中育人方式改革的指导意见》，以及上海市人民政府印发的《上海市深化高等学校考试招生综合改革实施方案》、上海市教育委员会印发的《上海市普通中小学课程方案（试行稿）》等，都强调在课程建设中落实立德树人根本任务。课程是学校育人的重要载体，校本课程无疑应该体现学校的价值观，因此价值引导是课程建设的内核。

（一）实践成效

泾南中学依据上述政策文件，在明确学校的教育观、办学观和育人观等一系列价值观的基础上，确定了"美好教育"的教育哲学，力求以学校的核心价值体系统领校本课程建设，把学校的核心价值体系贯穿并渗透于校本课程的目标、内容、实施、评价中，进而培养具有校本特性与综合素质的学生。在校本课程实施过程中，学校基于"美好教育"的教育哲学以及"培养知美、乐美、爱美、懂美的健康学生"的育人目标，取得了一系列成效。

一是构建了人文之美、语言之美等六大课程群。课程群充分了解和尊重学生的个性差异，为学生全面发展创造了条件，有利于提高学生的道德素养和人格品位。

二是基于从头抓起的原则，学校细化了行规教育，从细节上使学生充分认识到养成良好的习惯至关重要。开学伊始，学校便将"立规育美"教育作为新生第一课，注重引导学生养成良好的道德行为习惯。比如：开展职业体验教育，让学生体验各种职业以及了解职业愿景，注重培养学生规划未来的能力；开展"家庭劳动我能行"的劳动教育，组织学生参与家庭劳动，促使学生养成爱生活、爱劳动、爱家人的良好品格；开展红歌会及阳光体育节活动，促进学生德智体美劳全面发展，培养学生的爱国主义思想和正确的价值观。

（二）实践反思

价值观的引导并非一朝一夕的事情，特别是随着全球化时代的到来，价值观也趋于多元化。这在语文课堂上表现得最为明显，因为语文学科具有工具性和人文性的特点，所以学生在主题学习时会产生认识的分歧和观点的碰撞。未来，学校应该思考在多元价值背景下，如何将价值引导做得更好。首先，应谨遵课程建设要落实立德树人根本任务的目标，继续开展形式多样的价值观教育活动，引导学生树立正确的价值观；其次，还应加大对教师的培训力度，让他们明确价值观导向的重要性，确保教师能对学生进行正确的价值引导；最后，注重培养学生的宽容意识，使其学会倾听他人的意见。总之，学校应该在课程建设中将价值引导与学生的自主选择相结合，引导学生求真、求善、求美。

二、课程管理是课程建设的保障

完善的课程管理体系能规范课程信息，促进课程内容、课程体系改革的有序开展，提高课程质量，是课程建设的基本保障。比如，学校制定了《上海市泾南中学章程》，成立了课程规划领导小组，以此来开展课程规划指导工作，提高课程管理水平，满足学生个体发展的需要。领导小组组长由校长担任，副组长由分管教学和德育的副校长担任，组员包括教导处、德育处、科研室及各教研组、年级组的负责人。团队分工合作，层级管理职责明确，保障运作调控有序。各部门严格按照有关法律和规章制度，努力做好学校的课程管理工作。

（一）实践成效

在课程管理的实施过程中，包括行政领导、教研组、备课组在内的学校管理层加大巡视力度，定期对检查结果进行反馈、整改和修正。此外，学校还要求学生定期进行学习成果展示，旨在检测学生的学习效果，激发学生的学习兴趣。由此，任课教师基本上都能做到认真制订并实施本学科的课程计划，严格按照课程标准和学校教学要求加以落实。各备课组认真研究课程标准，加强学情分析，进一步细化学习目标。在推进"美好课堂"、强化课堂教学诊断的过程中，学校借助专家的力量，使研发的课程能满足不同学生的发展需求。

在课程安排上，学校严格按照上海市教育委员会每年公布的上海市中小学课程计划中的要求，结合实际情况，分别制定了初中部和高中部的课程安排表。此外，学校要求教师按照规定认真开展基础型课程、拓展型课程和研究型课程，力求通过引导学生发现问题、解决问题，提高学生的自主探究能力。

（二）实践反思

调查数据显示，泾南中学的教师对于"我的同事们大多参与了校本课程的开发和实施""我在开发校本课程的过程中采纳了家长的意见""我自己进行课程建设的自觉性不错"几个问题的认同度都比九校均值低，这说明泾南中学教师在校本课程建设中的参与度不强。此外，虽然有 45.98% 的学生认可学校目前开设的选修课程，对部分课程产生浓厚的兴趣，但仍有 23.56% 的学生表示都不喜欢，有 21.26% 的学生表示抢不到喜欢的课程，这说明学校的课程管理仍然有待加强。未来，我们将在校本课程建设方面加强学校与教师、教师与教师之间的合作，积极营造良好的教研氛围，通过群策群力共同进行课程开发，达到学习借鉴的目的。

三、科技特色是课程建设的亮点

《国家中长期教育改革和发展规划纲要（2010—2020 年）》明确提出，鼓励学校办出特色、办出水平。泾南中学具有科技教育的优良传统，因此于 2017 年 7 月决定将科技特色作为强校工程的抓手之一，以创建科技特色学校为推动力，把科技创新教育融入学校教育，进一步发挥科技创新教育在教育教学领域中的功能和作用，使科技创新教育成为学校素质教育的特色。经过多年的努力，学校的科技特色创建取得了一定的成果。

（一）实践成效

学校根据学生的兴趣爱好，利用每周一次的拓展课，开展形式多样的科技社团活动，成功激发和培养了学生的科技创新能力。比如，在学校的科技社团中，"科技探究类"项目涵盖遥控四轴飞机、电动汽车模型、机器人编程等内容；"科学探索类"项目主要依托"植物组培探究"创新实验室，开展植物组织培养、无土栽培和生活小园艺等课程。学校通过开展科技社团，激发了学生探究科技奥妙的兴趣，使他们懂得利用科技知识可以创造更美好的生活。在学校师生的共同努力下，"航行天下"船模社在区、市级比赛中屡获佳绩，如在首届上海模型节水上足球中学组比赛中荣获团体冠军。此外，学校组队参加了全国青少年模拟飞行锦标赛，其中 2 名学生获得三等奖，7 名学生获得优胜奖。这说明科技特色是学校课程建设中的一个闪光点。

（二）实践反思

科技特色能凸显课程建设的个性。学校要想办出特色，也必须以相应的学校课程来支撑，否则特色就成了"空中楼阁"。同时，学校课程建设还存在以下问题：每周开设一节科技课程，时长为 40 分钟，无法满足学生对于科技知识的需求；开设的科技课程缺少周边学科知识的理论支撑，阻碍了学生进行科学实践的脚步。未来，学校将会考虑增加科技课程的次数和类别，如开设"趣味物理""化学趣闻""漫谈科学发展史"等课程，为学生提供充足的科学知识，丰富他们的学习经历、经验和体验，使其了解进行科学探究、科学研究的一般规律和方法，形成勇于探索、不断进取、敢于创新的精神。

四、师资队伍是课程建设的关键

课程建设的重要载体之一是师资队伍。教师通过开展教学，才能将课程建设的理论目标付诸实践。由此可见，优质的师资队伍能提供优质的教学内容、优质的教学方法、优质的教学管理。拥有一支师德高尚、治学严谨的师资队伍，是提高课程建设质量、实现课程建设可持续发展的关键。

（一）实践成效

学校始终坚持打造"具有宽宏的气度、高深的学术造诣、精湛的教学艺术、较高的人文素养和良好的心理素质"的师资队伍，为此采取了一系列措施，并取得了一定的成效。

第一，加强教学常规管理，制定相关管理细则。比如：要求教师在备课时进行学情分析，在布置作业时明确规范要求；要求年级组、备课组、任课教师在期中和期末分别进行教学质量分析。如通过问卷调查等方式，了解学生对教师教学水平的满意度及具体评价；定期开展听课、评课、教学反思与交流、专题研讨等活动，在实践与摸索中寻找解决问题的途径，提升教师的教学水平。此外，学校还遴选出 4 位种子选手，支持他们参加了浦东新区名师基地和学科工作坊的教学研究工作。

第二，开展各类教育教学活动，激活教师的内驱力。比如：借助支援校备课组的力量，开展磨课研讨活动，提高教师的课堂教学能力；参与志愿校的教师培训活动，汲取志愿校学习资源中的养分；等等。

第三，在"双名工程""种子计划""泾南青椒苑"等的带动下，一部分青年教师正在成长为学校教育教学的中坚力量。其中，3 名青年教师在浦东新区规范化培训的教学基本功跟踪考评教学设计比赛中荣获一等奖；1 名教师在 2018 浦东新区中小学中青年教师教学评选活动中荣获三等奖；多名教师在区级及以上刊物中发表论文，分享教育经验。

（二）实践反思

虽然师资队伍发展总体呈现上升趋势，但是仍要不断提升教师的教学水平和管理水平。在今后的课程建设中，学校将进一步构建和完善教师专业发展的实践平台，开展多种形式的研学活动，总结如何有效开设学校科技特色课程的经验，为其他学科提供借鉴；同时，借助强校工程中相关专家的力量，对教师进行系统的课程培训，并鼓励教师参与学校课程规划、实施、评价，提升全体教师的课程实施能力。

五、学生成长是课程建设的目标

学生是学习活动的主体，是主动的发现者、探索者。因此，学校的课程建设最终都要以服务学生的成长为目的。

（一）实践成效

调查数据显示，大部分学生在目标方法制定、问题解决、课程学习等方面都表现出一定的自信（见表 2-13）。其中，45.98% 的学生在"我对完成的事情感到自豪"这个题目上表示非常同意，31.03% 的学生在"我有信心可以渡过难关"这个题目上表示非常同意，39.08% 的学生在"我认为回答与文章有关的问题很困难"这个题目上表示不同意。这在一定程度上反映了学生学习能力的提升以及随之而来的自信的提升。

表 2-13　学生问卷的数据结果

题目	不同意	不确定	有点同意	比较同意	非常同意
我通常有方法能达成目标。	2（1.15%）	21（12.07%）	41（23.56%）	65（37.36%）	45（25.86%）
我对完成的事情感到自豪。	3（1.72%）	10（5.75%）	34（19.54%）	47（27.01%）	80（45.98%）
我认为自己能同时处理多件事情。	10（5.75%）	31（17.82%）	57（32.76%）	44（25.29%）	32（18.39%）
我有信心可以渡过难关。	3（1.72%）	30（17.24%）	40（22.99%）	47（27.01%）	54（31.03%）
当身处逆境时，我总是能找到出路。	3（1.72%）	29（16.67%）	47（27.01%）	57（32.76%）	38（21.84%）

（续表）

题目	不同意	不确定	有点同意	比较同意	非常同意
我是一个善于阅读的人。	5（2.87%）	25（14.37%）	47（27.01%）	55（31.61%）	42（24.14%）
我能了解深奥的文章内容。	6（3.45%）	42（24.14%）	50（28.74%）	45（25.86%）	31（17.82%）
我能流畅阅读。	3（1.72%）	9（5.17%）	36（20.69%）	59（33.91%）	67（38.51%）
我一直有阅读方面的困难。	107（61.49%）	33（18.97%）	22（12.64%）	4（2.30%）	8（4.60%）
我需要反复阅读才能完全理解文章内容。	43（24.71%）	53（30.46%）	46（26.44%）	19（10.92%）	13（7.47%）
我认为回答与文章有关的问题很困难。	68（39.08%）	57（32.76%）	30（17.24%）	11（6.32%）	8（4.60%）

（二）实践反思

与此同时，课程建设应该更加关注学生自主探究能力的提升。学生入学时的学习成绩相对较低，学习能力等方面有待提升。如表 2-14 所示，目前的授课方式仍然以教师讲解示范为主，而学生动手实践、学生自主学习、学生之间的互相帮助都比较少。因此，在接下来的课程建设上，需要转变教学方式，提升学生的自主探究能力。

表 2-14 教师授课方式的调查结果

选项	平均综合得分
教师讲解示范为主，学生跟着学和练。	3.16
教师确定学习任务，学生动手实践。	2.16
学生自主学习为主，教师指导答疑。	1.67
教师布置任务，学生之间互相帮助，学校提供学习器材和网络。	1.45

　　总之，APPR课程发展模式的四个环节相互连接，很好地促进了学校、教师和学生的发展，进而优化了校本课程建设。未来，学校将继续采用APPR课程发展模式，借助强校工程的东风，围绕上海市泾南中学强校工程三年发展规划，直面困难，不断调整整改措施；同时，通过多种举措，以学生核心素养的养成和提升为基石，以教师专业发展的有效性为支撑，确保教育教学质量的持续提升，尽力实现"成为老百姓家门口的好学校"的办学理念。

（撰稿人　吴宝贵）

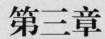

第三章

牧歌式课程：让每一个孩子在这里自由呼吸

上海市闵行区浦江第三中学（以下简称"浦江三中"）创办于 1958 年 6 月，迄今已有六十多年的办学历史。在半个多世纪的岁月中，浦江三中的师生用自己的勤劳智慧创造了光荣历史，培育和积淀了具有鲜明特色的学校精神和校园文化。近年来，浦江三中步入快速发展阶段，先后被评为全国青少年校园篮球体育传统特色学校、上海市文明单位、上海市安全文明校园、上海市中小学知识产权教育示范学校、上海市儿童青少年近视防控示范校、上海市语言文字规范化示范校、闵行区中小学行为规范教育示范校、闵行区科技教育特色学校等，是上海市百所公办初中强校工程实验校之一。这些都为浦江三中的后续发展奠定了良好的基础。为了学校的持续发展，也为了学生的全面发展、个性成长，学校依据《教育部关于全面深化课程改革落实立德树人根本任务的意见》《中共中央 国务院关于深化教育教学改革全面提高义务教育质量的意见》等文件，借助 APPR 课程发展模式，进一步推动学校课程的深度变革。

第一节　挖掘学校课程建设的增长空间

　　为了实现"让每一个三中孩子健康快乐成长"的办学愿景，践行"为了每一个学生的终身发展"的核心理念，学校不断优化课程设置，构建以"诚信"为核心的德育课程系列、以"健康"为目标的身心发展课程系列、以"和谐"为追求的可持续发展课程系列，旨在满足学生个性成长的发展需求。学生在全国、省、市、区级各类活动中取得优异成绩，他们的特长也得以彰显。此外，学校也获得社会、家长、学生的一致认同。同时，学生课程需求与学校课程实际的矛盾在不断变化，学校课程迫切需要进一步优化。因此，学校成立课程领导小组，充分分析学校课程情况，深入教师、学生、家长，进行调研、访谈等，对学校课程实施与管理的现状进行深入梳理，评估诊断学校现有课程体系的优势与问题，以此来总结优势经验，探寻问题产生的原因和解决问题的措施。

一、呈现根植乡土的都市田园风貌

浦江三中是一所由闵行区教育局和浦江镇人民政府双管的全日制农村公办初级中学，地处浦江镇鲁汇地区，坐落于黄浦江东畔、大治河北岸。

鲁汇地区附近的召稼楼古镇是上海最早垦荒种地的地区，其中的召稼楼文化是上海农耕文化的起源。这里有田园、水景，也有乡宅、乡音，充满浓郁的田园风光。同时，伴随新型城市化进程，一大批高科技园区、产业基地和生活广场入驻浦江镇，既给浦江镇带来清新的都市气息，也给人们的休闲娱乐带来更舒适的体验。学校附近的浦江郊野公园，是国家 4A 级旅游景区，拥有 5.3 公里的黄浦江岸线资源、成片的林地资源以及丰富的文化资源。

学校文化根植乡土，积极吸纳多元、生动的都市气息，构建起"诚信、自主、健康、和谐"的校本课程体系。

调查数据显示，浦江三中学生认为学校有丰富的课程资源。比如，在"你认为你学习的校本课程涉及并利用了哪些资源（可多选）"这个题目上，84.92% 的学生选择"教师专业知识"，42.21% 的学生选择"教师兴趣爱好"，61.31% 的学生选择"社会资源"，58.29% 的学生选择"教材"，18.09% 的学生选择"其他学校资源"。其中，61.31% 的学生认同学校教师充分调动社会资源为课程服务。这些数据证明了浦江三中在整合本地资源与学校课程资源方面所作的努力。

学校周边丰富的文化资源，是学生认识自我、了解社会、关注生活的重要载体。如何对这些资源进行整体规划，将其引入课程与课堂，并形成一套完备的系统，仍然是一个需要探索的难题。学校需要对本地文化资源进行深度开发与利用，将小、散、浅的本地资源利用模式转变为广、整、深的系统体系。[①]

---

① 杨四耕，李春华.突破大杂烩：有逻辑的学校课程变革［M］.上海：华东师范大学出版社，2017.

二、聚焦"有氧教育"的教育哲学

为了实现办学愿景和践行核心理念，学校于 2013 年提出"让每一名师生在都市田园自由呼吸"的课程理念。在新的历史条件下，为了进一步明晰办学理念，丰富课程内涵，促进可持续发展，学校于 2017 年在梳理办学历史的基础上，丰富了"创设适合每一个孩子愉快学习的环境，营造促进每一个孩子健康成长的氛围"的教育内涵，确立了"有氧教育"的教育哲学和"让每一个孩子自由呼吸"的办学理念，进而确立了"让每一个孩子过自由呼吸的学习生活"的课程理念。

由于这些理念提出的时间较短，有待进一步细化，因此要得到广大教师的完全认同还需要一个漫长的过程。目前，理顺办学理念、课程理念与课程运作之间的关系，构建一以贯之、内在协调的课程价值体系是重中之重。

三、体现包容兼纳的姿态

调查数据显示，浦江三中教师在"我的同事们大多参与了校本课程的开发和实施""我不缺乏对学生素养发展情况进行有效评价的方式""我在开发校本课程的过程中采纳了家长的意见""校本课程的开发和实施没有增加我的教学负担""我自己进行课程建设的自觉性不错"这五个问题上的认同度高于九校均值。这表明浦江三中教师参与校本课程开发的积极性、自信心更高，在开发校本课程的过程中更乐于接受家长的意见，对课程建设持开放态度，体现了一种包容兼纳的姿态。这是一种非常难能可贵的精神，有利于学校更好地利用校外资源丰富和完善校本课程。学校共有 72 名教师参与调研，其中工作 6 年以下的教师占比为 44.44%，显著高于九校均值（24.09%）；同时，30 岁以下的教师比例高，具有硕士研究生学历的教师比例几乎比九校均值多一倍。因此，浦江三中的教师群体充满活力，可塑性强，成长空间大，在课程建设上更显自信。年轻教师有专业追求，有教育理想，并能积极付诸行动。同时，很多教师在开发校本课程的过程中已具备一定的课程资源开发能力，初步形成大学科观念。

同样，我们也意识到，年轻教师偏多的短期风险是现阶段教师成熟度低，学校培养新教师的压力较大，教师开发特色精品课程的专业能力有待进一步提升。学校的校本研修一般都偏重于教师专业知识与技能、教育知识与技能的再学习和再提高，因此学校要在帮助教师优化课程开发过程、有效实现课程目标等方面投入更多的精力。

第二节　聚焦学校课程体系的丰富内涵

教育要以人的生命需求为立足点，关注每一个学生，把教育价值观聚焦到促进每一个学生自在成长上，尊重学生的天性，使学生具有顽强拼搏的精神、自由灵动的意识和热情开朗的性格。基于这样的认识，学校课程体系的建构需要整合学校教育资源，形成合力，塑造校园文化，最终实现生命自由成长体系的完善和全面实施。基于对学校情境的分析，我们确定了学校的课程哲学；同时，针对学校课程中的优势与问题，逐步明确课程目标，构建课程内容，推进课程实施与评价，建构课程框架。

一、课程哲学

学校倡导"有氧教育"，让学生自由自在地呼吸，让课堂绽放生命活力。学校始终秉持"校园是孕育自由的乐园，教师是呵护自由的守望者，教育是释放孩子天性的活动"的信念，让每一个孩子成为自由生长的精灵，让每一个孩子在这里自由呼吸。

（一）教育哲学

"有氧教育"是以发展人的生命本能为基点，追求人的自我完善，并按照自由自在的生长逻辑开展教育实践，生发出本真的教育样态。于学校而言，"有氧教育"是对教育理念的解放，不苛责、不压制、不唯分、不唯名，只着眼于学生天生才能的激发和挖掘；于学生而言，"有氧教育"是对生命本能的解放，是对求知欲和好奇心的完全释放。学校秉持"有氧教育"的教育哲学，以"让每一个孩子自由呼吸"为办学理念，努力为每一个孩子的全面发展和个性成长创造条件、搭建平台，让每一个孩子在校园里自在成长。

"教育的本质是解放人，包括人的智力和心灵、思维和情感，而不是束缚人、压抑人、限制人。"[①]从生物学的角度看，高等动植物进行呼吸作用的主要形式是有氧呼吸。因此，"让每一个孩子自由呼吸"的办学理念，秉持"有氧教育"的教育哲学，践行以人为本的教育本质，反对外在强制，主张给师生更多的自由。这一理念让校园里充满民主与平等，让师生在校园里自由呼吸，从而使校园成为心灵之花自由开放的生命乐园。

（二）课程理念

学校根据"有氧教育"的精神以及"让每一个孩子自由呼吸"的办学理念，提出"让每一个孩子过自由呼吸的学习生活"的课程理念，致力于促进每一个孩子优质发展，追求让每一个孩子个性成长，从而让每一个孩子展现生命活力。

这一课程理念给予学生更多的自由空间，让学生能自由、平等地表达自己的观点，并且注重培养学生的理性思维。

这一课程理念为学生提供尊重的教学环境、民主的师生关系、和谐的学习氛围，让学生在宽容、畅达的环境中自由生长。

这一课程理念遵循学生的认知规律和成长规律，践行人本主义的教学原则，尊重学生的天性，为学生创建自由、自主的学堂。

这一课程理念引入丰富的教学内容，延伸学习的边界，强调学习即生活、学校即社会，合理引入生活元素。

这一课程理念是多样的学习方法，如组内合作、组间合作，书中学、做中学；是多维的教学目标，如知识与技能、过程与方法、情感态度与价值观，以促进学生的全面发展；是多元开放的评价平台，以丰富学生的学习经历，满足学生共性的学习需求和个性的发展需求。

---

① 李希贵．为了自由呼吸的教育［M］．北京：教育科学出版社，2017．

总之，"让每一个孩子过自由呼吸的学习生活"，就是学校整合协调各种优质资源，让教育环境成为学生成长的"天然氧吧"，让学生在校园里自由呼吸、个性成长。

二、课程目标

学校牢固秉持"让每一个孩子过自由呼吸的学习生活"的课程理念，在教育教学过程中充分关注学生学习与发展的内在要求，着力促进学生在道德品质、学习能力、身心健康、人格健全等方面的全面发展，尊重学生个体发展的特点和差异，鼓励学生张扬个性，引导学生学有所长。

（一）育人目标

学校致力于让学生在课程中释放个性、在学习中体验快乐、在自由中健康成长，因此确立了"亲乡土，爱家国——欣赏、理解乡土文化，热爱、践行中华文明""勤学习，爱探究——勤于思考、乐于学习，善于发现、主动探究""强身心，爱运动——热爱运动、坚持锻炼，坚强自信、身心健康""懂审美，爱生活——爱好广泛、审美高雅，热爱生活、积极乐观"的育人目标。

（二）课程目标

育人目标是通过课程目标实现的。为了达成这一育人目标，学校将其细化为不同年级的课程目标（见表3-1）。

表3-1　浦江三中不同年级的课程目标

年级	亲乡土，爱国家	勤学习，爱探究	强身心，爱运动	懂审美，爱生活
六年级	了解家族、学校和家乡的现状和历史，认识乡土的自然生态、历史文化、风土人情；了解基本国情和基本国策，有家族荣辱观、家乡情怀和民族自豪感。	对学习有兴趣，培养良好的学习习惯，喜欢阅读课外书籍；会观察、发现，大胆想象，敢于表达；积极参加学校各类实践活动和探究活动。	认真完成体育课程项目，喜爱体育活动；积极参加各种社团活动，感受体育活动带给自己的快乐；会玩1—2种体育游戏。	初步培养热爱美、欣赏美的情趣；培养1—2种兴趣爱好，对学习、生活充满热情和信心，精力充沛；积极参加力所能及的家务劳动和公益劳动，掌握一定的生活技能。

（续表）

年级	亲乡土，爱国家	勤学习，爱探究	强身心，爱运动	懂审美，爱生活
七年级	收集与研究家族、学校和家乡的资料，能讲述乡土故事，感受社会生活的变化与发展；关心时事新闻，学习中国历史，有家族荣辱观、家乡情怀和民族自豪感。	独立学习和思考问题，坚持阅读科普读物和文学作品；充满好奇，勤于思考；乐于参加课堂探究活动，尝试运用所学知识解决生活中的问题。	形成参与体育运动的兴趣爱好，养成坚持锻炼的习惯；形成积极乐观的生活态度；基本掌握1—2项体育游戏规则。	培养热爱美、欣赏美的情趣，初步培养感知美、表现美的能力；养成1—2种兴趣爱好，心态积极，热爱劳动；积极参加家务劳动和公益劳动，对生活技能有自己的心得体会。
八年级	观察与调查乡土社会，参与乡土社会的生产和生活实践，提升研究社会、认识社会的能力；关注乡土文化和传统文化，增强家族荣辱意识和民族自豪感，厚植家乡情怀。	主动克服学习困难，坚持阅读课外书籍并撰写读书笔记，养成良好的阅读习惯；善于提出问题，主动解决问题；主动参加校内外的各类实践活动。	保持参与体育运动的兴趣与习惯，保持心情愉悦；养成健康的生活方式，形成坚强、自信的性格；熟练掌握1—2项体育运动技能。	形成热爱美、欣赏美的情趣，培养感知美、表现美的能力；培养3—4种兴趣爱好；热爱劳动，热爱公益，勇当志愿者，乐于分享自己的生活技能和生活体会。
九年级	欣赏与理解乡土文化，树立正确的文化价值观；关注中华文明的发展历程，树立民族自信心，培养从热爱家乡到热爱祖国的真挚情感，并激发出建设家乡的责任感。	勇于挑战学习难题，有坚忍的学习毅力，形成自己解决学习问题的方法和策略；勇于发表自己的独立见解；综合运用所学知识解决各类实践问题；动手动脑，积极创造。	坚持体育锻炼，提升力量、速度、灵敏、耐力等身体素质，发扬体育精神；通过国家体质健康测试，掌握2—3项体育运动技能。	形成高雅的审美情趣和健康的生活方式；培养5—6项兴趣爱好；形成乐观、自信、坚强的生活态度；热爱生活，勤于劳动，乐于奉献，勇于承担社会责任。

三、课程框架

为了实现以上育人目标和课程目标，使学校的课程规划更加科学且具有可操作性，学校构思并确定了"有氧课程"。

（一）课程结构

从功能来看，学校课程由基础型课程、拓展型课程和研究型课程构成；从形态来看，学校课程由国家课程、地方课程和校本课程构成；从内容来看，学校的"有氧课程"由自我与社会、语言与表达、思维与探索、乐动与审美四类课程组成。它们之间相互渗透、相互补充，旨在更好地落实立德树人根本任务，培养德智体美劳全面发展且个性成长的学生（见图3-1）。

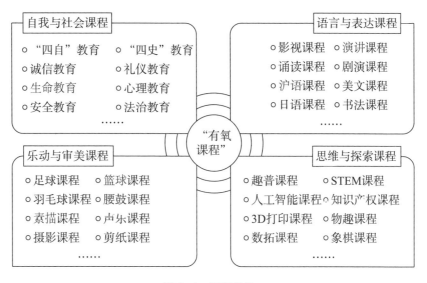

图 3-1　课程结构

（二）课程设置

在保持与国家课程、地方课程培养目标一致的前提下，结合具体校情、具体年段，学校对基础型课程进行了二度开发，真正实现国家课程的校本化实施。同时，学校根据办学理念和培养目标，整合课程资源、师资力量和教学设施，设置了活泼灵动、具有特色、符合学生特点的校本课程供学生选择，以满足学生全面发展、个性成长的需求。

自我与社会课程是学校教育的核心内容。通过对这类课程的充分认知以及与各类活动的高度融合，学生培养了爱家国、讲诚信、重规范、懂礼仪等高尚品格，实现了生命成长。

语言与表达课程旨在让学生熟练掌握语言表达技巧，并通过创设适宜情境，让学生融入其中，多听多讲，主动参与。通过学习与训练，学生的语言表达能力明显提升，从而实现全面发展。

思维与探索课程旨在引导学生勤于思考与善于质疑，积极开展实践与探究，主动参与课堂活动，使学生的分析和解决问题、探究、质疑、动手等能力得到有效锻炼。

乐动与审美课程通过让学生体验运动的快乐，培养学生良好的运动习惯，提高学生的艺术修养，提升学生的身体素质，使其形成积极乐观的生活态度。

"有氧课程"基于不同年段，相互渗透，互为补充，充分贯彻了"亲乡土，爱家国；勤学习，爱探究；强身心，爱运动；懂审美，爱生活"的课程目标，为学生的健康成长提供了丰富而生动的课程序列，落实了"五育"并举、立德树人根本任务。

第三节　统整学校课程资源的实施评估

实施推进（Practice）是 APPR 课程发展模式的重要环节，要求学校采用一定的方式对课程进行统整，保证课程实施的有序与有效，并通过监测手段对课程实施效果进行评估，了解其与预定目标之间的差距。为了确保"有氧课程"的顺利推进，学校打造了"有氧课堂""有氧学科""有氧社团""有氧节日""有氧探究""有氧校园""有氧之旅"七大板块，并形成相应的评估方式。七大板块互渗与融合，持续深入推进"有氧课程"的实施与评价。

一、构建"有氧课堂"，推进学校课程的有效实施

从生物学的角度看，有氧呼吸是指细胞（寓指学生）在氧气的参与下，通过多种酶（寓指教师）的催化作用，把有机物彻底氧化分解（寓指学生潜能开发），

产生二氧化碳和水，同时释放出大量能量（寓指学生个性成长）的过程。

教育的"氧气"和学生的"呼吸"主要体现在课堂上，课堂应该成为"天然氧吧"。"有氧课堂"是充分认知的课堂，强调学习方式的多样和学习目标的多维，将书中学和做中学有机结合，将独立学习和合作学习有机结合；"有氧课堂"是高度融合的课堂，强调以议论为核心，尤为关注相异构想的发现与解决，精心设计问题情境，积极创设对话氛围，建立民主和谐的师生关系，让师生之间、生生之间展开积极的心灵对话；"有氧课堂"是生命成长的课堂，强调有机融入与学生生活相关的教学内容，让学科知识转变为学生的生活素养，有效激发学生的学习积极性，让他们体验学习的乐趣，感受知识对成长成功的助力，从而让课堂成为学生生命成长的平台。

（一）"有氧课堂"的实施推进

学校以上海市城乡学校互助成长项目为契机，以区级重点课题"基于后'茶馆式'教学的'有氧课堂'样态构建的实践研究"为引领，以"三明工程"——明学科、明学理、明学生为序列，鼓励全校教师在不断学习、研究、实践中持续推进"有氧课堂"。学校在深度推进"有氧课堂"样态构建的过程中，从"有氧课堂"的概念认知到基于学科特征的"有氧课堂"教学微方法提炼，再到基于教研组规划与实施的"有氧课堂"样态构建，分步落实，层层推进。学校以课堂教学、作业设计、命题研究等为载体，对"有氧课堂"的三个要素——充分认知的课堂、高度融合的课堂、生命成长的课堂进行研究。结合区域教育要求，学校精心研制并大力推进新一轮基于"有氧课堂"的教育教学改革三年行动计划，加强日常课堂的实践和研究，不断反思与改进教学行为和方式。比如，学校每学期开展骨干教师展示研讨活动、新教师汇报课活动、青年教师综合技能大赛、电子书包汇报课活动等，在课堂实践研究过程中总结经验，进一步指导实践。

（二）"有氧课堂"的评价标准

基于"有氧课堂"的基本要素和主要特征，并结合课堂教学的评价要点，学校提炼出"有氧课堂"的18个观察点，制定了"有氧课堂"评价表（见表3-2）。

表 3-2 "有氧课堂"评价表

要素	维度	观察点	评价			
			优	良	中	差
充分认知的课堂	准确解读文本	充分挖掘文本的内涵与本质,准确解释学科的基本概念和核心内容,达成三维目标。				
		将抽象的教学内容转换为有助于理解概念、解决问题的学习活动。				
		系统而有条理、由简到繁地呈现教学内容,适时概括学习要点,并能做到简明扼要,突出重点。				
	引导学生学习	以议论为核心,充分展现学生的相异构想。				
		给学生搭建脚手架,提出与学生认知水平相吻合的问题,用学生能理解的方式解释核心内容。				
		运用除讲授以外的多种教学方法,为学生提供多样化的学习方式。				
高度融合的课堂	积极促进对话	设计有意义的问题、课堂反馈练习,使问题表述清楚、指向明确。				
		通过适当的眼神、表情、手势等促进与学生的沟通。				
		鼓励和引发学生提问或质疑。				
	创设和谐氛围	给学生留出充分思考问题的时间,耐心倾听学生的表达;对学生的答问不是笼统评价,而是有区别地理答。				
		通过小组合作互助,激发学生的团队荣誉感,提高学生的合作交流能力。				
		通过和善的表情和亲切的口吻与学生互动,通过幽默、机智的行为营造轻松愉快的气氛。				
生命成长的课堂	引入生活元素	合理引入生活元素,让学科知识转变为学生的生活素养。				
		创设贴近生活、激发兴趣的情境。				
		鼓励学生将所学知识应用到生活中。				
	共享生命成长	让学生体验学习的乐趣,感受学习内容和学习活动的价值,调节自我导向学习倾向性。				
		给予大多数学生成功的体验,给予有特殊需要的学生及时的帮助。				
		师生共同发展、共享生命成长。				

（续表）

对本节课的总体评价（优、良、中、差）	
优点与特色	
不足与建议	

二、培育"有氧学科"，实现自由灵性的精神成长

学科本质的教学内容包括价值与精神（内层）、方法与思想（中层）、问题与概念（外层）三重结构，具有独特的育人价值。"有氧学科"更集中地凸显了这种独特的育人价值，更注重学生自由灵性的精神成长。"有氧学科"由基础学科、拓展学科和探究学科组成。其中，基础学科是中华人民共和国教育部和上海市教育委员会规定开设的学科，在"有氧学科"中起着导向作用，决定着"有氧学科"的主攻方向；拓展学科和探究学科则是学科发展的重点与特色所在。

（一）"有氧学科"的实施推进

为了使"有氧学科"最大限度地发挥育人价值，学校提出以下建议。

第一，更新理念。各教研组都要有打造优势学科组的意识，全校要营造一种建设优质教研组的氛围。此外，学校要加强教研组文化建设，并使之成为校园文化的重要组成部分。

第二，加强领导。学校各职能部门通力协作、齐抓共管，为教研组建设出谋划策、保驾护航。比如，组建教研组建设领导小组。相关领导每人负责一至两个教研组，为教研组建设提供指导和服务。

第三，造就队伍。教师强则学科强，因此要做好新教师、青年教师、骨干教

师的培训工作，充分发挥老教师的传帮带作用，使教师队伍整体素质普遍提高、业务能力明显增强，建设一支学习型、研究型、专家型教师队伍。

第四，打造品牌。学校精选几个学科组作为重点，集中力量进行建设，使它们成为学校品牌，并进一步提升品牌影响力。同时，注重制定校本教研制度，以校本教研促进教师专业成长，以教师专业成长促进教研组的可持续发展，把校本教研作为教研组发展的第一推动力。

第五，加强监控。比如：加大对教学五环节的监控力度，定期检查教研组建设方案落实情况，并对落实情况进行评估；协调好各种关系，帮助教研组克服困难。

（二）"有氧学科"的评价标准

学校从学科课程、学科团队、学科教学、学科学习、学科成效五个维度对"有氧学科"进行评价（见表3-3）。

表3-3 "有氧学科"评价表

维度	具体内容及分值	得分	
		自评	他评
学科课程（20分）	1. 有完整的学科课程体系和多样化的学科课程（10分）。 2. 形成以本学科为核心，与其他学科渗透互补、交叉支持的学科课程群（10分）。		
学科团队（20分）	1. 建设一支团结合作、富有活力、乐于奉献、勇于创新，并且知识结构、年龄结构、专业结构、学历层次等都合理的学科梯队（8分）。 2. 拥有在本学科治学严谨、教学和科研成绩显著、有一定影响力的学科带头人（6分）。 3. 拥有一批教学水平较高、科研能力较强、在学科梯队中承前启后的学科骨干（6分）。		
学科教学（20分）	1. 在一门或多门学科上形成具有学校特色的有效教学方法和经验（8分）。 2. 构建独具特色的课堂教学模式，在教学思想、教学方式和教学技巧等方面形成教学特色（6分）。 3. 构建完善的学科教研制度，如集体备课制度、听评课制度、质量监控制度、课题研究制度等（6分）。		

（续表）

维度	具体内容及分值	得分	
		自评	他评
学科学习 （20分）	1. 在学科教学改革中，学生具有浓厚的学习兴趣和主动学习的意愿（8分）。 2. 引导学生树立正确的学习观念，养成良好的学习习惯，掌握有效的学习方法，提升核心素养（6分）。 3. 在学科教学质量方面，获得优秀的成果，产生积极的作用（6分）。		
学科成效 （20分）	1. 具有学科影响力。学科取得一定的理论与实践经验，获得良好的社会声誉，得到教师、学生、家长的认可与支持；这些经验具有一定的推广性，值得其他学校借鉴（5分）。 2. 促进学生全面发展。学生精神面貌良好，能积极主动地学习；对某一学科领域保持长期关注，致力于发展自己的特长；广泛参与各种活动，获得丰富的学习成果（5分）。 3. 促进教师专业成长。教师对学科教学和教育科研具有信心，自我效能感得到增强；形成自己的教学特色和教学方法，教学水平、科研能力、课程开发能力等得到提升（5分）。 4. 提炼教育科研成果。开展与特色学科相关的课题研究，取得反映研究质量的科研成果，如开发有特色的学科教材、发表或出版关于特色学科建设的文章及著作等（5分）。		

三、组建"有氧社团"，促进学生个性化发展

"有氧社团"是指在学校教师及校外专家、教练等的指导下开展社团活动。学校以"学生学有所长、个性发展"为目标，设计与开发具有学校特色、适合学生个性发展的"有氧社团"。

（一）"有氧社团"的实施推进

学校利用校内外课程资源，提供多样化、满足学生需求、充分体现学校特色的16个社团。"有氧社团"主要遵循选择性、多样性、开放性、趣味性原则，促进学生个性发展、生命成长。社团活动定时、定点、定人员，也受到相关部门的监督和管理。

（二）"有氧社团"的评价标准

从学生角度看，"有氧社团"的评价方式可以是书面考查，也可以是日常学习态度和学习成果检测。对于日常学习态度的评价，通常是在学期末，由教师根据出席情况、完成的作品、技能测试等对每个学生作出综合评价，分为 A（≤ 40%）、B（≥ 40%）、C 三等，并将结果填写在《上海市学生成长记录册》及综合素质评价系统上。对于学习成果的评价，可以通过实践创作、作品鉴定、竞赛、评比、汇报演出等形式进行展示。每个社团中表现出色的学生将获得"卓越奖"。

从教师角度看，学校课程教学部通过日常巡视、随机听课、查阅教师备课情况、开展学生问卷调查等形式对教师进行过程性评价；同时，学期末将根据该社团的教案、作品等各类资料的上交情况以及该社团参与比赛、汇报演出等情况对教师进行总结性评价。此外，学校每学期末会结合社团开展情况，评选出优秀社团，并对相关教师进行奖励。

四、创立"有氧节日"，搭建学生全面发展的舞台

"有氧节日"是指学校组织学生在学习之余参与的系列主题节日活动。学校通过举办体育节、艺术节、读书节、电影节等不同形式的活动，为学生营造锻炼、审美、阅读、鉴赏的氛围，吸引学生积极自主地参与其中。学生也在参与活动的过程中增强了体质，提高了艺术修养，调节好心理和精神状态，愉快而健康地学习与生活。

（一）"有氧节日"的实施推进

在体育节中增强体质。通过运动会、队列广播操展示活动、踢跳比赛、冬季长跑比赛等，有效增强师生体质，提升他们的耐力素质，磨炼他们的意志品质。教师带领学生参与体育锻炼，以实际行动提升身体素质，促进身心健康成长。每日适量的有氧运动，也能帮助全体师生养成健康的生活习惯。

在艺术节中提高修养。为了培养学生健康的审美情趣和良好的人文素养，帮助学生坚定文化自信，践行社会主义核心价值观，传承中华优秀传统文化，学校开展了"十月歌会""才艺比赛""迎新文艺会演"等活动。教师在活动中

引领学生树立正确的审美观念、陶冶高尚的道德情操、培育深厚的民族情感，为把学生培养成德智体美劳全面发展的社会主义建设者和接班人而不懈努力。

在读书节中提升品位。为了培养学生养成良好的阅读兴趣与习惯，拓展学生的知识面，提升学生的文化素养，学校开展了"书香教室布置""好书推荐""诗朗诵比赛""课本剧表演""读书达人知识竞赛"等活动。教师在活动中为学生营造了良好的读书氛围，锻炼了学生的朗诵、表达等能力。

在电影节中润德启智。学校把艺术养成与电影欣赏活动结合起来，在潜移默化中提升学生的艺术鉴赏力。教师借助学校的"百部电影行"活动，为学生提供大量的优质电影，以浸润学生心灵，促进其健康快乐成长。学生将在"主题海报征集""配音表演""微电影征集""剧本创作"等活动中浸润德行并启迪智慧，在团队协作中培养良好的合作精神和大局意识。

在科技节中注重创新。近年来，学校十分关注学生创新能力和环保意识的培养，以可持续发展的环境教育思想为指导，以"绿色创新""知识产权保护"为亮点。比如，学校通过每年的科技节活动，从科普教育入手，积极开展模型制作、环保宣传、创新金点子、知识产权知识竞赛、保护母亲河等活动，全面提升学生的创新能力和动手能力，增强学生的环保意识。

在篮球节中崇尚运动。为了营造朝气蓬勃的校园环境，丰富学生的课外娱乐生活，提升学生的身体素质，培养学生积极向上、奋发进取的精神，学校把篮球课作为一门重要的实践课程。学校作为浦江镇篮球教育基地校，特设立了浦江三中篮球节，开展了篮球操展示活动、篮球嘉年华活动、浦江校际篮球联谊赛等，从而形成学生积极参加体育活动的良好风气，也给学生提供了展现青春活力的舞台。

在中国节中传承文化。学校以教师节、国庆节、中秋节、元宵节、端午节、植树节、春节等中国传统节日为载体，组织学生开展丰富多彩的活动，引导学生更加全面准确地认识中华民族的历史传统、文化积淀、基本国情，更加深刻地体会传承、发展、创新中国传统文化的现实意义，更加坚定地树立实现中华民族伟大复兴中国梦的理想信念。

（二）"有氧节日"的评价标准

"有氧节日"的评价注重过程，兼顾活动成果和社会效益。"有氧节日"以学

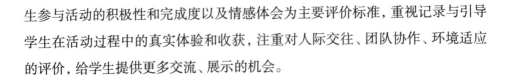

生参与活动的积极性和完成度以及情感体会为主要评价标准，重视记录与引导学生在活动过程中的真实体验和收获，注重对人际交往、团队协作、环境适应的评价，给学生提供更多交流、展示的机会。

五、开展"有氧探究"，培养学生的综合能力

"有氧探究"是指为学生创造民主和谐的探究氛围，引导学生主动参与主题探究实践活动，促使学生善于发现和提出问题，并能利用身边的资源探究和解决问题，从而增强学生的合作与创新意识，培养学生的自主学习、分析问题、解决问题、敢于质疑、合作交流等综合能力。

（一）"有氧探究"的实施推进

"有氧探究"主要遵循探究性、开放性、实践性原则，以学校的趣普课程为实施载体。学校在严格遵循上海市中小学课程标准的基础上，对道德与法治、信息科技、STEM+、探究、劳动技术、科学等学科进行全面梳理，重组教学内容，形成"我爱三中""绚丽城市""多元文化""创想生活"四个大课题，每个大课题又由四个子课题组成（见表3-4）。

表3-4 "有氧探究"课程安排表

年级	课时	大课题	子课题	涉及学科
六年级	64	我爱三中	认识自我、探秘三中、友爱三中、秀美三中	道德与法治、信息科技、STEM+、探究、劳动技术
六年级	64	绚丽城市	美丽上海、历史变迁、城市经典、海派文化	道德与法治、信息科技、STEM+、探究、劳动技术
七年级	32	多元文化	文化传承、贫困与发展、国际视野、"一带一路"	探究、劳动技术、STEM+（道德与法治）
七年级	32	创想生活	创新思维、设计与制作、知识产权、智慧生活	探究、劳动技术、STEM+（可持续发展）

（二）"有氧探究"的评价标准

"有氧探究"的评价主体是多样化的，包括教师、学生、小组等。对学生的评价，分为形成性评价和总结性评价。形成性评价考查的是独立思考、判断、想象、实践的学习品质，合作、分享的学习经历，等等。任课教师将学生在探究过程中的具体表现记录下来，以不同的评价标准给予评定，随后将结果整理归档。总结性评价是在教学尾声，给予学生展示自己所学知识和技能的机会，通过动手实践、海报展示、口头演说、小组竞赛、汇报演出、统一考查等形式对其进行评价。

学校通过检查教师的备课情况，抽查教师在课堂上组织学生探究活动的具体实施与管理情况，观察学生探究作品或汇报交流的展示情况，学期末检查教师对"有氧探究"课程资源的整理与上交情况，以及校内外学生和家长问卷调查情况等，对其进行综合评价。

六、建设"有氧校园"，构筑学生健康成长的精神家园

依据学校"有氧教育"的教育哲学，"有氧校园"应该是自然生态、和美静谧的，能为学生的自然成长、个性滋养和健美体格塑造提供"天然氧吧"；应该是自主随性、和乐共进的，能为学生的全面发展、特长培养和健康性格塑造提供制度保障；应该是自由发展、和谐共生的，能为学生的生命成长、德行修养和品格健全提供文化滋养。

这样，每一个学生都能自由呼吸、自由成长。在民主、平等、和谐、快乐的氛围中，"有氧校园"成为全校师生自由绽放的绿色校园、成长乐园、精神家园。

（一）"有氧校园"的实施推进

基于以上对"有氧校园"的认识，学校确定的基本实施策略是由表及里、由浅入深、循序渐进、贯穿始终（见表3-5）。

表 3-5 "有氧校园"课程设置表

年级	课程主题	课程目标	具体内容	参与对象	学习时间
六年级	"有氧校园"我触摸	1. 了解学校的历史文化。 2. 能说出学校的整体布局。 3. 知道学校的路名、楼名，理解其含义。 4. 了解"有氧校园"的自然环境。	1. 参观校史陈列馆。 2. 参加校史专题讲座。 3. 以小组合作的形式测绘一份校园绿化平面图。	全年级	入学教育、趣普课程期间
七年级	"有氧校园"我喜欢	1. 了解学校近期的发展规划。 2. 学会欣赏身边的榜样，从中汲取成长的力量。 3. 探究学校路名、楼名背后的含义。 4. 了解"有氧校园"课程建设情况。	1. 进行一次校园访谈。 2. 推荐"有氧校园"感动人物，撰写推荐词。 3. 自选一个路名、楼名进行解读，在班级内进行交流。 4. 提出一份"有氧校园"建设优化建议。	全年级（可以分组或者分班完成）	班会课、少代会、趣普课程期间
八年级	"有氧校园"我设计	1. 了解学校校歌、校旗、校徽等的含义，理解其中蕴含的"有氧校园"的意义。 2. 积极参加学校组织的主题节日活动，领悟"有氧校园"的价值，并将其内化为品行修养。	1. 寻访校园，找寻"有氧校园"的印记，并与之合影。 2. 结合校园主题节日活动，自选一个主题节日的徽标或者吉祥物，并对其进行简要说明。	全体学生	校园主题节日活动期间
九年级	"有氧校园"我演绎	1. 学会感恩，感受"有氧校园"的温情与力量。 2. 学会表达，在表达中传承"有氧校园"理念。	描述"有氧校园"的经典瞬间，并将其故事化。比如，以情景再现的形式进行演绎，传递"有氧校园"理念。	全体学生	艺术节或者毕业典礼期间

（二）"有氧校园"的评价标准

学校除了采用自评、组评和师评等方式对"有氧校园"进行评价外，还会邀请家长参与评价，或者与网评相结合，分年段开展评价（见表3-6）。

表 3-6 "有氧校园"评价表

课程主题	评价标准	自评（30%）	组评（30%）	师评（40%）	备注
"有氧校园"我触摸	积极参加学校组织的参观和讲座活动。				趣普课程内容按照趣谱课程进行评价
	深入了解校园建筑物和绿化分布情况。				
	分工合作，完成校园绿化平面图。				
"有氧校园"我喜欢	访谈有方法、有质量、有收获，并对访谈内容进行记录。				
	正确认识身边的同学，学会悦纳他人。				
	解读的路名、楼名具有正确的价值导向，并能传播"有氧校园"的正能量。				
	"有氧校园"建设优化建议有针对性、可操作性，具有较高的价值。				
"有氧校园"我设计	积极参与各项活动，与"有氧校园"的合影拍摄角度合适、画面清晰、构图适当。				邀请家长评价（或者网评）
	主题节日的徽标或者吉祥物设计视角独特，设计与说明契合度高，对"有氧校园"理解正确并诠释得当。				
"有氧校园"我演绎	"有氧校园"的经典瞬间表达清晰，故事情节设计合乎情理。				邀请家长评价
	演绎有一定的艺术感染力，较好地弘扬和传递了"有氧校园"理念。				

七、开启"有氧之旅"，增强学生的责任担当意识和社会意识

"有氧之旅"是指学校利用假期及课余时间，带领学生参与各类社会实践及研学活动，在活动过程中对学生进行科技、国防、劳动、法治、环保、历史等方面的熏陶。"有氧之旅"不仅使学生领略到家乡的美景，感受到家乡日新月异的变化，还使学生在活动中学会关心社会发展、关注科技进步、重视生态环境。

（一）"有氧之旅"的实施推进

新学期伊始，学校根据不同的教育需求和各年级的不同特点，确定社会实践活动主题，并组织学生开展社会实践活动。比如，六年级以"法治禁毒教育"为主题，七年级以"家乡美"为主题，八年级以"科技"为主题，九年级以"民俗文化"为主题。班主任和指导教师及时关注活动的开展情况，各小组成员之间发挥互助协作的团队精神，确保活动的顺利进行。学校通过社会实践活动，进一步落实"两纲教育"。教师要在活动中开阔学生的视野，培养学生热爱祖国、热爱家乡的深厚情感，让学生在领略科技发展和城市变化的同时提升人文素养。此外，学校通过社会实践活动，还能增强学生的组织纪律性和团队合作意识。

学校开展了以"我爱家乡美""爱国主义教育"为主题的研学活动，并通过制定活动方案，明确成员职责，进行安全教育。带队教师不仅要密切关注学生活动，还要在研学过程中引导学生通过走、听、学、做、写、画等形式发现闵行区各街镇的历史人文之美、经济物产之丰、治理变化之新和改革发展之快。教师要引导学生通过研学活动进一步感受家乡发展背后所蕴含的红色基因和革命精神，激发学生爱家乡、爱社会主义的情感，达到知行合一、以史明志、知史爱国的目的，增强学生对实现中华民族伟大复兴中国梦的信心，筑牢学生不忘初心、牢记使命的思想根基。

（二）"有氧之旅"的评价标准

"有氧之旅"以研学报告、参观感受、研学小报等形式呈现活动成果，以学生参与活动的课时量和积极性为主要评价标准，注重活动过程中学生的真实体

验和收获，以及创新性和实践性的体现情况等，及时引导学生反思活动中的经验和教训，让每一个学生都能获得不同的成长。

第四节 反思学校课程发展的深度提升

学校课程建设是一个动态的过程，学校课程实际与学生课程需求的矛盾随着社会的发展在不断变化。这就需要学校在实践中不断反思，汲取经验，助推新一轮的"问题诊断（Analysis）—系统设计（Plan）—实施推进（Practice）—反思提升（Reflection）"，在循环推进中不断优化学校课程建设，推动学校课程的深度变革。

一、以"有氧文化"引领"有氧课程"的价值认同

课程建设离不开文化引领。浦江三中以"有氧教育"为引领，以"让每一个孩子自由呼吸"为办学理念，进而确立了"让每一个孩子过自由呼吸的学习生活"的课程理念。学校的办学理念、课程理念与课程运作之间一脉相承、一以贯之：学校立足学生生命成长，以"有氧教育"为基石，以学生的个性成长为目的，践行以人为本的教育理念，让师生在校园里自由呼吸、畅快表达。这一价值取向引领我们形成了贯穿整个课程体系的逻辑。

学校围绕"有氧教育"这一理念，统筹规划了自我与社会、语言与表达、思维与探索、乐动与审美四类课程，建立了相应的课程体系，体现了充分认知、高度融合、生命成长的课程要素，旨在更好地贯彻党的教育方针，落实立德树人根本任务，培养德智体美劳全面发展的社会主义建设者和接班人。

"有氧教学"这一理念也得到教师、学生和家长的广泛认同。调查数据显示，学生对学校有很高的认同度，喜欢自己的学校、老师，师生关系和睦。绝大部分家长认同学校的文化理念，肯定学校对学生品性的塑造、能力的培养，感

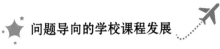

受到学生在主动质疑、独立思考、乐观自信方面的成长与变化。渗透在"有氧教育"中的文化基因已经如春风化雨般地熏陶、浸润浦江三中学生的心灵，引领他们在生命成长中获得持续发展的内在动力。

为了深度挖掘"有氧文化"的内涵品质，持久发挥"有氧文化"的价值引领作用，学校还要进一步完善"有氧文化"的逻辑体系，加大宣传力度。同时，为了实现学生的全面发展和个性成长，学校要统整各方资源，适应时代需求，提供多样化平台，适时调整课程内容和评价方式，充分激发学生的学习自主性和积极性，满足学生的发展需求。

二、以有效管理促进"有氧课程"的持续发展

学校成立了以书记、校长为组长，以副书记、副校长为副组长，以其他行政管理人员为组员的课程管理领导小组。领导小组是负责学校课程开发的集体研究、决策的专门机构。此外，领导小组还积极邀请相关课程领域的专家分享经验，同时广泛吸纳有志于学校课程开发研究的教师。

学校课程管理自上而下，形成一个完备的组织体系，建立了有效的组织网络，保障学校课程管理的顺利进行。

首先，学校通过实施《基于后"茶馆式"教学的教学五环节实施要求》《教研组组长、备课组组长职责与活动要求》等各项制度，促进课程实施向规范化、优质化发展。同时，学校严格按照最新的上海市初中课程计划的要求制定课程方案，各年级的周课时安排符合相关规定，不随意增减科目，不增加学生学业负担，积极开展阳光体育运动，开足开齐三类课程。

其次，充分利用现有硬件设施开展教育教学活动。比如：利用学校已形成的校本教研机制，定期开展教学研讨、交流、评比等活动，为课程建设营造良好的氛围；同时，借助社区、镇企等学校周边的人力、物力，进一步做好校本课程开发与实施。

最后，加强对优质课程的特色与成果以及"有氧课程"的建设与实施活动的宣传。比如，通过家委会、家长会、区镇校网络平台等及时宣传"有氧课程"

的建设与实施情况，争取社区与家长的支持和理解，从而营造良好的课程建设氛围。

总之，学校从各方面为课程开发建设提供了强有力保障，推动课程建设的规范化和标准化。其中，关于九校校本课程的调查数据为我们提供了良好的反馈（见表3-7）。

表 3-7　浦江三中教师的相关数据

题目	非常符合	比较符合	认同度
学校现有课程能满足培养学生素养的需要。	22%	74%	96%
我经常根据课程实施情况对教学进行有针对性的调整。	14%	81%	95%
我能很好地将课程目标贯穿于教学设计中。	14%	78%	92%
我在教学过程中注重创造性地设计教学情境。	14%	78%	92%
我认为学校课程建设应围绕本校的培养目标展开。	22%	69%	91%
学校会对教师开发的校本课程进行专门审议。	24%	64%	88%
学校制定了鼓励教师开发校本课程的制度。	24%	63%	87%
学校为进行学科教学方式创新的教师提供了激励政策。	17%	67%	84%
课程评价主要包括对教师教学的评价和对学生学习的评价。	19%	65%	84%
本学期，学校邀请专家对课程建设进行专题培训。	21%	61%	82%
我认为学校的校本课程需要与校外合作共建。	24%	56%	80%

从表3-7可知，浦江三中教师对国家课程的处理、课程理念、学校制度、实施情况的认同度全部达到80%及以上。

此外，浦江三中的课程资源丰富，教学形式较为多样，注重学生自主学习能力的培养，语文、数学、英语、物理学科的占课比例低于九校均值。

综合来看，浦江三中教师和学生对学校课程管理、实施与开发的规范性、

科学性、可操作性有较高的认同度,体现了学校课程在有序管理与组织领导下,正不断朝着优质化方向发展。

就目前来看,学校构建了较为有效的课程管理组织体系,有利于保障学校课程管理的顺利进行。此外,学校还应思考更多样化的组织模式,引入更丰富的管理元素,为学校课程组织建设注入更大动力。

三、有序研修为"有氧课程"提供专业支持

学校积极为教师发展搭建平台,着力推进"三明工程",开展了一系列有针对性的全员培训,力争让全校教师成为明学科、明学理、明学生的"明白"教师,从而为课程开发与实践提供专业支持。

首先,学校开展了"明学科"培训,引导教师加强对课程标准、考试纲要、学科教材的研读,以提升教师的学科素养。同时,学校借助骨干教师展示活动、新教师汇报活动、集中专业测试等,让教师在实践中深刻理解学科内涵,助力教师提升学科素养。

其次,学校开展了"明学理"培训,通过自主学习与集中学习相结合的形式,引导教师了解学习原理与法则。比如,教师个人、备课组、教研组分阶段共同开展了高效学习方法的探索与提炼,形成了适合本校或本学科的高效学习方法,从而有效地指导学生开展学习活动,提升学生的学习效率。

最后,学校开展了"明学生"培训,旨在提高教师教学的针对性。各教研组结合组内教研、校际研讨、浦江大教研等平台,开展"明学生"的相关研究与实践。比如,学校召开了"明学生"专题工作总结会议,通过各教研组组长的分享与交流,让全体教师掌握探查学情的方法,从而实现精准教学,提升教学的针对性。

通过系列课程研修和理论联系实际,教师在各类活动中锻炼了能力,提升了素养,逐渐成为明学科、明学理、明学生的"明白"教师,为学校建立起一支"明白"的课程团队提供了原动力。此外,学校还要加强对特色教师的挖掘、储备和培养,使其不断夯实学科素养,提升专业能力。

四、以特色发展丰富"有氧课程"的内涵

学校围绕"让每一个孩子过自由呼吸的学习生活"的课程理念，以诚信（德育）、篮球（体育）、"百部电影行"（美育）、趣普课程（劳育）、身心不平衡训练（心理健康教育）等为着力点，不断加强校本特色课程建设，丰富"有氧课程"的内涵。

学校深入发掘中国传统文化中"诚信"的育人价值和功能，大力提倡诚信教育，构建了学校的诚信教育体系，将学校的诚信教育向纵深推进。近年来，浦江三中学生对学校开展的诚信教育活动的认同度和参与率均达到了100%。"守诚信者荣，失诚信者耻"已经成为浦江三中学生的普遍共识。同时，学校依托"篮球进课堂"项目，选拔与组建男女篮球校队，以"专业教练主训、篮球教师辅训"的形式进行篮球教学、训练研究，稳步提升篮球特色教育品质。2020年11月，浦江三中被评为全国青少年校园篮球体育传统特色学校。这是对学校特色教育推进工作的充分肯定。此外，学校还根据学生的心理发育特点和现有的艺术修养及电影知识的积累情况，开设"百部电影行"课程，选取了适合初中生观看赏析的100部中外优秀影片，并创建"浦江三中育人电影库"，将艺术、行规养成与电影欣赏活动结合起来，以提升学生的文化、艺术和道德修养，为其健康快乐成长奠定基础。学校一直非常重视学生综合素养和能力培养，努力为学生提供众多可供选择的校本课程；同时，开展跨学科融合课程的研究与实践，逐步构建起以趣普课程为基础的学生综合能力培育体系，真正为学生厚植综合竞争力与终身发展奠定扎实基础。比如，学校成立身心平衡训练项目组，及时对部分身心发展欠平衡的学生进行身心平衡训练和引导。

学校坚持"五育"并举，不断开展彰显学生个性特长的德育、智育、体育、美育、劳育课程的实践探索，激活校园文化，提升校园生活质量，为每一个学生的自由呼吸、健康成长奠基。

学校不断优化管理机制，深化教育教学改革，以"有氧文化"为引领，以实现学生生命成长为核心，基于APPR课程发展模式，积极开设"有氧课程"，并在课程规划与实施、提升学生核心能力、促进教师专业发展等方面取得一定成

效。然而，学校课程优化是一个持续的过程，会受课程变革的影响。因此，学校要统整资源，贴合师生需求，对课程进行重新诊断，作出相应调整，在新的实践论证中进一步发展，让每一个学生自由呼吸、健康成长，展现生命的活力和绚烂。

（撰稿人　向小成）

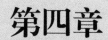

第四章

生长性课程: 让每一个生命
蓬勃生长

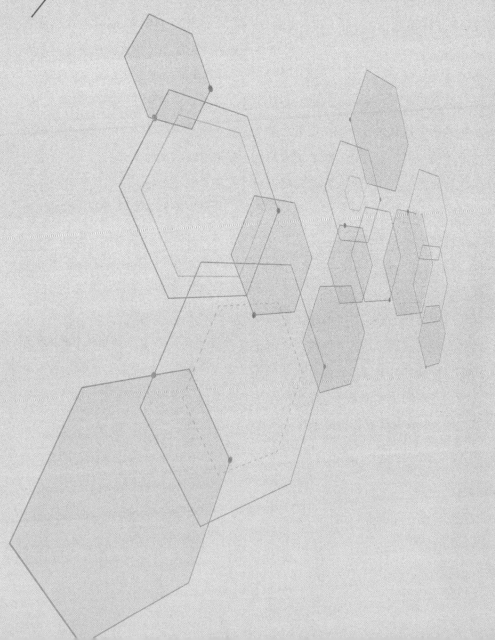

上海市建平中学西校（以下简称为"建平西校"）初创于 1994 年，坐落在繁华的陆家嘴，是一所公办初级中学。目前，学校共有三个校区：华城校区（源深路 383 号）、大唐校区（樱花路 630 号）、乳山校区（乳山路 188 号），形成三足鼎立的建筑格局。学校共有 98 个班级、302 名教职工、4493 名在校学生，其中在编教师 276 名，高级教师 36 名，中级教师 110 名，区学科中心组成员 7 名，区级学科带头人 2 名，区级骨干教师 98 名。这些数据反映了建平西校是浦东新区规模最大的公办初级中学之一。建平西校在改革发展中始终把人性的积极展现作为师生共同的价值诉求，并将其置于首位，结构性、反思性、拓展式地重建和铺就了植根于师生心灵深处的文化底色和人的生存环境，最终赋予学校踏实中有灵动、奋进中有阳光、互动中有人性的文化特质，取得了令人瞩目的办学成就。学校先后获得上海市文明单位、上海市中小学行为规范示范校、浦东新区素质教育实验校、浦东新区一级党支部等荣誉称号；在浦东新区人民政府教育督导室的发展性督导评估中被评为示范二级，其中发展状态为 A；教师、学生在区级以上各类竞赛中获奖达千余人次，尤值称道的是上海市美年达百校风采擂台赛一等奖，上海市第十四届运动会男子足球冠军，2016—2017 "李宁杯"中国初中篮球联赛上海赛区初中男子篮球赛第一名，国际家用机器人灭火比赛冠军，全国青少年航空航天模型锦标赛牵引滑翔机（团体）第一名，全国青少年信息学奥林匹克联赛一等奖，第九、十届亚太口琴艺术节金奖等。学校的中考合格率、优秀率连续多年名列浦东新区同类学校前茅，得到了学生、家长和社会各界的一致认可。

第一节　分析学校课程建设的生存状态

　　回溯建平西校的改革发展历史，学校对课程建设和改革的重视由来已久，通过课程变革撬动学校整体发展已经成为学校管理者和全体教师的一致目标。特别是近年来，在参与上海市提升中小学（幼儿园）课程领导力行动研究项目的过程中，我们对学校课程领导、课程建设的相关理念进行深度学习，对学校现存的课程问题、课程经验等进行系统梳理，形成课程变革和提升的规划及意识。建平西校利用"上海课程改革"这一契机，运用项目研究生成的APPR课程发展模式对学校原有的课程进行系统性反思和整体性重构，对学校课程建设存在的问题进行广泛的调研分析，主动对接新时代教育改革发展需求，扎实推进"五育"并举的高质量人才培养体系建设，对学校课程哲学、课程内容、课程实施方式等核心问题进行重新建构，最终形成以"让每一个生命蓬勃生长"为核心价值导向的课程体系，为高质量人才培养体系建设奠定坚实基础。

　　后现代主义课程专家多尔指出，为了适应复杂多变的21世纪的需要，应构建一种具有开放性、整合性、变革性的新课程体系。课程不再只是特定知识体系的载体，而成为一种师生共同探索新知的发展过程；课程发展的过程具有开放性和灵活性，不再是完全预定、不可更改的。当今世界经济社会发展的格局和课程改革的趋势印证了这一论断。以主体性、开放性、研究性学习重构整个课程，已成为许多国家课程改革的突出特征。在这一过程中，也特别需要用科学的课程发展模式或课程开发模式来指导学校的课程实践。从本质上看，这一模式其实就是解决某一类问题的方法论。建筑学领域的模式语言之父亚历山大认为，每个模式都描述了一个在我们的环境中不断出现的问题，然后描述了该问题的解决方案的核心。通过这种方式，你可以无数次地使用那些已有的解决方案，无须再重复相同的工作。从这种理解出发，课程发展模式是指课程建设过程中生成和普遍运用的实践方案。同时，课程本身的复杂性决定了课程发展模式的多样性。从建平西校的实践经验看，APPR 课程发展模式是一种既能遵循课程变革创新规律，又能关注学校课程建设实际价值的课程发展模式。

我国开展新一轮基础教育课程改革以来，新的课程理念得到广泛传播，基础教育课程教学正在发生深刻变化。当前，中国基础教育已经进入内涵发展新阶段。如何使新时期立德树人根本任务具体化落实，如何把核心素养落实到教育教学全过程，如何促进学生个性化发展，都是深化基础教育课程改革绕不开的问题，也都是学校课程建设需要直面的问题。学校领域的课程建设有一个重要的价值导向问题，就是课程建设"为了谁、依靠谁"。毫无疑问，新时代的学校课程建设要直面学生，以促进学生全面发展和个性成长为主要任务，也要充分利用师生的课程主体意识和能动意识，实现课程建设的"共治"与"善治"。要达成这样的目标，就要对学校课程建设的现实问题进行科学的评估与诊断。从当前的课程改革实践与研究趋势看，倡导实证基础上的改进已经成为一种重要的变革思路。因此，建平西校也希望通过访谈、问卷调查等方式，明确学校课程建设中形成的优势和存在的问题。

一、问卷调查的总体情况

2019 年，学校对全校师生进行了关于课程建设和课程实施现状的问卷调查。这项调查为我们总结分析学校课程的优势和不足提供了原始数据支撑。其中，教师问卷通过问卷星平台进行数据采集（共回收有效问卷 168 份）。结合建平西校及九校的总体数据，我们能分析出学校在课程开发、实施和评价中的总体情况。

（一）教师基本情况

1. 教师队伍相对成熟且有活力，高学历占比高

调查数据显示，建平西校工作 15 年以下的教师占比为 46.43%，高于九校均值 5.68 个百分点。此外，30 岁以下的教师占比高于九校均值 1.95 个百分点，50 岁以上的教师占比低于九校均值 4.03 个百分点。从相关数据可知，在教龄结构上，建平西校成熟的年轻教师（30 岁以上且工作 15 年以下）相对较多；在

学历上，建平西校具有硕士研究生学历的教师占比为 23.81%，高于九校均值 7.59 个百分点；在年龄上，建平西校的男女教师比例严重失衡，其中男教师比例低于九校均值 3.99 个百分点。受教师年龄及教龄的影响，建平西校中学一级教师的人数低于九校均值。

因此，建平西校要在师资培训、青年教师带教、骨干教师培养、教研组建设上多下功夫，积极为教师搭建专业成长平台，更好地促进教师专业成长和职称晋升。

2. 音乐、美术、体育、生命科学和综合实践活动等学科的教师较少

从任教学科看，建平西校教师的学科结构性失衡现象较为普遍。如综合实践活动专任教师和生命科学教师的人数均为 0；音乐教师占比 1.2%，美术教师占比为 1.2%，体育教师占比为 4.8%，分别低于九校均值 1 个百分点、1.5 个百分点、2.1 个百分点。历史、地理、劳动技术、语文、数学教师在数量上有一定优势。

（二）教师对课程理念的认识和课程实施情况

调查数据显示，建平西校教师的平均认同度为 72.55%、高于九校均值 6.43 个百分点，在教学情境创设、教学策略实施、课程目标达成方面表现尤为突出。

表 4-1 呈现了建平西校与九校均值相差超过 5 个百分点的题目及相关数据。

表 4-1　建平西校与九校教师的关键数据对比

题目	建平西校		九校均值		差距
	非常符合	比较符合	非常符合	比较符合	
我的同事们大多参与了校本课程的开发和实施。	45.83%	35.12%	24.91%	39.95%	16.09%
学校推进国家课程校本化实施的课程资源充足。	29.76%	23.21%	15.39%	22.91%	14.67%
我自己进行课程建设的自觉性不错。	13.10%	25.00%	7.87%	16.33%	13.90%

（续表）

题目	建平西校		九校均值		差距
	非常符合	比较符合	非常符合	比较符合	
我认为本学科的校本课程关注到学科内容的前沿知识。	32.74%	28.57%	19.86%	28.20%	13.25%
我不缺乏对学生素养发展情况进行有效评价的方式。	14.29%	36.31%	7.99%	30.79%	11.82%
我在开发校本课程的过程中采纳了家长的意见。	22.62%	38.69%	13.63%	36.55%	11.13%
我认为学校课程建设主要是校本课程的开发和实施。	33.33%	45.24%	22.09%	46.30%	10.18%
我开发的校本课程获得过学校的表扬或奖励。	26.19%	25.00%	17.39%	25.26%	8.54%
学校会对教师开发的校本课程进行专门审议。	47.62%	41.07%	34.08%	46.89%	7.72%
我经常为学校课程建设提供意见和建议。	20.24%	30.36%	12.10%	32.67%	5.83%
我认为教师必须成为课程的领导者。	36.90%	42.86%	28.32%	45.95%	5.49%
校本课程的开发和实施没有增加我的教学负担。	13.10%	17.26%	6.35%	18.57%	5.44%
我能很好地将课程目标贯穿于教学设计中。	35.71%	61.31%	27.38%	64.28%	5.36%
我认为教师也要有课程管理的权限。	27.98%	48.81%	19.51%	52.17%	5.11%

通过对上述数据的进一步综合分析，我们可以发现建平西校教师在课程认知与实践中存在以下问题。

其一，教师普遍认为校本课程开发增加了自身负担。在"校本课程的开发和实施没有增加我的教学负担"这个题目上，48.81%的教师认为增加了他们的教学负担，与九校均值基本持平。这表明问卷反映的问题是九校的共性问题。造成上述问题的原因可能有以下几点。第一，学校虽然有相关激励制度，但宣传力度不够。80.95%的教师认为"学校为进行学科教学方式创新的教师提供了激励政策"，但实际操作性较差或实施路径并不畅通；仅有51.19%的教师认为"我开发的校本课程获得过学校的表扬或奖励"。第二，学校对课程开发的支持力度不够。仅有52.97%的教师认为"学校推进国家课程校本化实施的课程资源充足"，因此教师要花较多精力去为课程开发作准备。第三，学校培训及专业支撑力度有待加大。对教师个体来说，课程开发具有专业要求高、时间紧、任务重等特点，因此学校团队的支撑及搭建市、区专业平台尤为重要。

其二，教师参与课程变革的某些素养还需要提升。比如，50.60%的教师认为"我不缺乏对学生素养发展情况进行有效评价的方式"。有效评价是对课程设计、教学实施及目标达成度的事实判断和价值判断，教师的评价能力和评价水平是课程开发的必备素养。此外，仅有38.10%的教师认为"我自己进行课程建设的自觉性不错"。这充分说明激发教师内在动机和潜力，提高教师参与课程开发和实施的积极性是问题的关键。

（三）学生基本情况

增强课程对地方、学校及学生的适应性，是学校课程改革的重要任务。从学校角度看，校本课程的研发主要依靠学校、教师、社区、家长、学生等的支持。从实际情况看，学生很少参与其中，而且几乎没有获得过课程开发的主体地位。因此，新时代完整科学的学校课程建设，必须坚定以学生为本的价值导向，充分了解和尊重学生的现实需求，并把这种需求贯穿于课程内容、课程实施、课程评价的整体设计中。

1. 学生较为接受传统课程范式

调查数据显示，建平西校学生倾向于学校提供必修课和选修课相结合的方式的占比为36.37%，高于九校均值9.18个百分点；倾向于学科类校本课程的占比为43.36%，高于九校均值4.04个百分点；倾向于积分制的校本评价方式的占比为47.01%，高于九校均值1.96个百分点；倾向于根据自己兴趣爱好选课的占比为54.81%，低于九校均值9.6个百分点。因此，建平西校在课程内容选择及设计上有待优化，以此来进一步调动学生参与课程的积极性。

2. 校本课程参与率较高，但其体验差异较大

调查数据显示，建平西校学生每周参与 2 节及以上校本课程的比例为 70.32%，高于九校均值 16.8 个百分点。从表 4-2 可知，建平西校学生认为，校本课程资源主要指向教师专业知识（82.67%）；学生对校本课程采取的四种授课方式的选择均低于九校均值；学生对学校落实相关专题教育的选择率均低于九校均值。但有趣的是，建平西校学生对校本课程的满意度高达 90.28%。

表 4-2　建平西校与九校学生的关键数据对比

题目	选项	建平西校	九校均值
1. 对于学校目前开设的校本课程（社团活动），你都喜欢吗？（单选）	A. 都喜欢	55.22%	54.31%
	B. 大部分喜欢	35.06%	35.09%
	C. 小部分喜欢	8.31%	8.68%
	D. 都不喜欢	1.42%	1.92%
7. 你们学校的校本课程主要采取的授课方式有哪些？（可多选）	A. 学生自主学习为主，教师指导答疑	43.36%	47.54%
	B. 教师讲解示范为主，学生跟着学和练	68.79%	68.90%
	C. 教师确定学习任务，学生动手实践	55.52%	63.31%
	D. 教师布置任务，学生之间互相帮助，学校提供学习器材和网络	30.60%	34.73%
8. 你认为你学习的校本课程涉及并利用了哪些资源？（可多选）	A. 教师专业知识	82.67%	83.24%
	B. 教师兴趣爱好	49.95%	48.61%
	C. 社会资源	50.25%	54.45%
	D. 教材	48.94%	52.10%
	E. 其他学校资源	25.33%	25.41%

（续表）

题目	选项	建平西校	九校均值
10. 下列课程都属于专题教育课,你学过哪些内容?（可多选）	A. 预防毒品教育	60.69%	79.25%
	B. 环境教育	63.73%	70.32%
	C. 消防安全教育	77.71%	84.45%
	D. 国防教育	63.73%	64.34%
	E. 安全教育	83.89%	87.01%
	F. 法治教育	66.46%	70.21%
	G. 生命（或心理健康）教育	79.94%	83.10%
	H. 廉洁教育	35.06%	41.60%
	I. 民族团结教育	48.23%	51.28%
11. 国家要求开设,但学校没有开设的课程有哪些?（可多选）	A. 音乐	15.70%	17.40%
	B. 美术	16.21%	18.01%
	C. 体育	14.79%	16.98%
	D. 心埋健康	21.88%	25.69%
	E. 科学	13.88%	15.98%
	F. 生命科学	15.20%	19.89%
	G. 信息科技	14.79%	18.19%
	H. 劳动技术	13.68%	17.05%
	I. 探究	31.10%	31.67%
	J. 其他	54.81%	56.09%

结合学校相关制度和调查数据，我们可知建平西校教师对学校课程开发的认同度较高，对自身的教学能力较为自信，但学校应进一步加强课程资源供给及教师培训。建平西校学生对学校课程的满意度较高，但学校应不断优化和完善课程规划、实施和评价，从而进一步调动学生的积极性。学校各部门以评促改、以评促建、以评促优，在深刻总结学校课程建设的优势和问题的基础上，从

课程体系的构建迈向更高层次的课程治理方式的变革,使课程真正成为促进每一个学生全面发展的通道。

对于师生的相关问卷调查为学校系统分析课程建设的实施现状提供了基本参考,但这些调查结论是比较零散的。学校基于这些调查数据,通过专家指导、校内座谈、专题研究等方式,在现代课程规划的框架内,结合学校的"十四五"发展规划和课程领导力项目,对学校课程建设的优势和不足进行梳理与提炼,将其作为自身构建个性化、高水平课程体系的实践基础。

二、学校课程建设的优势分析

(一)凝练了清晰明确的办学理念

办学理念是学校的核心价值,也是学校变革与发展的重要精神力量。建平西校始终秉承"合格 + 特长""规范 + 选择"的办学理念,致力于培养有灵魂、有灵气的阳光少年。"合格"与"规范"是人才培养的基本诉求,"特长"与"选择"体现了学校对人性的尊重。近年来,学校将"合格 + 特长""规范 + 选择"的办学理念深植于人性的土壤中,使传统理念在意义上得到深化、在方法上得到扩充、在策略上更加灵活。这一切构成了建平西校极具魅力的文化传承和积淀,成为学校持续发展的文化核心。这种既顺应时代发展需要,又彰显学校个性化思考的办学理念,为学校课程建设和改革提供了重要的思想价值引领。

(二)形成了丰富开放的课程文化

在"特长"与"选择"的理念导引下,学校建构了富有时代特色的课程体系。比如,学校在校本化实施国家课程的同时,形成了以"机器人灭火"为代表的七十多门活动课程,开发出以"东方时空"为引领的具有较大影响力的校本视听课程,完善了以"党员导师制""4·30活动"为代表的具有学校特色的综合实践课程。同时,学校通过整合国家教材,形成数学思维训练、英语听力训练、版画训练、舞蹈训练等特色课程。在新时代教育背景下,我们也对学校德育、体育、美育、劳动教育等进行了专门的设计和思考。我们在建构课程体系的同时,还注重课程文化建设,如学校课程的设置与开发以人性的需求为出发点,学校课程的实施与评价以提高人的生命质量为目的，学校课程的内容与形式突出生活化、时代性和模块式，而全校师生始终是课程开发和课程目标实践的主体。

（三）建构了高度自觉的教师团队

教师是学校课程建设和整体变革的核心推动力量，因此学校高度重视教师队伍建设。"教师即给予"的职业信念是建平西校教师内在素养的共性所在，也是建平西校精神文化的核心要素。一大批教师不计得失，在自己的工作岗位上呕心沥血，他们把学生的进步、班级的转变、学校积极发展的态势视为个人的追求以及个人生存的社会基础。奉献、耐心、容忍及踏实勤勉是他们共同的行为特征，高度的专业自觉意识、积极的成长和发展是他们的共同追求。高质量的教师团队为学校办学品质的持续提升提供了有力支撑，也为学校课程的深度建设奠定了坚实基础。

（四）建立了高效便捷的管理模式

为了进一步推进学校内部管理体制改革，学校改变以前的垂直管理方式，增加扁平式管理的成分，在坚守与变化中谋发展。管理者做到知人善任，用人之长，增加管理中的人性化因素，形成管理者与教师、教师与教师、教师与学生、学生与学生之间彼此信任和合作的局面。这种管理体制改革既提升了管理效率，也为学校课程建设和改革提供了高效的外部管理保障。

（五）打造了社会公认的办学品牌

依托"建平"这个优质品牌，学校通过自己的努力得到了社会的认可。这个品牌意味着"崇尚一流，追求卓越"，意味着永不满足现在的位置，永远在追求积极的变化。学校被上海市教育委员会和上海市浦东新区教育局命名为"上海市第二期课程教材改革研究基地学校""中国教育学会'十五'规划重点课题学校""浦东新区素质教育实验校"，也被评为"上海市文明单位"。珍惜与光大这个品牌是全校师生的责任与荣耀，我们也会用自己的办学成效来积极维护这个品牌的价值。

三、学校课程建设的问题聚焦

近年来，尽管学校在课程建设和改革上进行了积极探索，也具备较好的课程变革内外部环境，但是聚焦新时代人才培养的新理念和新要求，着眼于学校深层次内涵发展需要，学校课程建设还存在以下问题。

（一）特色化课程体系的完善问题

从目前的情况看，学校已经形成了比较丰富的课程门类，三大类课程体系的架构已经基本完成。但着眼于新时代人才培养的特征，特别是如何在德智体美劳"五育"并举的框架下进一步理顺学校课程的内外部关系，形成清晰完善的课程体系，彰显学校课程建设的特色，还需要进一步思考和设计。

（二）可辐射课程经验的凝练问题

针对教与学的现实问题进行实践一直是学校非常重视的工作。近年来，学校办学品质的持续提升实际上也离不开学校管理者和教师对课程建设与实施经验的持续探索。但我们对这些实践经验的探索往往是比较零散的，系统性和可传播性不强。为了在更高层面上展现学校的办学成效，发挥优质学校的引领价值，我们有必要通过课程领导力项目对学校课程建设的实践经验进行梳理与提炼，形成具有学校特色的课程实施模式。

（三）个性化课程供给的匹配问题

基于学校的办学理念，为学生学习提供个性化支持是我们的重要价值取向。通过课程和教学为学生的特色发展、特长发展提供支持，是课程建设中的理性选择。尽管学校的课程内容已经比较丰富，但是如何借助信息技术，在充分调研学生成长需求、学习需求的基础上，通过课程的供给侧改革为不同学生提供精准的个性化服务，让办学理念得到有效彰显，这是我们需要进一步思考的问题。

（四）信息化课程评价的变革问题

在过去的改革发展中，学校对课程和教学评价进行了一定的探索，但是现有的评价体系、评价方式与新时代教育教学改革发展和人才培养的目标还存在不匹配的地方。比如，如何通过充分运用信息技术提升评价的针对性和有效性，以更好地检验"五育"融合的人才培养模式，这是我们需要进一步思考的问题。

（五）高质量课程实施的保障问题

课程质量的关键指标是课程实施质量。目前，在课程实施上，学校还存在一些短板。比如：学校分为多个校区，这给管理带来了挑战；学校教育教学常规管理的目的性和操作性、有序性和有效性还有待提升；部分课程虽然解决了"从无到有"的问题，但要实现"从有到优"的升华还需要下大力气。如拓展型课程目前虽能正常开展，但质量参差不齐；研究型课程需要找到一个更开放、互动性更强的学习平台，以提高师生的积极性。此外，学校还要继续打造适应新时代人才培养需要的高质量教师队伍，特别是要重点提升教师的育德能力、教学效率、课程领导力等。

第二节　焕发学校课程体系的生命活力

APPR 课程发展模式强调在客观分析课程建设实际问题的基础上设计校本化实践路径，以明晰学校的课程哲学，并形成清晰的课程理念和课程框架。对学校而言，课程的变革与重构，首要任务在于文化和价值观层面的转型。在不同的历史时期，人们都在不断地追寻理想化的教育生活，不断地对教育进行改革与调整。中华人民共和国成立以来，对基础教育课程进行了八次改革，以逐步推进教育向理想化方向迈进。然而，前七次基础教育课程改革都在传统文化与现代文化的博弈中艰难推进。这些改革并未真正触及文化根基，也未能有效推动文化转型，因此在文化自觉的形成上进展缓慢。这种对文化的漠视，在实践中无疑加剧了课程变革的阻力。因此，要重建学校课程体系，必须先明晰学校的教育哲学、课程哲学，再以此为基础形成学校的课程理念、课程目标，进而建构完整科学的课程体系。

一、课程哲学

学校教育哲学是基于学校实践活动的一种观念性存在，是由本体观、属性观、目的观、人性观和实践观组成的结构体系。这一体系体现出的整体性、创造性、过程性等功能，可以提示学校纠正"碎片化"思维，形成推动变革的整体力量。一个组织的健康持续发展，离不开信仰的驱动。行动的背后必定有哲学，实践的深处必定有思想。[①]对一所学校而言，改革发展的背后必定要有个性化的教育哲学作为支撑。这是学校作为一个组织或者共同体整体看待自身的一种方式，主要包括对待学校共同体成员的方式、对待学校工作的态度以及学校的使命与愿景，其目的是寻求教育的品质和办学使命的达成。[②]课程哲学是教育哲学的重要体现，它源于学校的核心价值，又承载着学校的核心使命，推动学校课程建设和改革的整体进程。其首要工作是基于学校的办学理念和育人目标建构学校课程哲学，其中最为核心的是课程理念的形成、课程目标的清晰化表达。从教育哲学的高度看建平西校的改革与发展，学校所有工作的核心都是为了学生的成长，让每一个生命都能得到精彩绽放就是我们的教育哲学。

（一）办学理念

办学理念是学校改革发展的核心价值，也是学校教育哲学的最根本体现，事关学校的发展定位、发展路径和发展目标，在学校整体变革中起着重要的价值引领作用。[③]十多年来，建平西校始终秉承集团的"合格＋特长""规范＋选择"的办学理念。"合格"与"规范"是指要达到一定的标准，即人才培养的基本要求。这是建平西校的教育底线，也是学校生存的基本价值所在。"特长"与"选择"体现了当下学校教育对个体生命自由伸展的呵护以及激发师生个性化发展的教育取向。

"合格＋特长""规范＋选择"是一种面向全体学生，重视个体差异，创设各种教育情境，培养学生情趣，挖掘学生潜能，塑造学生个性，使处于不同层次的各类学生在原有基础上获得最大限度发展、适应社会需要的教育活动和教育

① 沈曙红.学校教育哲学的观念要素与结构体系[J].教育研究,2019（9）：87-94.
② 殷世东.课堂生活中的文化：阻滞与改造——从文化哲学的视角检视基础教育课程改革[J].教育研究与实验,2014（5）：71-75.
③ 于冰,邬志辉.校长课程领导：新时代基础教育高质量发展的重要支点[J].社会科学战线,2020（9）：240-246.

思想。

在当今教育由传统向现代转型的关键时期，"合格＋特长""规范＋选择"的基本理念更能充分凸显教育对人性的深切体恤和细致关照，即教育对人的个性特质需求的满足。这种教育哲学体现了以下五方面的意蕴。

第一，打造富有人性的教育。人性是人之为人的根本，也是教育活动的原始起点。因此，教育活动的进行，必须坚守以人的存在和全面发展为核心的价值诉求，深刻反映人性的基本要求，并充分体现教育活动作为人类特殊实践活动的伦理要求。基于人的存在，我们所打造的教育应致力于促进人的全面发展，并始终恪守关怀之心，进行善意干预和崇尚正义。

第二，打造可选择的教育。生命的成长是多元的，这意味着教育的内容、方式也应该是多样性的。我们希望通过丰富多彩的课程内容、教学方式，增加教育的可选择性，让每一个生命都能在学校的教育体系中感受到尊重，并体会到价值，从而实现基于自身特征的个性化成长。

第三，打造可触摸的教育。教育必须与学生的现实生活相结合，植根于生活，形成于体验，充分重视学生的经验积累、自主思考与探究，让学生在学习过程中获得真情实感，获得看得见、摸得着的成长。

第四，打造有特色的教育。教育不是千篇一律的，每一个学生是不同的，每一所学校也是不同的，因此我们要基于学生的差异性打造具有特色的学校教育，赋予每一个学生学校特有的品质和烙印，增强学校的标识度，培养学生的认同感和爱校情怀。

第五，打造自由呼吸的教育。教育必须直面生命，直面成长。要实现生命的成长，就要让学生在学校的教育体系中自由呼吸。这种自由体现在课程的丰富上，体现在学习方式的多元上，体现在成长路径和成长空间的个性化上。学校要通过课程体系的重构、教学方式的创新和治理体系的优化，为每一个生命的绽放奠定基础。

（二）课程理念

课程理念是学校课程建设与实施主体在课程建设、实施和变革过程中持有的基本态度和总体观念。课程理念既是学校办学理念的细化，又是学校课程教学建设与改革的引领,在学校整体发展中具有重要的桥梁作用。[①] 学校课程建设必须以学校的教育理念为指向,要努力体现并实现学校的办学理念。基于学校的办学理念,融入学校对新时代人才培养的系统性思考和前期在人才培养中进行的探索,我们凝练出"让每一个生命蓬勃生长"的课程理念。这一课程理念蕴含了以下三方面的价值认同。

其一,课程即个性成长。尊重个性是学校课程建设的价值取向,它既体现了学校对当今教育改革核心价值的把握,也体现了学校课程建设对学生立场的恪守。从人性的角度看,课程建设就是要基于对学生个性化成长空间和成长需要的研判,积极推动课程建设的供给侧改革,让课程更好地满足学生个性化学习与发展的需求。同时,学校通过课程实施与评价领域的改革,给予学生更丰富多元的学习体验和更科学的考核评价,让课程支撑起学生的个性化发展。

其二,课程即生命情愫。生命的成长是多样性的,需要不同的元素滋润。从生命的角度看,课程建设就是要将学生生命成长的必要元素通过一定的方式,依据一定的标准,加以整合凝练,形成支撑学生生命成长的课程体系。由于生命的成长是多样性的,因此学校的课程也应该是内容丰富、形式多样的。

其三,课程即朝气蓬勃。生命的成长是开放动态的,需要不断吸收与汲取新生事物和新的营养元素。这意味着课程建设不应该是封闭的,而是要及时将时代发展、社会进步的最新要求和成果不断纳入课程范畴,通过课程目标、课程内容、课程实施方式的不断调整,体现课程本身的开放性和动态性,让课程建设本身的生命力能满足学生的生命成长需求。

总之,在"让每一个生命蓬勃生长"的课程理念的统摄下,在"合格 + 特长""规范 + 选择"的办学理念的引领下,建平西校形成了学校独有的课程模式,即生长性课程。

---

① 汪洪 . 理念、课程与教学三位一体推进学校发展 [J]. 中国教育学刊, 2012 (11): 56–57.

二、课程目标

基于"合格 + 特长""规范 + 选择"的办学理念和"让每一个生命蓬勃生长"的课程理念，结合新时代对"五育"并举人才培养体系建构的要求，立足学校实际，我们通过课程资源的有效整合，建构特色化的课程体系，探索兼具实践性和可辐射性的课程变革经验，以提升课程质量，打造课程特色，为学生蓬勃生长提供全面支撑。

（一）育人目标

育人目标是学校的办学理念在人才培养维度的核心表现，也是学校积极应对社会需求、满足家庭期望、彰显办学价值、形成办学特色的重要表征。从办学理念出发，学校努力把学生培养成有灵魂、有灵气、有情趣、有活力的阳光少年，具体表现是为更多的学生提供发展平台，培养高水平、可持续发展的学生，帮助学科学习有困难的学生寻找并发展他们的强势智慧，最终通过"基础 + 特色"的复合型人才模式，促进学生德智体美劳全面发展，培养学生立足未来的个性化特征和特长，使他们能在新时代社会发展中更好地立足、成长。

"有灵魂"主要对应德育层面，是指守法纪、遵公德、明是非、辨善恶、识美丑、肯奉献、善合作、有爱心、讲责任等。

"有灵气"主要对应智育层面，是指掌握必要的基础知识、基本技能和学习方法，有基本的求知兴趣、动机，有正确的学习态度和一定的思考力、表现力，重实践、能创新、懂环保，有一定的强势智慧等。

"有情趣"主要对应美育层面，是指形成良好的生活情趣和生活习惯，提升品位，培养认识美、欣赏美、创造美和共享美的能力，在各美其美的基础上实现成人之美、美美与共的升华。

"有活力"主要对应体育和劳动教育层面，是指懂健康的含义，有健身意识、习惯和本领，尊重劳动，有正确的劳动意识和一定的劳动技能等。

总之，有灵魂、有灵气、有情趣、有活力的阳光少年是学校对新时代人才培养的校本化设计，是学校人才培养的总目标。这一目标体现了"五育"融合和全面发展，如具有良好的道德、扎实的学识、积极的情趣、健康的身心、尊重劳动的意识、开展劳动的能力。

（二）课程目标

对应学校的人才培养目标体系，学校建构了课程目标体系。在横向上，对应学校在人才培养上的四个维度要求，建构一至两类核心课程，让课程建设有效对接学校在人才培养广度上的要求；在纵向上，根据学生成长需求，在课程建构和实施上凸显出不同层次的要求，从六年级到九年级，分别按照注重认知、注重体验、注重探究和注重创造提出递进式要求，在课程内容设置和实施方式上进行有针对性的思考与设计（见表4-3）。

表4-3　建平西校不同年级的课程目标

年级	有灵魂	有灵气	有情趣	有活力
六年级	1. 形成爱党爱国爱校的基本素质。 2. 了解基本的道德与法治知识，形成遵纪守法和遵守社会公德的基本意识。 3. 学习和学会遵守《中小学生守则》及学校的日常行为规范。 4. 初步培养健全人格和学习意识。	1. 充分认识学习的重要性，养成良好的学习习惯，并为学段提升后的学习作准备。 2. 认真参与各学科的学习和活动，掌握学科知识，丰富知识体系。 3. 培养学习兴趣，养成良好的阅读、观察、思考习惯，初步体验不同类型的学习方法。	1. 形成对美的基本认识，能用自己的语言描绘艺术作品。 2. 认真参与美育的相关课程和活动。 3. 形成一定的艺术构思能力。	1. 充分认识体育和劳动教育的重要性。 2. 了解基本的体育和劳动教育知识。 3. 认真参与校内外体育活动和劳动。
七年级	1. 强化爱党爱国意识，能主动参与社会公共事务，丰富社会体验。 2. 形成初步的合作精神和态度，初步懂得责任与义务的内涵。 3. 注重道德品行的修炼，初步养成讲文明、懂礼貌、守纪律、敬师长的习惯。	1. 树立清晰的学习和发展意识，巩固学习习惯。 2. 掌握学习方法，丰富学习体验，主动扩展知识面。 3. 尝试用不同的学习方式开展学习，着重培养思维能力和实践能力。	1. 深化对美的认识，初步认识艺术作品的特征和表现形式。 2. 初步养成美的情趣，形成良好的生活情趣和生活习惯。 3. 丰富审美经验，学会初步分析艺术作品的方法。	1. 主动参与体育锻炼，养成良好的运动习惯。 2. 掌握一定数量的体育运动技能。 3. 养成积极参加劳动的意识，掌握一定的劳动技能。

（续表）

年级	有灵魂	有灵气	有情趣	有活力
八年级	1. 进一步培养良好的思想道德素质，初步形成正确的世界观、人生观、价值观。 2. 培养初步的法治观念，形成知法守法的自觉意识。 3. 积极开展道德实践和志愿服务活动，并积极奉献社会。 4. 努力探索社会现象，培养团结合作精神。	1. 激发和保持求知欲，积极探索未知世界。 2. 进一步完善学科知识体系，拓展知识储备。 3. 促进静态学习与动态学习相结合，主动参与社会实践和各类调查研究，提升学习效能。	1. 能从多角度欣赏艺术作品和文艺创作的美。 2. 主动发现美、共享美，提升生活品位，让健康的生活情趣成为习惯。 3. 能用自己的语言和喜欢的方式分享对美的感悟。 4. 提升艺术创作的能力与素养。	1. 完善体育和劳动教育的知识和技能体系，形成科学锻炼和劳动的意识。 2. 丰富体育和劳动技能，强化劳动和锻炼中的安全意识、团结意识、奉献意识。 3. 初步形成健康生活的观念和意识，培养热爱劳动、尊重劳动的观念和态度。
九年级	1. 形成正确的世界观、人生观、价值观，形成较为坚定的理想信念和深厚的家国情怀。 2. 提升道德意识，并能明辨是非，准确判断善恶美丑，形成较强的社会参与意识和团结互助精神。 3. 培养一定的政治意识，掌握一定的党团知识，激发向党组织靠拢的意识。	1. 健全素养，夯实知识基础。 2. 注重实践创新，培养创新思维和创造能力。 3. 形成学习过程中的独特见解，能科学地评价和改进自我学习。	1. 具备一定的艺术欣赏能力，能主动发现和分享艺术之美、自然之美、社会之美。 2. 养成良好的生活情趣，完善自我人格和提升审美能力。 3. 提升创造美的能力，能创作出有一定思想和内涵的艺术作品。	1. 探究体育和劳动教育的奥秘，理解营养、环境、劳动等对身体健康成长的影响与价值。 2. 以合适的途径，将体育与劳动教育有机融入生活中，养成健康的生活方式。 3. 形成尊重劳动、敬畏劳动的意识，主动关心和参与社会健康、社会劳动事务。

三、课程框架

学校从办学理念、育人目标出发，结合自身在课程建设中的哲学思考与目标建构，在系统整合原有课程内容的基础上，按照多维有序的原则和基础型课程、拓展型课程、研究型课程的框架，形成了课程体系的整体架构。

（一）课程逻辑

从结构体系看，学校按照一定的顺序建构课程内容和门类，确保课程建设的连贯性。比如，学校基于原有的基础型课程、拓展型课程、研究型课程，进一步对标人才培养上的独特要求和"五育"并举的新时代教育改革理念，将学校课程划分为五大门类，即语言类课程、社会类课程、科学类课程、逻辑类课程、体艺类课程。每一类课程都对接"五育"并举的人才培养体系中不同维度的要求，同时几类课程又共同指向培养有灵魂、有灵气、有情趣、有活力的阳光少年这一核心目标（见图4-1）。

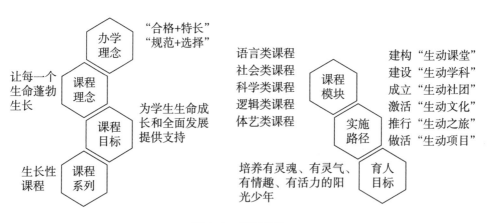

图 4-1　课程逻辑

（二）课程结构

根据学校的育人目标和课程体系，建平西校在实践中建构了横向分类、纵向布局的课程结构。横向分类，即按照一定的逻辑体系把学校课程划分为五个维度（见图4-2）。

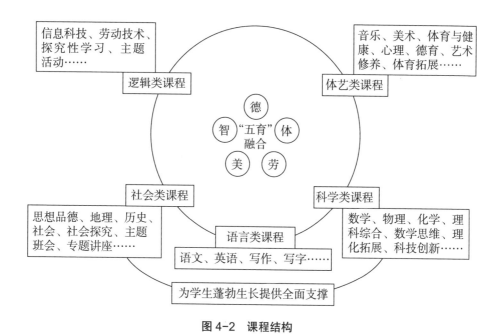

图 4-2 课程结构

语言类课程主要包括语文、英语等基础型课程和拓展型课程中的英语听力、英语写作、语文写作等。此类课程主要对接德育和智育，主要目的在于提升学生的语言素养，培养学生的交际能力。

社会类课程主要包括思想品德、地理、历史、社会等基础型课程和研究型课程中的社会探究、主题班会、专题讲座等。此类课程主要对接德育、智育和劳动教育，主要目的在于丰富学生的人文素养，培养学生关注社会生活的意识，提升学生的社会参与度、融入度。

科学类课程主要包括数学、物理、化学、理科综合等基础型课程和拓展型课程中的数学思维、理化拓展、科技创新等。此类课程主要对接德育和智育，主要目的在于丰富学生的科学素养，培养学生热爱科学、乐于探索的情怀。

逻辑类课程主要包括信息科技、劳动技术等基础型课程和研究型课程中的探究性学习、主题活动等。此类课程主要对接德育、智育和劳动教育，主要目的在于培养学生的逻辑思维能力、探究创新能力和动手操作能力。

体艺类课程主要包括音乐、美术、体育与健康等基础型课程和心理、德育、艺术修养、体育拓展等选修课程。此类课程主要对接德育、智育、美育和体育，

主要目的在于培养学生良好的生活习惯,帮助学生形成发现美、欣赏美、创造美的意识与能力,促进学生身心健康发展,培养学生积极乐观的品格。

(三)课程设置

课程设置是学校课程的纵向布局,即明确不同类型课程在四个学段的整体安排(见表 4-4)。

表 4-4　建平西校不同学段的课程设置

年级及学期	语言类课程	社会类课程	科学类课程	逻辑类课程	体艺类课程
六年级第一学期	语文 英语 英语听力 语文写作 写字 英语写作 日(法、德、瑞典等)语	思想品德 地理 "东方时空" 校班会 专题讲座 生活 人文修养	数学 理科综合 数学思维 数学拓展 科技创新	信息科技 劳动技术 探究性学习	音乐 美术 体育与健康 体育活动 心理 德育 艺术修养 体育拓展 广播操 眼保健操
六年级第二学期	语文 英语 英语听力 语文写作 写字 英语写作 日(法、德、瑞典等)语	思想品德 地理 "东方时空" 校班会 专题讲座 生活 人文修养	数学 理科综合 数学思维 数学拓展 科技创新	信息科技 劳动技术 探究性学习	音乐 美术 体育与健康 体育活动 心理 德育 艺术修养 体育拓展 广播操 眼保健操
七年级第一学期	语文 英语 英语听力 语文写作 写字 英语写作 日(法、德、瑞典等)语	思想品德 地理 历史 社会探究 "东方时空" 校班会 专题讲座 生活 人文修养	数学 理科综合 数学思维 数学拓展 理化拓展 科技创新	劳动技术 探究性学习	音乐 美术 体育与健康 体育活动 心理辅导 德育 艺术修养 体育拓展 广播操 眼保健操

（续表）

年级及学期	语言类课程	社会类课程	科学类课程	逻辑类课程	体艺类课程
七年级第二学期	语文 英语 英语听力 语文写作 写字 英语写作 日（法、德、瑞典等）语	思想品德 地理 历史 社会探究 "东方时空" 校班会 专题讲座 生活 人文修养	数学 理科综合 数学思维 数学拓展 理化拓展 科技创新	劳动技术 探究性学习	音乐 美术 体育与健康 体育活动 心理辅导 德育 艺术修养 体育拓展 广播操 眼保健操
八年级第一学期	语文 英语 英语听力 语文写作 写字 英语写作 日（法、德、瑞典等）语	思想品德 历史 社会 "东方时空" 校班会 专题讲座 生活 人文修养	数学 物理 生命科学 数学思维 数学拓展 理化拓展 科技创新	劳动技术 探究性学习	艺术 体育与健康 体育活动 心理辅导 德育 艺术修养 体育拓展 广播操 眼保健操
八年级第二学期	语文 英语 英语听力 语文写作 写字 英语写作 日（法、德、瑞典等）语	思想品德 历史 社会 "东方时空" 校班会 专题讲座 生活 人文修养	数学 物理 生命科学 数学思维 数学拓展 理化拓展 科技创新	劳动技术 探究性学习	艺术 体育与健康 体育活动 心理辅导 德育 艺术修养 体育拓展 广播操 眼保健操
九年级第一学期	语文 英语 英语听力 语文写作 写字 英语写作 日（法、德、瑞典等）语	思想品德 "东方时空" 校班会 专题讲座 生活 人文修养	数学 物理 化学 生命科学 数学思维 数学拓展 理化拓展 科技创新	探究性学习	艺术 体育与健康 体育活动 心理辅导 德育 艺术修养 体育拓展 广播操 眼保健操

（续表）

年级及学期	语言类课程	社会类课程	科学类课程	逻辑类课程	体艺类课程
九年级 第二学期	语文 英语 英语听力 语文写作 写字 英语写作 日（法、德、瑞典等）语	思想品德 "东方时空" 校班会 专题讲座 生活 人文修养	数学 物理 化学 数学思维 数学拓展 理化拓展 科技创新	探究性学习	艺术 体育与健康 体育活动 心理辅导 德育 艺术修养 体育拓展 广播操 眼保健操

根据人才培养的整体设计，社会课从八年级开始设置。

心理健康课程：六年级每班开设一节心理健康课，由专职心理健康教师执教；其他年级每学期开设一节以生命教育为主题的专题教育课和一节以心理健康为主题的班会课。

专题教育课程：按照年级递进的原则，将专题教育的主要议题分散到各个年级中。比如：六年级主要开展安全教育、健康教育（含青春期教育、预防艾滋病教育、预防毒品教育）、环境教育、廉洁教育、文明礼仪教育；七年级主要开展民族团结教育、健康教育（含心理健康教育）、环境教育、廉洁教育、诚信教育；八年级主要开展民防知识教育、民族团结教育、法治教育、健康教育、廉洁教育；九年级主要开展人口教育、环境教育、健康教育（含心理健康辅导）、廉洁教育、公正教育。

七年级和八年级的民族团结教育每学年安排 5—6 课时；所有年级的健康教育每周安排 0.5 课时，环境教育每学年安排 4 课时。

第三节　建构学校课程实践的生动体系

APPR 课程发展模式是一种实践导向鲜明的课程建设模式。实施推进（Practice）是这一模式的核心环节，关注的是将基于学校实际建构的"理想课程"转化为可操作的"实际课程"。从概念上说，课程实施是把一项课程改革付诸实践的过程，实施的焦点是实践中发生改革的程度和影响改革程度的那些因素。对学校课程建设和改革而言，课程实施环节（包括课程评价）始终是最核心、最关键的环节。只有明确课程实施的整体原则，建构类别清晰的课程实施模式，探索指向现代教育评价理念的课程评价模式，才能有效推动课程的高质量实施。在"让每一个生命蓬勃生长"的课程理念指导下，我们着眼于生命的生动特征，打造具有"生动"特色的课程实施体系，让"生动"的课程实施承载指向生命蓬勃生长的特色课程。同时，按照多学科协同、多渠道实施、系列化推进、选择性呈现和规范中创新的总体原则，我们建构了六个领域的课程实施路径，并根据"绿色指标"评价体系和发展性评价、表现性评价、过程性评价等理念，为每一个实施路径建构了相应的评价指标。

一、建构"生动课堂"

课堂是教学的主渠道。基础型课程的实施，主要依靠课堂教学进行。在课堂教学中，建构"生动课堂"是指教师通过教与学方式的变革，主动适应新时代教育特点和学生学习要求，充分运用学生自学、小组合作学习、探究性学习等方法，以翻转课堂、微型课等为载体，推动信息技术与课堂教学相结合，提升教学效率。比如，对于心理学科的课程，除了采用传统的课堂教学形式外，还注重综合运用心理咨询、专题讲座、家长学校、主题班会等形式，为学生身心健康发展提供保障。我们利用微型课，打造一个以语文、数学、外语学科知识为三维轴线的学生自主活动空间；同时，采用"小先生制"，从听、说、演、写、思"五力"方面培养学生的自主学习和合作学习能力。微型课不以学科知识的传授为目的，不通过学生获得较高的考试分数来选择材料，它只是依托学科搭建平台，以有效释放"五力"本身的真实状态，实现生命和课堂的真实意义。

对于"生动课堂"的评价，学校主要采用表现性评价，通过设计相应的课堂教学观察和记录量表，全面记录和呈现师生在课堂教学中的真实表现，并通过定期的数据分析形成不同学生个性化的课堂学习结论，据此做好个性化的教学指导和课程改进。

二、建设"生动学科"

建设"生动学科"，就是以学科为载体，贯彻落实课程标准，挖掘学科育人价值，提升学科教学的有效性和趣味性。在具体操作中，我们严格执行上海市中小学年度课程计划，在不同年级开设相应的基础型课程，包括语文、数学、外语、物理、化学、生命科学、思想政治、历史、地理、艺术、体育与健康、劳动技术、信息科技等。此外，我们还加强心理学科建设，定期安排心理健康讲座和心理辅导，开设心理咨询室，办好家长学校，加强对学生心理健康的个别指导，通过学校、家庭、社会三位一体的联合教育模式开展多维度教育行动。

对于学科教学的评价，学校主要采用传统的纸笔测验和多元化的过程性评价。纸笔测验顺应当前人才培养和中考改革趋势，注重从单一维度的考核知识向多元维度的考核能力转型。因此，我们要在试题命制上下足功夫，确保通过纸笔测验，能真正了解学生学科学习的全貌，合理判断学生的学习状态，并给予有针对性的帮扶。除了纸笔测验外，我们还系统引入过程性评价、发展性评价等理念，通过设计课堂观察表、学生学情记录表等，根据学生的出勤率、课堂表现及学习后完成的作品评定等第，并将全部成绩及等第登记在学校统一的学生成绩单中，以确保公平公正。对于心理健康、艺术、劳动教育等学科，为了充分考虑其学科属性，凸显推动学生德智体美劳全面发展的导向，我们主要通过问卷、量表、课堂观察、分析作品、交流展示等方式进行评价，旨在充分发挥学生的特长，展示学生的个性，彰显学生的学习与评价主体地位。在此过程中，我们还要注重积累实证性数据，利用信息技术进行数据分析，全面呈现学生的学习状态，为教学改进和学生个性化指导提供实证支撑。

三、成立"生动社团"

成立"生动社团"，就是充分发挥社团组织的凝聚作用和育人价值，依托丰富的社团活动，提升课程实施的实践性、探究性和开放性。目前，学校建有管乐社团、合唱社团、打击乐社团、德育社团、瑞典语社团、理科实验社团、美术社团、田径社团等，同时根据各年级课程计划的不同要求，实施系列化专题教育活动，组织班级团队活动。逢单周，安排一次班级团队活动；逢双周，安排一次专题教育活动。依托班级团队活动，既能丰富课程实施的渠道，也能满足学生多元化的课程需求。

对于社团活动的评价，学校主要采用多维度主体共同参与的量化评价。比如，从社团活动的主题、内容、组织、功能、日常运行等维度设计评价量表，通过对学生、家长、社团负责人、教师等的调查，形成对社团活动的总体评价。

四、激活"生动文化"

激活"生动文化"，就是要充分发挥校园文化的育人价值，积极推广学校特色项目。目前，学校开展的特色活动主要包括我为校旗添光彩、"祖国在我心中"大型文艺活动、"圣诞快乐"英语文化周活动、趣味运动会和田径运动会、"东方时空"和"子午书简"、党员导师制活动、军政训练、春（秋）游和夏（冬）令营主题德育活动等，注重将重大节庆活动与学生成长的重要时间节点相融合，形成文化育人品牌，拓展立德树人的渠道。

对于校园文化的评价，学校主要采用表现性评价。比如，通过设计作品、交流展示、参加活动等方式呈现学生参与校园文化活动的过程和结果，通过校园文化活动积分卡的形式做好过程性记录。

五、推行"生动之旅"

生命的独特魅力在于创造。推行"生动之旅"，就是要通过项目探究的方式满足学生的探索需求，培养学生的创新精神和创造能力。比如，学校每学期集中安排30—32课时，组织学生进行与学科学习内容相关的课题探究或项目设计。学生可以根据教师提供的参考课题或自己的探究课题自由选择指导教师，形成项目设计小组或课题探究小组。那些对由学科知识生发而来的生活现象或学科问题有共同探究兴趣的学生，通过自主选择、自主体验、自主实践、合作探究，最终形成一定的研学成果。"生动之旅"采用的方法包括社会实践、课题研究、主题活动、现象分析等，具体按照课题论证阶段、准备选题阶段、方法辅导阶段、实施探究阶段、撰写论文阶段、成果展示阶段和成绩评定阶段展开。

对于"生动之旅"的评价，学校主要采用表现性评价。比如，通过对学生实践探究项目的选题、组织、实施和成果的记录分析，我们为学生参与实践类课程建立了专属档案袋，旨在较为完整地保留学生参与课程之旅的所有痕迹。

六、做活"生动项目"

"生动项目"就是以具体活动为载体的课程形式，其突出特点是主题比较鲜明，课程的针对性和指向性比较强。学校在实践中着重从两个关键维度组织并开展项目化的课程实施。首先是体育锻炼项目，如以确保学生每天不少于1小时的体育锻炼与活动时间为原则，每周开设两节体育活动类选修课。学生可以自由选择篮球、羽毛球、乒乓球等。同时，以年级为单位，班主任通过晨练管理，确保学生有序参与锻炼。其次是学校特色项目，如组织开展芭蕾舞、篮球、足球、机器人、口琴、航模、船模、建模等特色项目，满足学生的不同成长需求。

对于"生动项目"的评价，考虑到项目的特殊性和学生的独特性，学校主要采用过程性评价和表现性评价。比如，学校采用日志记录方法，针对不同活动设计不同的评价量表，以全面反映学生参与活动的态度、行为、收获。

第四节　反思学校课程建设的生成价值

反思提升是课程改进的重要方式之一。通过多年的实践，建平西校已经建构了满足学生德智体美劳全面发展的特色化课程体系，因此学生的成长成才有了完整的课程保证。在这一过程中，学校管理者和教师的课程理解力、设计力、执行力和评价力有了显著提升，学校综合课程的领导力水平得到不断提升。此外，学校在课程建设中持续积累经验并广泛传播，从而显著提升了知名度。综上，通过课程建设撬动学校整体变革，进而不断提升教育教学质量和人才培养质量的初衷已经基本实现。

一、完善学校的课程体系

学校的课程体系建设是学校一切变革的基础和核心，也是建构高水平人才培养体系的根本支撑。学校一直重视课程领域的建构，但至今尚未形成一个能贯穿所有课程类型的核心理念。在 APPR 课程发展模式的支持下，我们从学校的教育哲学出发，对学校的办学理念、人才培养定位等进行了重新思考和分析，并对师生的课程需求进行了充分调研；同时，在此基础上，围绕"让每一个生命蓬勃生长"的课程理念，形成了指向明确、价值清晰、结构合理的课程体系，也有效对接了德智体美劳全面发展的新时代人才培养需求。可以说，正是伴随着项目研究的有序开展，我们的课程建设思路才一步步清晰起来，课程体系建设的顶层设计才一步步明确起来。

二、提升学校的人才培养质量

人才培养是学校教育的核心使命，课程建设则是这种核心使命得以完成的基本依据。相关数据表明，随着学校课程建设的不断深化，特别是清晰的课程体系建构起来之后，优质课程对优质人才培养的促进价值得以充分体现。近年来，市实验性示范性高中的中考达线率维持在 40% 左右，比浦东新区的平均水平高出 20% 左右；区实验性示范性高中的达线率维持在 85% 左右，比浦东新区的平均水平高出 22% 左右；普通高中的达线率维持在 90% 左右，比浦东新区的平均水平高出 20% 左右。近年来，建平西校学生在各类竞赛活动中的获奖人数和比例逐年增加，学生整体素质和竞争力不断增强。调查数据显示，超过 95% 的学生对学校现有的课程体系表示满意，约 99% 的学生认为自己生命成长的必要元素都能在学校课程中得到体现。

三、加强学校的教师队伍建设

教师是教育资源中最为关键和重要的组成部分，是学校教育质量得以保证和提升的重要因素之一。教师队伍建设，特别是教师专业发展需要有相应的载体，而学校课程建设和改革正是促进教师专业成长的重要方式之一。在课程建设过程中，我们除了要做好顶层设计外，还要特别注重一线教师群体力量的整合，强调教师在主动参与课程实践与变革的过程中加深对课程的理解，进而提升课程领导力，最终促进自身专业成长。调查数据显示，在参与学校课程建设的过程中，超过 75% 的教师认为自己的课程理论储备得到了提升，约 90% 的教师认为自己的学科教学水平得到了提升，约 83% 的教师认为参与课程建设能提升自己的综合能力。数据统计表明，近年来，教师承担各类课题研究的数量每年递增 10% 以上，教师主动参与课题研究和论文撰写的积极性显著提升。此外，各类骨干教师成长迅速，在不同层面的比赛中连连获奖。

四、推动学校的整体改革

课程建设是学校的核心工作，与其他领域的工作密切相关。在推动学校课程建设和改革的过程中，我们以课程建设为核心，整体撬动学校其他领域的变革，实现了学校新一轮内涵发展。比如：学校构建了以校长室为引领、多部门协同联动的管理体系，统筹推进学校整体改革和内涵发展；通过全面加强党组织和党员队伍建设，有效发挥党组织在学校改革发展中的政治引领和政治保障作用；建构了涵盖教学管理、课程管理、学生管理、教师管理等维度的制度体系，以此来保障学校各项工作的有序运行；运用现代教育治理理念完善学校治理体系，建构"三位一体"的新型合作关系，吸引更多的校外教育资源进入学校教育体系，为学校整体发展提供更多支持。这既有效保障了学校课程建设的有序推进,也为学校整体发展提供了多元支持。

第五节 探寻学校课程变革的生长空间

值得一提的是,学校课程建设和改革应该是一项持续性的改进工作。这种改进既需要学校深入理解与把握教育发展的最新政策,也需要学校充分调研、梳理和尊重师生的课程需要。在持续改进课程的过程中,我们针对学校当前课程建设的状况,在师生中进行了新一轮评估。参与评估调研的学生共计4253人,教师共计200人。这种几乎涵盖学校全体师生的全样本调研,能真切地反映学校课程建设的当下状态,并为学校设计指向未来的课程改革路径提供借鉴。

一、师生课程评估形成的基本结论

从学生课程调研评估的情况看,根据数据的统计分析,可以形成以下基本认识。

其一,学校课程建设基本满足学生成长需要,学生德智体美劳全面发展的格局已经基本形成。比如,学校按照要求开足国家课程,通过教学手段的不断创新提升课程实施成效。学校的预防毒品教育、安全教育、国防教育、消防安全教育等,已经做到了全覆盖;同时,学生能掌握需要了解的基本知识。社团等拓展型课程深受学生喜欢,如44.49%的学生认为"我喜欢的课有很多,选课时很纠结",40.54%的学生认为"我喜欢的课都很热门,经常抢不到"。从课程对学生成长的支持看,60.53%的学生认为自己在文艺方面得到了充分发展,43.40%的学生认为自己在体育方面得到了充分发展。此外,在益智能力、科创能力等方面,学生也获得了一定成长。约69%的学生养成了良好的运动习惯,其中每周运动1—2次的学生占比为42.46%,每周运动3次以上的学生占比为

26.33%。在合作品质的调研中，学生整体表现较好。比如，他们普遍乐于倾听不同的观点，能在合作交流中顾及他人的兴趣，也能衷心祝贺同学取得成功。

其二，学校为学生全面发展搭建了较为丰富的平台，提供了较多支持。比如，约73%的学生都有各种类型"小干部"的锻炼经历，这表明学生综合素质培养取得了较好成效。又如，54.44%的学生认为自己有方法能达成学习目标，58.93%的学生认为自己能同时做多件事情，72.02%的学生认为自己遇到困难时能渡过难关。善于阅读、流畅阅读、合理表达的学生比例比较乐观，其中学生最喜欢的阅读素材是小说、科普类读物、杂志等。学生的自主学习能力较强，比如，当他们在学习过程中遇到问题时，多数学生会选择先和关系较好的同学讨论，如果还有问题，则会再问老师。26.69%的学生经常会自主反思，也会和老师、家长沟通。

其三，学生家庭具备丰富的课程和教育资源，为家校协同育人机制的有效建构提供了坚实基础。比如，在当前学校的学生家长中，大学本科及以上学历的占比约为80%。几乎所有的家庭都有一定的藏书量，其中96.26%的家庭有经典文学作品类书籍，81.14%的家庭有诗词歌赋类书籍，51.35%的家庭有艺术类书籍；家庭总藏书量超过100本的占比为67.46%，其中超过200本的占比约为38%。

其四，学生的学习和成长需求多元且旺盛。一方面，学生的学习受到信息技术快速发展的影响。78.30%的学生每周能有1—2次机会利用电脑等信息化工具开展学习；除了信息科技课程外，在其他课程中，41.90%的学生每周能有1—2次机会利用信息化工具开展学习。与此同时，29.19%的学生没有在家中用电脑打过游戏，约20%的学生每天会花费半小时以上打游戏。另一方面，学生对自主选择学习内容和促进自身全面发展的意愿比较强烈。71.24%的学生希望"根据自己的兴趣爱好，在学校提供的课程里，完全由自己独立选课"。多数学生希望通过学习校本课程培养广泛的兴趣爱好，让自己的特长得到发展，拓展知识面并提升能力。除了考试外，学生希望学校通过作业等第、课堂反馈、作品展览、活动展示、态度与出勤等方面对其进行综合评价。

从教师课程调研评估的情况看，根据数据的统计分析，可以形成以下基本认识。

其一，教师队伍建设及其专业成长的结构性问题仍需关注。首先，教师队伍的性别失衡现象比较突出。在调查对象中，女性教师占比约为85%。约60%的教师认为男教师是学校的"宝"，理应获得更多的发展机会；71.76%的教师认为女教师的发展空间受到了限制。其次，绝大多数教师的学历已经达到了大学本科及以上，但还存在个别大学本科以下学历的教师。此外，教师队伍的年龄结构相对而言比较均衡。

其二，教师队伍整体投入度较高，专业情怀和素养较好。多数教师能相信学生的能力，对教学工作充满激情，富有同情心，对问题考虑得比较周全，同时也能与学生有效沟通，及时发现并欣赏学生的成功之处。约73%的教师注重多种教学方法的有效运用，能经常采用小组合作探究的学习方式；约66%的教师能为学生安排挑战性较强的学习任务，引导学生挑战自我；多数教师在教学过程中会根据班级学生的学科水平，精心设计阶梯问题；多数教师能使用多元化的评价方式来评价学生。但在具体教学中，教师有些方面的做法与学校课程的核心价值存在一定偏颇。比如，当学生在课堂学习过程中遇到问题时，教师最多的选择是鼓励他们举手提问，而不是自主思考或合作探究。

其三，教师对学校课程建设和改革的整体感知较好。82.50%的教师认为学校所有学生都有自主选课的机会；多数教师在教学过程中能充分拓展和利用各类资源，以提升教学的有效性。从相关矩阵的统计结果看，教师对新课程改革倡导的新理念普遍持认同态度。教师能频繁地参加各类专业发展培训，并期望增加学科课程实施与教学能力等方面的培训，以进一步提升自身专业成长的成效。在每周用于专业成长的时间方面，约36%的教师达到了6—10小时，约23%的教师达到了11小时以上。

二、未来学校课程改革的主要思路

从上述数据分析看，学校前一阶段的课程建设和改革已经取得了较好的成效，师生对课程建设的总体感知较好且满意度较高，但也存在无法满足学生的个性化发展需求、课程的辨识度不高、课程资源的充分拓展和运用程度尚未与现代教育治理理念充分匹配、教师的课程领导能力参差不齐等问题。结合这些问题，未来学校课程建设和改革将从以下四方面进行重点突破。

其一，进一步完善学校课程体系，着眼于培养德智体美劳全面发展的高质量人才，继续增加课程的多样性和可选择性，在促进学生全面发展的同时满足学生的个性化发展需求。此外，我们还要进一步优化学校的校本课程体系，打造具有特色的课程品牌，以彰显"五育"融合的生长性理念，提升课程体系的知名度和辐射性。

其二，进一步推进课堂教学改革。学校要在原有的"小先生制"等成功经验的基础上，紧密结合新时代基础教育改革发展的整体趋势，持续推动课堂教学改革。学校通过多元化的教与学方法的有效运用，培养学生面向未来生活的综合能力与素养。特别是要注重信息技术与教学的深度融合，培养学生的信息化学习能力，提升教师的信息化教学素养。此外，学校还要着眼于中考改革需要，进一步研制和运用有利于学生全面发展的评价体系，贯彻落实新时代教育评价改革的新理念。

其三，进一步拓展课程教学资源。学校要以现代教育治理理念改善原有的课程和教学建设体系，除了要理顺学校内部的各类关系外，还要充分加强与家庭、社会的联系和合作，拓展课程资源，形成"家—校—社"协同育人的有效机制。

其四，进一步提升教师的课程领导能力。学校依托专家讲座、课题研究、专题培训、校本研修、组内研讨等多种方式，不断提升教师的课程理解、设计、执行、评价能力，提升教师的课程素养，培养教师适应未来教学的多元能力，持续打造高素质教师队伍，为学校课程建设和改革的持续推进提供强大的内生动力。

总而言之，在当今这个急剧变化的时代，学校改进成为教育改革关注的重要命题。在这一过程中，我们需要一个关于学校改进的新概念和着力点，这个概念的核心和着力点的设计必然应该是课程。① 学校课程建设不是一个一劳永逸的过程，而是需要不断进行动态调整，持续融入新时代发展要求和教育变革元素。着眼未来，我们将进一步有效对接国家和上海基础教育改革发展战略，依托课程变革，深入贯彻教育改革发展的最新政策文件，落实立德树人根本任务，让学校课程真正成为促进学生蓬勃生长的重要载体，成为学校内涵发展和品质提升的核心支撑。

（撰稿人　赵之浩）

① ［英］霍普金斯，［英］爱恩思科，［英］威斯特 . 变化时代的学校改进［M］. 孙柏军，编译 . 北京：北京师范大学出版社，2016.

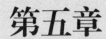

第五章

相遇式课程：让每一个孩子
拥有幸福童年

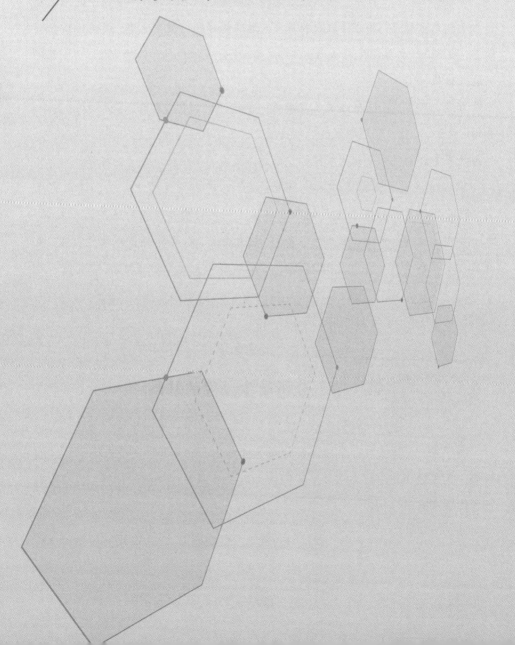

上海市实验学校东校(以下简称"实验东校")创建于 2004 年 9 月,是浦东新区碧云国际社区的一所九年一贯制学校,由上海市实验学校实施委托管理。2012 年起,实验东校托管上海市浦东新区锦绣小学,共同成为实验教育集团校。2011 年,实验东校入选上海市首批新优质学校。实验东校在"为每一个孩子的幸福童年和美好未来服务"的办学理念指导下,通过构建和谐教育生态,实施优质教育服务,力求办一所展现生命活力、回归生活世界、关注生态和谐的学校,形成家校共赢大格局。

如今,现代学校制度建设已显成效。学校通过创建"无墙公校",打造多样、和谐、开放、渗透、可持续发展的教育生态,助推教师专业发展、学生展能成志。完善的家委会制度和开放的家校协作办学态度成为学校持续进步的抓手。

学校结合国际化社区的地域环境特点,构建以学生为中心的和谐教育生态,创设有利于学生主动发展的教育环境。同时,学校以人的属性为出发点,进一步提出生命、生活、生态的"三生"教育理念,以此作为贯穿学校管理、教育教学、课程开发、教师队伍建设等方面的核心理念,形成学校相遇式课程体系。

第一节　分析萌生课程的基础

多年来,实验东校在学校课程建设方面付出了很多努力,也取得了一定的成果。为了获得进一步的发展,我们借助攻关基地的相关调研项目,对学校进行了优势和需求分析。

一、外部生态环境优势突出

学校地处碧云国际社区，教育资源丰富，社区家长知识层次较高，教育需求多元，普遍重视学生全面发展，参与教育的热情高涨。在打造教育综合品牌效应、保持良好教育生态环境、全面提升教育品质方面，这些条件发挥了不可替代的重要作用。然而，建校多年来，社区内仅有一所公办学校，导致学校整体规模迅速扩张。学生人数快速增长、校舍严重不足等，不利于学校的长远发展，并带来了持续的隐忧。鉴于优势与不足，我们在推进学校、家庭、社区互动合作的现代学校建设进程中面临区域学生人数持续增加、课程开发和更新进展缓慢等问题。

二、课程多元需求有待满足

作为上海市首批新优质学校，实验东校的生源数量较为充足，并且学生大多是乐观向上的，基本素养较高。然而，随着教育政策与区域环境的不断变化，学校生源渐趋参差不齐，如学生价值取向有差异，学习习惯存在较多问题。在学生综合素养较好、可塑性较强的基础上，学校提出"培养乐群、博雅、尚美、善思的阳光少年"的育人目标，旨在满足学生的多元需求。因此，学校的课程发展、教育教学模式等，受到前所未有的挑战。其中，课程的多元化与结构性发展将是学校未来5—10年全面发展进程中至关重要的一环。课程多元化发展的目标在于满足未来学生的多样化需求。

三、课程优化尚待加强

学校拥有一支富有爱心、和谐上进的教师队伍。从表5-1可知，实验东校教师工作年限在3年以下和25年以上的占比为25.68%，低于九校均值17.56个百分点，这表明实验东校教师正处于有一定教学经历并能不断吸取新理念以形成自身教学风格的时期；实验东校31—50岁的中青年教师占比为71.58%，这表明教师年龄结构合理且处于精力充沛阶段。

表 5-1　教师基本信息的关键数据对比（一）

	工作 3 年以下	工作 25 年以上	31—40 岁	41—50 岁	50 岁以上	本科学历
实验东校	7.10%	18.58%	36.61%	34.97%	7.10%	87.98%
九校均值	13.98%	29.26%	25.62%	33.02%	19.51%	82.49%
差距	−6.88%	−10.68%	10.99%	1.95%	−12.41%	5.49%

　　调查数据显示，实验东校本科学历的教师占比为 87.98%，硕士研究生学历的教师占比为 9.84%，这表明本科学历的教师是一线教学与研究课程发展的主力军。同时，学校拥有区级骨干教师、区级学科带头人共计 24 人，占总人数的 12%。

　　然而，从教师开发校本课程的比例看，实验东校教师的占比仅为 19.13%。另一调查数据显示，80.87% 的教师未参加过校本课程的开发及使用，但教师参与学校相关制度建设的积极性远高于学校的内涵建设。这一方面说明学校对课程实施的重视程度及宣传力度还不够，教师参与校本课程开发的积极性有待进一步调动和激发；另一方面说明学校缺乏相应的激励机制。比如，在"我开发的校本课程获得过学校的表扬或奖励"上，教师的认同度仅为 49.18%，这说明学校尚待进一步激励教师参与校本课程设计、实施及评价，让教师体验到专业成长及成就感尤为重要。同时，学校也要充分调动广大青年教师的积极性，让他们积极参与学校课程建设，并为他们搭建成长的舞台。此外，实验东校初级职称的教师占比较高，为 23.50%，高于九校均值 13.75 个百分点；硕士研究生学历的教师占比低于九校均值 6.38 个百分点（见表 5-2）。

表 5-2　教师基本信息的关键数据对比（二）

	男教师	初级职称	开发校本课程	硕士研究生学历
实验东校	16.94%	23.50%	19.13%	9.84%
九校均值	22.44%	9.75%	21.03%	16.22%
差距	−5.50%	13.75%	−1.90%	−6.38%

四、综合课程蓄势待发

实验东校师资力量整体呈现向好趋势，各学科教师配置结构科学合理，学校持续为教师专业发展提供更为广阔的平台和路径。从现有教师的任教学科看，综合实践活动的专任教师占比为 2.2%，高于九校均值 1.6 个百分点；理工类学科如数学、物理、化学、生命科学等的专任教师占比均低于九校均值（见表 5-3）。

表 5-3　教师任教学科的数据对比

学科	实验东校	九校均值	差距
语文	33.3%	22.6%	10.7%
数学	16.9%	18.7%	−1.8%
英语	15.9%	19.6%	−3.7%
物理	3.3%	5.2%	−1.9%
化学	1.6%	3.2%	−1.6%
道德与法治	7.7%	5.4%	2.3%
历史	1.6%	3.3%	−1.7%
地理	1.6%	3.6%	−2.0%
科学	3.8%	2.9%	0.9%
生命科学	0.6%	1.7%	−1.1%
信息科技	2.7%	2.8%	−0.1%
劳动技术	1.6%	2.5%	−0.9%
音乐	3.3%	2.2%	1.1%
体育	7.7%	6.9%	0.8%
美术	3.8%	2.7%	1.1%
综合实践活动	2.2%	0.6%	1.6%
其他	6.0%	3.9%	2.1%

另一份关于"课程需求"的调查数据显示，实验东校学生在校本课程的授课及评价方式上更倾向于多元化、多样性选择，这对教师提出了更高的要求

（见表5-4）。因此，学校在下一步的发展进程中将注重对综合实践活动的创设，包括教学与评价方式的改进；同时，也要竭力提升物理、化学等学科教师的实践操作能力，以理科综合实验中考考查为抓手，提高理科教师的参与度，并提升他们综合开发课程的能力。

表5-4 实验东校与九校学生的关键数据对比

题目	选项	实验东校	九校均值
7. 你们学校的校本课程主要采取的授课方式有哪些？（可多选）	B. 教师讲解示范为主，学生跟着学和练	73.64%	68.90%
	D. 教师布置任务，学生之间互相帮助，学校提供学习器材和网络	47.70%	34.73%
9. 你希望学校采取什么方式对你所学的校本课程进行评价？（可多选）	B. 汇报展示	51.20%	44.59%
	C. 作品展览	63.92%	58.68%

综上所述，学校在地域条件、生源水平、教育资源、师资结构、家校合作、校社合作等方面的优势较为明显。在生命、生活、生态的"三生"教育理念指导下，学校未来的课程发展力会有较大的改进与提升空间。基于此，借助APPR课程发展模式，学校应当认清自身优势，弥补不足之处，积极寻找并缩小与其他学校的差距，着力补强短板以更好地满足学生成长需求，并维持课程发展领导力与学生需求之间的平衡。

第二节　形成引领课程的理念

基于多样、和谐、开放、渗透、可持续发展的教育生态，学校提出了适合师生共建、家校合作、和谐生长的"三生"教育理念。所谓"三生"，即生命、生活、生态，是指通过学校课程和校园活动，将优质教育理念体现在"与生命相连，与生活相通，与生态相融"三方面。其中，让学生在课程和活动中与不同文化相遇，是学校课程的亮点所在。

一、课程理念

在"三生"教育理念的持续带领下，学校课程逐渐凸显"与文化相遇""与生命相连，与生活相通，与生态相融"的核心观念。

（一）课程即与文化相遇

课程理念秉承"与文化相遇"的核心观念，意味着校内文化是分科的，但校外文化却是整合的。为了更好地迎接整合文化的挑战，学校课程应提供丰富且高质量的跨学科教学内容。在现行国家课程标准的指导下，我们致力于为学生打造全面融合学科与整合文化的课程，同时努力打造"与文化相遇"的学科课程和跨学科课程，并在全课程设置方面为学生消除学科内、学科间的壁垒，将课程内容与人类文明相融合，实现"与文化相遇"。这一理念是为学生未来的成人生活作准备，使他们能更好地适应社会变迁，接纳并理解多样性的变化，从而更加自信地与不同文化、与世界相遇。

（二）课程即生命活力

通过建立健全课程体系，满足学生品德形成、人格发展、潜能开发、认知提升、体育与健身、艺术修养培养、社会实践等多方面的需求，是学校的重要课程理念。因此，为了促进每一个学生个性化、差异化和可持续发展，我们设计了多样化课程，旨在促进学生保持生命活力。

凸显科学化、兴趣化、多样化、个性化、更迭化的校本课程充满着整个校园，我们也始终秉持"满足学生需要""为学生持续发展提供新鲜活力"的核心理念进行开发与调整。八十多门分门别类、丰富多彩的拓展型课程，为学生提供了解和掌握学科趣味、生活技能、人际互动的机会。学生通过选择一门新课程，来丰富自己的校内学习、生活时光。比如，在中西点烹饪课程中，学生化身厨师，邀请教师作为试菜员。西点烹饪后的包装、赠送等环节，丰富了学生的劳动体验与成就感。这样的活动不仅为学生提供了真实的厨房情境体验，还激发了他们通过课程深入生活、融入社会的积极性，充分彰显了他们的生命活力。

再如，心愿课程是以学生需求为导向、以社团组织方式开展活动的课程，鼓励学生在多个集体中享受生机勃勃的精神生活。这一尝试使课程建设实现了从"我设计，你选择"到"你提需求，我来教"的根本转变。在心愿课程序列中，学生能找到攀岩、魔术、摄影、街舞、电影、哲学、经济、游戏、轮滑、桌球、环保、舞龙、足球、创造发明、打击乐等心仪课程，并在规定时间内完成选课、抢课。学校中的"抢课"和"要课"现象屡见不鲜，这既展现了学生的生命活力，也体现了"课程以焕发学生生命活力为己任"的重要特征。

（三）课程即生活世界

课程改革的重要任务是转变人才培养的方式。因此，学校在学习资源建设方面，基于课程标准形成"一纲多本"，即一个大纲标准下的多个版本，尤其是拓展型课程和研究型课程。学习资源不局限于课本，诸多课程可根据教与学的需要灵活选择或运用资源。教师被赋予更多自主权，可以创造性地实践新课程。如在中学语文学科的学习中，优质的阅读素材、作文杂志、网络平台等，都是不可或缺的学习资源。教师有选择地利用有效资源，深挖教材内涵，拓展课程外延，如与喜马拉雅 App 联合举办校园读书节活动，给学生打开了一个除课本之外的真实而具体的世界。

我们将学生的"学"与真实世界相互连接、深度融合，在课程形式上大胆创新，充分体现开放、创新的课程理念，用课程为学生搭建一座通往世界的桥梁，以生动展现"课程即生活世界""课程即与文化相遇"等核心观念。

（四）课程即生态系统

学校课程种（门）类繁多，因此在设置上特别强调课程的一贯性和统整性。根据课程的顶层理念、三级架构、四项分类，我们在实施国家课程的基础上，注重拓展型课程和研究型课程的开发与实践，使三级课程有效整合、互为依托、形成体系。我们从学校九年一贯制的特点出发，以培养学生的基本能力为核心架构，明确各学段和各年级的基本特征和基本任务，力求促进学生全面发展，形成有序的课程生态系统。

在课程建设过程中，学校成立了校长、教师、学生、家长以及社会各界有效参与的运行机制。这一机制的最大特点是师生民主参与和共建共享。学校充分尊重师生的创造性和主动性，激发师生的兴趣和主动性，使每个人都能成为课程建设主体。每一门校本课程都由教师申报与开发，并在教学过程中不断完善。学生通过各种形式将自己的观点和看法反馈给教师，便于教师及时调整课程目标、课程内容。事实上，每一门课程最终是否被认可并被纳入课程体系中，学校都会充分尊重学生的意见。

比如，蝶艺课程是一门集科技和艺术于一体的特色课程，在学生熟悉蝴蝶知识并掌握蝶艺制作与野外考察基本技能的基础上，培养学生的科学探究和工艺创新能力。该课程是教师根据自身特长和学生兴趣开发的，不但广受学生欢迎，而且从理念到内容、从理论到实际都体现了相当高的课程开发水平。为了支持该课程，学校先后创建"蝶恋花苑""蝴蝶科普文化廊""蝶艺校本课程专用教室""生态园"，开设兴趣组，让学生从课堂走向大自然。通过组织蝴蝶科普夏令营活动，开展蝴蝶资源调查与考察、蝴蝶标本采集与制作、校内养殖蝴蝶、观察蝴蝶的一生变化等实践活动以及科技小课题研究，学生的学习兴趣、动手能力得到提高。

此外，学校还积极发挥家长和社区的作用。比如，学校在制定课程方案时，通过家委会向家长公开征求意见。因此，家委会是课程建设和管理的重要一环。广大家长和社区也积极提供课程资源，共建课程资源库以参与学校课程开发。最终，课程走出了象牙塔，走近了师生。师生不再是课程的旁观者，而是真正成为课程的主体。

至此，我们形成了"学生—教师—家长—学校—社区—社会"的课程生态循环系统。从师生共同建设到家长、社区的深度参与，再到学校呵护、社会反哺，我们的学生不仅汲取了有利于自身发展的营养，还构建了自主、成熟的知识学习体系。这是九年一贯制学校在课程设置上的优势所在。

二、课程目标

在"三生"教育理念的浸润下，"相遇式课程"逐渐生发出多样、和谐、开放、渗透、可持续发展的势头，这与学校的教育追求不谋而合。

（一）育人目标

学校的育人目标是"培养乐群、博雅、尚美、善思的阳光少年"，办学理念是"让每一个孩子拥有幸福童年"。

"乐群"是指能与人合作，善于交往，顾大局，识大体（在合作活动中能懂得退让和接受他人意见，能接受挫折和失败）。"博雅"是指始终怀有强烈的好奇心和求知欲，保持对知识的持续探索和不懈追求。"尚美"是指对美好的事物充满憧憬，热爱生命，热爱生活，热爱劳动，追求健康心态与健壮体魄，热爱（崇尚）运动与艺术，尊重劳动价值，具备一定的发现美、欣赏美和创造美的能力。"善思"是指能独立思考，勤于反思，具有发现问题和解决问题的能力。

（二）课程目标

根据学校的育人目标，课程基本建设与实施目标在不同年级及学期的总体表现见表5-5。

表5-5 实验东校不同年级及学期的课程目标

年级及学期	乐群	博雅	尚美	善思
一年级第一学期	认识全班同学，分清任课教师，交到新朋友。	对小学生活充满期待，对新环境、新教师、新同学有好奇心，并能积极融入其中，对知识有强烈的探索欲。	崇尚真善美，学做诚信人；能主动帮助同学或者教师；热爱阅读，热爱运动，热爱劳动。	学习凡事独立思考，不跟风；努力做好每一件事情，并在做事的过程中有自己的想法和改进措施。
一年级第二学期	能和所在小组的同学团结合作，可以接受别人给出的合理意见，同时也能和同学友好地商讨内容。	掌握一定的文化知识，并对知识有强烈的探索欲；由小范围社交扩展到大范围社交，师生合力建设文明和谐的班集体。	崇尚真善美，学做诚信人；能主动帮助同学或者教师；热爱阅读的同时有一定的思考能力，热爱运动的同时能带动周围同学一起运动，热爱劳动的同时能帮助教师做一些小事情。	学习凡事独立思考，不跟风；努力做好每一件事情，并在做事的过程中有自己的想法和改进措施；学习倾听别人的意见，并独立思考这些意见是否适合自己，采纳适合自己的意见。

（续表）

年级及学期	乐群	博雅	尚美	善思
二年级第一学期	通过一年级的学校学习和生活，形成一定的集体意识，并在与人合作、交往的过程中渐渐增强集体荣誉感。	通过所有课程的学习，养成良好的学习习惯，争做文明礼仪小卫士，对所有学科具有浓厚的兴趣，并保持强烈的好奇心。	通过所有课程的学习，减少学习和生活中的矛盾，并与他人增进友谊、合作劳动、和谐共处；通过自身内在的进步，产生对身边美好事物的向往。	通过所有课程的学习，养成独立思考、主动学习的习惯；能在学习中主动发现问题，并尝试通过自己的方式方法主动、独立地解决问题。
二年级第二学期	在合作中竞争，在竞争中合作；明白一己之力的单薄，以及众人拾柴火焰高；通过发挥自己的力量求变求异，带领集体不断向前，逐渐增强集体归属感。	通过所有课程的学习，继续培养良好的学习习惯，成为文明礼仪小卫士，并产生"好学、乐学、善学"的思想；营造良好的学习氛围，为之后更高层次的学习做好知识储备，打下自主学习的基础。	通过所有课程的学习，理解"爱的教育"，做一个有爱的善良之人；能发现身边的美，更能通过自己的劳动与付出，主动创造美，给身边的人带来幸福。	通过所有课程的学习，营造一种勇于创新、鼓励动手、善思善辩的学习氛围；学中做，做中学，主动对学习进行反思，并从中感受到学习的快乐。
三年级第一学期	能展开小组讨论，共同质疑问题；能对别人的意见进行复述和补充，并对别人的帮助表示感谢。	能快速识记有用的信息；有不断求知、敢于探索的精神，能大胆质疑；热爱科学，探索科学奥妙，积极参加科技活动。	能做好每天的值日生工作，懂得垃圾分类；积极参加学校的艺术节、体育节活动。	专心听讲，肯动脑筋，主动学习，珍惜时间；能独立完成作业，养成自查习惯，并能阅读有益的课外读物。
三年级第二学期	在合作中结合生活经验，在比较中得出问题答案；学会接纳不同的意见。	有个性，能独立思考，勇于尝试和创新。	能帮助低年级同学打扫卫生，教他人做好垃圾分类；重视身心健康，具有初步的自我保护意识。	能独立思考，具备举一反三的能力。

（续表）

年级及学期	乐群	博雅	尚美	善思
四年级第一学期	知道同学之间应平等相待；愿意与同学友好相处、团结协作；遵守纪律，听从安排，关注他人，礼貌待人，有序发言，相互勉励。	了解自己的学习情况，能为自己制订学习计划；对每门学科都能保持强烈的好奇心。	知道生命是宝贵的，以及生活中哪些行为是有危险的；积极参加各类活动，热爱运动，热爱生活。	学习中遇到问题时，能试着独立思考，并尝试寻找方法解决问题，具备举一反三的能力。
四年级第二学期	学会同情，能设身处地地理解他人；积极参加集体活动，多为班级做好事，有集体荣誉感。	善于和教师、同学交流意见，学会反思学习过程，能调控自己的学习情绪。	能高质量地完成每天的值日生工作，并做好垃圾分类；具有自我保护能力，保持乐观健康的心态。	积极参与社会实践活动，在尝试、体验、观察中提出有价值的问题。
五年级第一学期	礼貌待人，诚实守信，平等待人，与人为善；同学之间团结互助、理解宽容；愿意参加或组织学校、班级的活动。	上课认真听讲，积极参加讨论，勇于发表自己的见解；能主动学习，按时保质地完成教师布置的作业；对每门学科都能保持强烈的好奇心和求知欲。	注重仪表，讲究卫生，自尊自爱；拥有健康的生活方式和合理的作息时间，能坚持参加体育锻炼；热爱生活，热爱学习，保持健康乐观、积极向上的心态。	每天都能及时、主动地对所学内容进行复习巩固、反思总结；遇到问题时，可以尝试用已知的知识解决未知的问题；能将考察方案与书本知识进行比较、分析，并得出结论。
五年级第二学期	礼貌待人，诚实守信，平等待人，与人为善；同学之间团结互助、理解宽容；善于交流，能从与人交流中获取自己需要的有效信息。	上课认真听讲，积极参加讨论，勇于发表自己的见解；能主动学习，按时保质地完成教师布置的作业；对每门学科都能保持强烈的好奇心和求知欲，并能学会自主学习。	注重仪表，讲究卫生，自尊自爱；拥有健康的生活方式和合理的作息时间，能坚持参加体育锻炼；热爱生活，热爱学习，学会欣赏美，保持健康乐观、积极向上的心态。	每天都能及时、主动地对所学内容进行复习巩固、反思总结；可以通过合作学习、自主探究、查找资料等方式解决问题。

（续表）

年级及学期	乐群	博雅	尚美	善思
六年级第一学期	能尽快融入新集体，认识每一位同学，并且学会友好相处。	能适应初中学习的节奏，并设定一年的学习小目标。	每天坚持运动和劳动；能找到适合自己的岗位，发挥自己的强项。	思考初中学习和小学学习的不同，改变学习方法和听课模式。
六年级第二学期	在新集体中结交性格和脾气相投的好伙伴，并在学习和生活上互相激励。	积极参加课外活动，拓展自己的知识面，确定自己的优势学科。	积极参加学校组织的各项活动。	学会时间管理，思考如何提高学习效率，学会平衡学习与其他兴趣爱好的时间。
七年级第一学期	能在班级中找到适合自己的岗位，初步学会与同学、教师合作，并高效完成任务。	在学习和生活中保持好奇心，对未知领域有探索意识。	热爱生命，热爱劳动，积极参加体育运动，锻炼身体。	独立完成作业，独立订正作业；在课堂中学会提问，尝试自己解决问题。
七年级第二学期	能自信地表达自己的想法，积极参与学校、班级的各项活动，有一定的组织协调能力。	在学习和生活中保持好奇心，对未知领域有探索意识。	进一步培养劳动意识，学会欣赏艺术，善于发现身边的美。	勤于思考，提高作业的正确率；主动发现问题，尝试通过求助、查找资料等方式解决问题。
八年级第一学期	能积极参与班级管理，不拿自己当"外人"。	在学习和生活中永远保持求知欲，遇到不懂的问题时，有"打破砂锅问到底"的精神。	多读书，拥有一双发现美的眼睛；将一种运动培养成自己长期的爱好；能做简单的饭菜。	每天都有和自己对话的时间，倾听自己的声音，看看还有哪些需要改进的地方。
八年级第二学期	与班级同学一条心，劲往一处使，并能顺利进入毕业班。	在学习和生活中永远保持求知欲，遇到不懂的问题时，有"打破砂锅问到底"的精神。	多读书，拥有一双发现美的眼睛；将一种运动培养成自己长期的爱好；能做两个拿手菜。	每天都有和自己对话的时间，倾听自己的声音，真正了解自己的内心需求。

（续表）

年级及学期	乐群	博雅	尚美	善思
九年级 第一学期	遇到困难时，能主动向同学或者教师求助，能理解班级是一个团体的意义。	学会在紧张的学习和生活中保持旺盛的精力，理解学习兴趣是不断进步的原动力。	坚持体育锻炼，制订科学且适合自己的锻炼计划，提高体育能力与身体素质；选择适合自己的体育考试科目。	在学业中能积极发现问题、思考问题，并尝试解决问题。
九年级 第二学期	培养良性竞争的心态，理解同伴对自己成长的意义；培养小组合作解决问题的能力，使团队合作能力成为自己的一种核心能力。	制订适合自己的学习计划，掌握自己的学习节奏，从而培养自我学习的能力。	总结自我，展望未来，始终牢记学习的目的是获得幸福。	能对自己的学业成绩有清晰合理的定位，并对自己的未来有可行的规划。

三、课程框架

为了实现上述育人目标和课程目标，学校基于"三生"教育理念和相遇式课程观念，以"语言交往""社科创造""体艺健强""逻辑探索"四个象限分别打造课程框架（见图5-1），以符合学校现阶段课程深化需要，契合国家德智体美劳"五育"并举的育人精神。限定拓展课程从"M-LABS"的五个发展方向出发，分别打造"M（德行类）""L（生活类）""A（艺术类）""B（健体类）""S（科创类）"课程，以符合学校现阶段学生的学习需求与身心健康发展需求，契合相遇式课程观念。

语言交往类课程主要涉及语文、英语、历史、道德与法治等学科，这类课程主要发挥言语表达与沟通技巧提升等功能，对应"乐群"目标。社科创造类课程主要涉及地理、科学、自然、劳动技术等学科，这类课程主要发挥劳动创造、实践创新等功能，对应"博雅"目标。体艺健强类课程主要涉及体育、

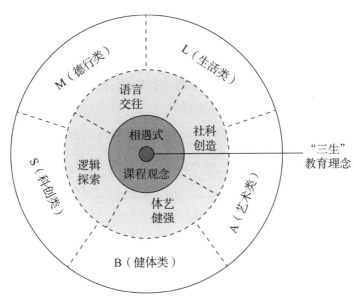

图 5-1 课程框架

艺术等学科，这类课程主要发挥强健体魄、养成良好修养、丰富生活情趣等功能，对应"尚美"目标。逻辑探索类课程主要涉及数学、物理、化学、信息科技等学科，这类课程主要发挥逻辑思维训练、理性思维习惯养成等功能，对应"善思"目标。

其中，社科创造类课程、体艺健强类课程中的部分实践活动在设计与实施上有交集，如研究型课程中的博物馆系列既有科学探索的活动，也有分类劳动与艺术体验的活动，因此在课程评估方面会根据课程定位有不同的侧重点。

M（德行类）课程主要包括品德发展与公民素养两类，如礼仪规范课、社会实践课、公益课程等；L（生活类）课程主要包括积累生活的厚度、开阔生活的宽度、点燃生活的温度、提高生活的高度四类，如安全教育、新生夏令营、走进社区、学校互访、垃圾分类等；A（艺术类）课程主要包括音乐与美术两类，如合唱、越剧、沪剧、彩铅、陶艺等；B（健体类）课程主要包括基础与拓展两类，如花样跳绳、初级台球、快乐足球、双人对抗等；S（科创类）课程主要包括普适、特需与渗透三类，如机器人、3D打印、水火箭探秘等。

第三节 细化映射生活的体系

为了实现各年段各类课程的基本目标，学校主要从建构"相遇式课堂"、创建"相遇式学科"、构建"相遇式社团"、打造"相遇式联盟"、建设"相遇式校园"、探索"相遇式项目"六条途径进行课程实施与评价。

一、建构"相遇式课堂"，提升学校课程实施品质

"相遇式课堂"是指遵循"三生"教育理念，旨在实现"培养乐群、博雅、尚美、善思的阳光少年"这一育人目标的校内外课堂。

（一）"相遇式课堂"的实践操作

"相遇式课堂"的主要做法是，以学生需求与兴趣为着眼点，充实中小学段的基础型课程；以培养学生探究意识为出发点，开发拓展型课程和研究型课程。同时，学校要通过建立健全校本课程资源库，形成有特色的校本资源、校本课程体系以及教师人才库等。

（二）"相遇式课堂"的评价标准

"相遇式课堂"的评价标准是伴随"相遇式课程"的逐步健全应运而生的，为学校课程体系服务，并起到监督、管理、调整课程的作用。总的来说，"相遇式课堂"的评价主要从行政管理人员、课程质量、课程设计与实施方（教师）、课程接受方（学生）、课程反馈方（家长）这几个维度着手实施。其基本流程是，学校组织教师自主申报—教师申报课程—教导处审核通过—实时开课—学生评价—教师自评—学术委员会评价—新一轮申报审核。其中，学生与家长对课堂的满意程度是重中之重。

二、创建"相遇式学科"，丰富学科课程体系

"相遇式学科"是指在学校"三生"教育理念的引导下，致力于培养具有良好合作精神、团结意识、专业水准、高尚情操的教师团队的相关学科。加强教研组、备课组的团队合作，优化组合多样化的课堂教学方式，重视对青年教师的培养，以此来推动教研组及教师梯队的全面建设，进而丰富学科课程体系，这些是学校实现育人目标的重要途径。

（一）"相遇式学科"的建设路径

对于"相遇式学科"的打造，学校的总体理念是"亦师亦友，精诚团结"。在"三生"教育理念的影响下，学校致力于提高不同学科团队的合作效率，构建融洽的合作关系，进而影响并优化学校整体的课程系统。学校"相遇式学科"的建设理念见表5-6。

表5-6 "相遇式学科"的建设理念

序号	学科理念	建设理念
1	典韵小学语文	让学生感受语言文字中的温度、能量、韵味，感知语文的传承、文化的沉淀、文学的魅力。精心准备每一节课，让学生有所收获。
2	生趣小学数学	带领学生走进生动有趣的小学数学世界，让每一个学生乐学、会学，并学会感受数学的魅力。
3	Effective Scientific English System	从习惯培养、兴趣激发入手，依托 SPP、Picture Tour 等教学手段，逐步提高学生的英语阅读素养，引导学生理解各国文化内涵；注重通过合作互动、体验探究等方式，培养学生的英语交际与多元思维能力，使其树立学习自信心，全面提升学生的英语语言能力与综合素养。
4	灵动小学音乐	让音乐与学生的心灵和生活连接，撒下爱乐的种子，愿每一个学生的心底都有一片奇妙的音乐花园。
5	悦活小学体育	让学生在参与体育活动的过程中有所乐、有所学、有所得。

（续表）

序号	学科理念	建设理念
6	创意小美，激趣童真	提倡自然引导和减少成人干预的理念。创造环境，让学生能感受美；教授方法，让学生能发现美；提供指导，让学生能创造美。
7	探秘小学自然	带领学生开启科学探秘之旅，通过观察、讨论、操作等方法，引导学生亲近大自然、了解大自然。
8	善思小学道法	培养学生辨荣辱、明是非、知对错，树立社会主义荣辱观，践行社会主义核心价值观，增强社会责任感和法治意识。
9	阅读与演讲中成就思维和人格的中学语文	听说读写、语修逻文，学习评价，和学生一起阅读、一起思考、一起学以致用。
10	生活中学数学	从生活入手，了解古代数学家解决问题的思考过程，发现运用数学知识可以解决的身边问题，思考如何通过数学优化生活，提升学习数学的兴趣。
11	Rainbow English	彩虹的不同色彩代表多元化的英语活动形式和文化要素，愿每一个学生可以找到属于自己的那一抹亮色。
12	知行中学道法	培养学生良好的公民道德素质，树立责任意识和积极的生活态度，发展勇于探索、敢于创新的精神和实践能力。帮助学生过积极健康的生活，做负责任的公民。
13	思辨中学历史	依托史料尽可能还原丰富、有细节、有温度的历史，让学生在初步习得史学方法的同时激发求知兴趣，增进历史理解，提升思维品质。
14	活力中学地理	引导学生树立正确的人地关系观，学会珍爱地球、善待环境，提高地理实践力；引导学生放眼世界，提高区域认知能力，培养综合思维习惯，争做具有国际视野的地球公民。
15	声音的艺术	以音乐审美为核心，以兴趣爱好为动力，面向全体学生，注重个性发展，重视音乐实践，鼓励音乐创造。
16	多样中学体育	围绕"自主健身"的核心素养，强化多种运动体验，着重提升基本运动能力，培养自主健身的习惯和行为，积累体育文化资本。

（续表）

序号	学科理念	建设理念
17	多彩中学美术	为学生打开多彩世界的大门，让艺术精彩点亮学生的心灵；精心准备每一节课，善待每一个学生。
18	P.I.E. 化学	P.I.E. 是 pleasant（令人愉快的）、interesting（有趣的）、efficient（有效率的）三个单词的首字母。化学学习是令人愉快的过程，学习的内容也是有趣的。单词 pie（派）就是一种人们熟悉、喜爱的小点心。一个化学小实验、一个师生或生生互动环节、一份尽可能没有负担的练习题、一个有趣的科学家故事、一个科学探究的历史片段、一份自制的单元思维导图等，都是课程中美味又可口的"派"。
19	趣味中学科学	让学生初步掌握科学探究的技能，并体验科学探究的乐趣，在探索中体悟人与环境的和谐发展。

（二）"相遇式学科"的评价标准

学校"相遇式学科"的具体建设与活动开展等，主要从以下五个维度进行评价：理念与文化、组织与团队、课程与体系、教学与学习、质量与成果。以每年区级评选优秀教研组为契机，学校每年在校内进行学科教研组自评与选拔评价。以美术学科为例，其学科理念是"多彩中学美术"，即美术学科的学习历程应是多彩而丰富的。美术组的三名教师共同承担教学任务，在团队建设方面营造宽松愉悦、认真负责的氛围。在打造学科课程体系的过程中，由备课组组长牵头，及时跟进集体备课与研讨情况，以学期为频率更新课程体系及内容。在教学与学习方面，重视评价机制和学生反馈，精心设计美术课堂，以提升教学效果。基于这些方面，美术学科组得以在学期末的工作汇报中，在质量与成果上不断推出新成绩，如教科研成果、学生竞赛获奖等。

三、构建"相遇式社团"，拓宽学生课程视野

"相遇式社团"是指在学校"三生"教育理念的影响下，为学生打造的以自选、自愿为基础，以自主、合作、探究、体验为基本要求，以师生共享、家校共建为特点的学生社团。

（一）"相遇式社团"的主要类型

"相遇式社团"的主要类型有科技创新类、艺术人文类、体育竞技类、实践动手类、展演社团类、短课程类。

科技创新类的社团有"张口呼吸，越来越丑""中国'芯'""勇立人工智能潮头""探索记忆宫殿的秘密""现代化交通安全与发展趋势"等。

艺术人文类的社团有"心理学探秘""性格色彩""大山里不一样的童年""三林瓷刻""梦想课程""快乐啦啦操""一起来摄影吧"等。

体育竞技类的社团有"如何玩转帆船赛""街舞""壁球""全甲格斗""快乐乒乓""悠悠球""篮球""舞林外传""台球""高尔夫"等。

实践动手类的社团有"一起做手账""会飞的花朵""小小绣童""快乐厨房""小小布艺师""巧手绳编""魔力纵横（编织）""刮画"等。

展演社团类的社团有"蝶艺""合唱""STEM""奥数""心理游戏""英语剧社""装饰画""书法""打击乐""管弦乐""沪剧"等。

短课程类的社团每年都会根据需求进行不同程度的更迭，数量众多，因此不再一一详述。

（二）"相遇式社团"的评价标准

在完成一年度的社团学习后，学校将依据学生需求、教师兴趣等，参照以下指标来评定"相遇式社团"的执行程度与受欢迎程度，以此来把控社团的实施过程及结果。

有课程方案：有社团配备的课程总体方案或课程实施要求。

有进度计划：有完整、详细的社团开设计划与时间安排。

有教学内容：有符合社团育人目标的教学纲目和具体内容。

有专职教师：开课教师的专业水平应符合教学需要。

有作业展示：定期开展社团内部及校级形式的作业展演或展示。

有评价制度：有针对社团教学内容的反思评价及对学生学习的反馈评价的具体要求。

四、打造"相遇式联盟"，建设家校合作的"无墙公校"

"相遇式联盟"是指在学校"三生"教育理念的引导下，家、校、社形成多重教育环境保障，目的是为学生的安心学习保驾护航。"无墙"是指学校一直在尝试的"破墙"——破的是惯性思维之墙和教室边界，为的是邀请家长进课堂。

（一）"相遇式联盟"的建设要求

1. 建章立制

学校与家委会共同制定《上海市实验学校东校家长联合会章程》等规章，共同学习国内外家校合作的先进经验。此外，学校协助家委会建立了家委会主任及成员任期调整和评估机制、家委会成员行为准则等，并设立了专门的校级家委会办公室、接待室，供家委会处理日常事务、独立接待家长来访。需要校方介入时，则按家校协商流程有序执行。家委会自成立以来，逐步建立并完善了规章制度，确保工作有章可循。从最初由学校扶着前行到如今已能相对独立、自信地开展工作，家委会实现了显著的成长与发展。

2. 深度开放开发资源，促进家校社协同发展

目前，学校与家长合力开发的社科人文、科学素养类课程以及生活技能类、心理健康类微型课程共计七十多个门类，建立二十多个稳定的校外考察基地。这些都是我们在家校合作进程中深度开放开发资源，提升家校育人合力的良好表现。如一年级的"故事妈妈"从短期的微型课程演变成"快乐活动日"课堂，成为学校课程体系中的重要一环。

3. 家校合作课程化，让优质教育惠及全校学生

基于家长教育资源库，学校开发了逐渐常规化、系列化的家长大讲堂微型课程。比如，跨越校园界限，邀请专家、学者、企业家、奥运冠军进校园，以多元化的社会活动构建"相遇式联盟"下的家校合作课程。

开展家长微型课、家长大讲堂活动，做到精心组织，常态展现，反馈及时。一方面，让家长全面了解孩子的学习情况、学校的课程设置、教师的授课情况，加强家校合作；另一方面，通过家长微型课、家长大讲堂活动，引进家长资源与监督力量，在丰富学生学识的同时督促学校改进教学常规，提高教学效果。

表 5-7　家长微型课示例

序号	课题名称	课程类别
1	如何做好一名新闻小记者	语言交往
2	世界武器发展之天空霸主	社科创造
3	极地探索系列之北极动物	社科创造
4	小小科学家之水的故事	社科创造
5	和喜羊羊一起学经济	逻辑探索
6	乐高 EV3 机器人——永不坠落的小车	逻辑探索
7	智能时代,从沙子说起	社科创造
8	中日文化交流的历史发展	语言交往
9	书法美自何处	体艺健强

表 5-8　家长大讲堂示例

序号	课题名称	课程类别
1	编程与应用	逻辑探索
2	驱动电池技术介绍	逻辑探索
3	十年磨一剑——一种原研药的诞生	社科创造
4	走进全甲格斗,唤醒勇敢的自己	体艺健强
5	看到未来,看见自己——一场属于七(3)班的职业生涯规划	语言交往
6	人工智能大潮,怎能缺您?	社科创造
7	博弈论入门	语言交往
8	走进咖啡大师的世界	社科创造
9	百年诺贝尔化学奖钩沉	语言交往

(二)"相遇式联盟"的评价标准

在"三生"教育理念的指导下,在深入开展各类课程、活动的过程中,学校经过十多年的努力,使家校合作逐渐形成了独特的"相遇式联盟";同时,围绕学生的快乐成长与全面发展,倾力打造"无墙公校"。

"相遇式联盟"的评价标准基本围绕"三评网络"进行：第一评是校长信箱；第二评是教师和家长满意度调查；第三评是家长对学校课程的反馈问卷。"三评网络"积极有效地维护了"三生"教育理念下的家校联盟与深度合作机制，有利于学生快乐学习、健康成长。

五、建设"相遇式校园"，注重隐性课程建设

"相遇式校园"是指在学校"三生"教育理念的驱动下，学校的校园环境与文化建设折射出"生命、生活、生态"的光影，在处处彰显文化气息的校园中蕴含隐性课程。

比如，校园十景包括阳光房文化、鱼文化走廊、儿童乐园、好奇熊、安静马、生态园、蝶艺房、爱心雕塑等。这些以"三生"教育理念为底色，用爱心与善意装点的校园文化特色风景，成为校园里温馨愉悦的情感纽带，也是学生受熏陶、受教育的隐性课程所在。

六、探索"相遇式项目"，焕发心愿探究课程活力

"相遇式项目"是指在学校"三生"教育理念的引领下的项目建设。为了实现"培养乐群、博雅、尚美、善思的阳光少年"的育人目标，达成"与生命相连，与生活相通，与生态相融"的课程理念，学校持续不断地研究课程建设思路，历经"良好学习方式养成"与"基于良好学习方式的 M-LABS 心愿课程""真实问题导向下的中小学跨学科项目化学习"等重大课题的数轮研究。

在区级重点课题"基于良好学习方式的 M-LABS 心愿课程"的实施过程中，学校通过积极摸索，确定了小学"快乐活动日"与中学"心愿课程"的发展方向。目前，我们已在小学开设了八十多门活动课程，在中学开设了四十多门心愿课程，逐渐完善与发展了学校课程框架。

第四节 反思谋定课程再出发

在"三生"教育理念的引领下,学校根据"让每一个孩子拥有幸福童年"的办学理念,以及"培养乐群、博雅、尚美、善思的阳光少年"的育人目标,对学生学业与学校课程进行评价,发挥课程管理评价的教育导向和质量监控作用。回望过去十几年的发展,学校在课程规划与实施建设方面取得了显著成效。我们从以下几方面进行回望、总结与反思,以期进一步提升。

一、以科学发展观为引导,为课程发展保驾护航

在两任校长的引领下,在"立德树人"教育思想的指导下,在科学发展观的号召下,学校坚决践行并推进"三生"教育理念,将其全面融入学校各项工作的管理与实施。比如:成立学校课程领导小组,以多轮项目推动学校课程建设;从校长、部门主任到教研组组长三级管理,抓好计划和总结工作;对教学常规进行认真细致的检查,确保课程有效落实;通过"214"教学管理模式,结合行政管理层、学术委员会推门听课的形式,及时收集课堂教学信息,提出解决问题的办法;通过学术委员会"约课"的形式,基于"自荐—资格审核—听课—反馈"的步骤,有效解决学科、课程中悬而未决的问题;借助外聘专家的力量,成立相应的指导委员会,进行课程的深度开发和评价等。

通过一系列管理和制度上的实施与完善,学校不仅为课程的良性循环、科学发展奠定了坚实基础,还确保了课程实践与评价发展的机制始终运行在正确的轨道上。

二、以团队责任制为主导，为课程发展保质保量

鉴于九年一贯制的建校体制和规模庞大的师生群体，学校在课程研修与发展过程中长期推行"学科＋年级"的团队责任制。简而言之，团队责任制是指教研组组长是课程资源的优化责任方，年级组组长是年级课程的具体管理方。在落实好"团队责任制""学科品牌建设"等的基础上，学校在课程建设与发展方面着重加大投入力度，确保课程整体发展的优质与高效。

在跨学科、拓展型课程中，如社会实践考察、家长大讲堂、学生讲座、英语角、微型课程等，除了实行团队责任制外，学校还大力整合家长、社区课程资源，共同促进学科研修、提升课程质量，为课程发展保质保量。如 2020 年的学校读书节以中学语文教师为主导，以家长资源——喜马拉雅 App 团队为辅助，共同打造"喜马拉雅"线上实验东校特别窗口，为全校学生创建新型、信息化阅读课程学习平台。

在课程开发方面，学校积极打造课程联合体，如与兄弟学校联合开发课程（实验教育集团、教育联合体），引进兄弟学校的成熟课程并加以校本化实施等。比如，"创客马拉松"连续几届在师资整合、活动开发的基础上，专门为热爱科学、热爱创新的学生搭建施展才华的舞台。

三、以评价促管理，为课程发展打造"护甲"

在前文提及的学校课程实施与评价的六条途径中，我们重点强调了各层级的不同做法与形式，为学校课程规划与实施提供了有利条件。在学校组织管理方面，亦有多条途径。以整体评价促课程整体管理的方式，以点带面，确保多条评价途径并行不悖。

比如，学校成立课程质量控制部，旨在全面了解学校教育服务工作的实施质量，尤其是课程执行情况。该部门主要由行政干部、部分教师、家委会成员共同参与，通过问卷调查、家长投诉、座谈例会的形式了解课程的具体需求、课程实施中出现的问题、家长对学校课程的满意度等情况，并将相关内容及时反

馈给有关年级与个人，以确保课程整体实施的效果。

又如，学校长期开展社区开放日活动，邀请家长到校参与学生学习、深入课堂观察、寻找课程实施中的问题，广开渠道倾听家长和社区的意见。期中期末阶段，学校通过家长满意度的问卷调查及学生座谈会等形式，对教师教学和课程质量等进行评价，有效保证了对课程实施的回应与完善。

四、以专业引导提升课程水平，为后续发展注入能量

学校组织资深教师、专家学术委员会针对各学科特点进行课程评价。同时，学校全面推进课程领导小组将专业评价与学生评价相结合，对课程进行综合评价。这一专业引领的有效发展模式，为整体课程的持续优化提供了源源不断的动力，有效推动了课程的后续发展。

比如，在对拓展型课程评价量表的管理工作中，学校依据上海市中小学课程标准，首先制订了各学科的课程实施计划和要求，再进一步完善了学校的拓展型课程和研究型课程，特别注重以激励为主的评价量表的设计。在《STEM课程学习评价量表》《小学语文合作学习评价量表》《小学英语课本剧表演评价量表》等相继建立、完善、实施的过程中，体现出专业引领的价值。在逐步规范教师对学生课题管理能力的评价考核中，学校制定了研究型课程的学分记录卡。该记录卡主要由教导处和科研室共同负责，采用分阶段考核与全过程评价相结合的方式，对课题成员进行全面评估。在评价过程中，我们融合了个人评价、小组评价、教师评价等多种方式，旨在全面提升学生对课题实施的管理水平。

五、稳步发展中初见成效，为下一阶段谋求动能

从一开始的 6 名学生、7 名教师到现在的三千多名学生、186 名在职在编教师，可见学校的办学规模逐渐扩大、教育理念初步形成，学校课程规模与实践形式发生了显著变化。在此过程中，学校在课程模式、建设经验、组织管理、

评价制度等方面有了一些成效与收获。

（一）现阶段的已有成效

在课程模式方面，学校围绕"三生"教育理念打造的"相遇式课程"是建立在前期三大类课程体系结构基础之上的。三大类课程即基础型课程、拓展型课程、研究型课程。随着核心素养时代的到来，与学校"三生"教育理念更为契合的四大类课程更加科学、人性化，更符合当下学生的发展需求，既凸显了"五育"并举和立德树人，又与《义务教育课程方案（2022年版）》的精神高度一致。

在建设经验方面，学校推崇"自下而上"的课程提升与改良途径，并将其视为课程发展的必然需要。"自下而上"，即学生提出要求，教师自主改良或开发课程，或优化实践教学模式等，共同构筑更贴合教师、学生发展需求的课程体系。比如，从建校之初的几门课程扩展到目前以一百多门课程、五大节日课程、家校合作课程等为发展基础的课程体系，证明了学校师生在自主发起、自主满足需求、家校互助等方面的建设经验是有效的。

在组织管理方面，校长负责制、专项团队管理制、学科年级组责任制、学术委员会约课制、家长委员会协理制、中小学"五课制"[①]等多管齐下，从不同角度对学校课程建设和改革的各个层面和细节进行严格控制和监管，无形中为学校课程建设和改革提供了强大的助力。

在评价制度方面，学校长期以来采取针对课程的不同评价方向与方式，旨在以成果为导向，监测课程质量，维护课程发展方向，并提升课程教育效果。从几乎没有评价体系的状态到构建针对各级各类课程的评价体系，有力地反映了学校课程发展的水平及质量。

表5-9　实验东校各级各类课程评价实施一览表

内容	评测方	评价形式
"相遇式课程"——语言交往、社科创造、体艺健强、逻辑探索	校课程方案专项小组	通过定期座谈、学生访谈等形式，对现有课程模式及内容进行调整、完善，如家长满意度的问卷调查等。

---

① "五课制"是新进教师过关课、新聘教师亮相课、青年教师展能课、资深教师展示课、学科教师推门课五种长期接受监督、促进评价的课型的总称。

（续表）

内容	评测方	评价形式
科创课程	校科创工作小组	以项目评审为评价契机，定期对此类课程展开资料审核、案例交流、专家评价等。
限定拓展课程	小学教导处、中学课程处	以学期为评价周期，定期开展学生测评、教师测评、家长测评等活动。
社会实践课程	中小学德育处	以学年为评价周期，定期开展家长满意度调查、学生学习单抽查、教师座谈会等。
五大节日课程	节庆专项工作小组	邀请家委会协助推进，定期开展活动反馈、访谈、调查等。
家校合作课程——家长大讲堂	中小学德育处	以学年为评价周期，定期开展家长满意度调查、学生学习单抽查、教师满意度调查等。

（二）下阶段的反思提升

在已有办学规模与课程发展模式的基础上，学校将积极反思现有做法，去粗取精，将课程进一步优化，使之能应对即将到来的巨大挑战——学生规模的不断壮大与现有教育空间有限之间的矛盾日益凸显。如何在有限的师资力量的条件下，为更多学生提供多元教育服务，并保证与学生发展需求相匹配的教育质量，成为学校亟待解决的问题。同时，在多元复杂的形势下，深入推广学校作为首批新优质学校所秉持的"三生"教育理念，将是学校下一步发展中的关键所在。

总之，学校要排除万难，将智慧管理与师资调配放在课程发展过程中的重中之重；同时，要兼顾当下中小学生的学习需求与身心发展需求，以优质课程为孵化器，努力培养德智体美劳全面发展的社会主义建设者和接班人。

在教育"十四五"规划的关键时刻，学校同样期待获得更多外部支持，旨在改善学校现有办学条件，适度调整学校教学空间，以期能为更多学生提供多元、公平的优质教育。

（撰稿人　仇虹豪）

第六章

渡美课程：学校，让自己
更美好

上海市上南中学北校（以下简称"上南北校"）创办于 1999 年，是一所依托浦东新区重点中学上南中学开办的全日制公办初中。学校地处南码头路 1347 号，隶属周家渡街道。学校占地面积为 15093 平方米，其中教学楼建筑面积为 10091.48 平方米。此外，学校还配有室内体育馆和 5726 平方米的塑胶运动场。由此，我们为学生提供了一应俱全的教育教学设施，以及优美的校园环境和优良的办学条件。截至 2019 学年，学校有 21 个教学班，在校学生近 700 名。其中，约 80% 的在校学生为本地户籍，约 20% 的在校学生为外来随迁子女。截至 2019 年 10 月，教师的年龄结构如下：35 岁以下的有 10 人，其中 29 岁以下的有 7 人，45 岁以下的有 28 人，五年内退休的有 12 人。教师的职称结构如下：见习教师有 3 人，占比为 5%；二级教师有 15 人，占比为 25%；一级教师有 34 人，占比为 57%；高级教师有 7 人，占比为 12%。学校有区级学科带头人 1 人、区级骨干教师 4 人、校级骨干教师 7 人，教师专业发展梯队逐步形成。（本文中的所有数据截至 2023 年 1 月）

2018 年至今，学校参加了上海市第四期"双名工程"攻关计划。上南北校作为"基于评估诊断的学校课程发展路径及其实践案例研究"的子课题项目学校之一，在前期进行数据调研的条件下，为了传承学校办学优势，推进学校课程建设，提升学校教育品质，促进学校内涵发展，现依据《教育部关于全面深化课程改革落实立德树人根本任务的意见》等文件精神，立足校情，对学校课程体系进行全新的梳理与构建。

第一节　寻找学校课程建设的增长点

经过多年的办学实践，学校在课程设计、课程建设、教育教学、师生发展等方面积累了符合自身特点且比较成熟的经验。近年来，也同时存在一些需要我们思考与解决的问题。

一、教育价值取向与课程发展蕴藏潜力

经过多年的发展积淀，传统文化教育和信息化教育已逐步成为学校的发展方向。学校立足校本教研和校本培训，营造了浓厚的教学研究氛围，具有较大的课程发展潜力。

学校秉承上南中学"爱国、科学、人文"的办学理念，在新时代背景下，提出"奠定每个学生终身良好发展的基础"的办学理念，"怀家国、尚科学、促和谐"的校风，"行博爱、重人本、长专业"的教风，"严修身、勤修业、精修技"的学风，把"素养全面、基础扎实、特长鲜明、视野开阔"作为培养目标。同时，为了实现"幸福成长的精神家园、快乐发展的人生驿站"的办学目标，学校在提升学生综合素养、加强教师队伍建设、完善校本课程体系、强化环境文化功能、做好管理服务保障等方面进行探索和研究。

二、课程体系优化与教师专业素养提升相辅相成

作为浦东新区校本研修学校之一，学校坚持文化立校，通过基础型课程、拓展型课程、研究型课程的有效实施，即基础型课程校本化、拓展型课程主题化、研究型课程社团化，使学校课程适应每一个学生的发展需求。在此过程中，学校注重对学生自主能力和创新精神的培养，逐步形成以主体精神为核心的素质教育模式，也正在逐步形成办学特色。

学校已初步制订了符合自身实际情况的课程计划，并成功开展了一系列学生社团活动、社会实践活动等。这些实践为进一步完善学校课程体系奠定了基础。近年来，学校通过多种途径和平台提升教师专业能力，促进教师专业成长，打造"行博爱、重人本、长专业"的教研团队，如有效课堂的研究、"互联网＋教育"的探索、同伴互助教研模式的有效推进等。同时，在课程管理上，学校不断推动各类基础型课程的校本化实施，努力推进三大类课程的有效整合，进一

步推动教师转变教学观念。这些举措为教师专业素养的进一步提升、学校课程建设和管理的不断进步奠定了良好的基础。

三、教师队伍现状与课程建设产生阻力

调查数据显示，上南北校教师在课程理念、课程开发等方面存在明显的弱势。

从表 6-1 可知，工作 6 年以下的教师占比为 7.54%，与之相关的 30 岁以下的教师比例、硕士研究生学历的教师比例、男教师比例均较低。虽然 50 岁以上的教师比例较高，但是相应的高级职称的教师比例却略低。这些数据反映了教师老龄化问题严重，因此面临潜在的新老交替风险。

表 6-1 教师基本信息的关键数据

男教师	硕士研究生学历	工作 6 年以下	30 岁以下	50 岁以上	高级职称
18.87%	1.89%	7.54%	9.43%	32.08%	9.43%

在"您有没有开发过校本课程"这一问题中，有 43 人（占比为 81.13%）回答没有，这反映了大部分教师在课程领域属于低起点。从表 6-2 可知，一半以上的教师对自己课程建设的自觉性、课程实施的负担等都有较为负面的观点，这就导致了他们对课程开发的积极性不够，且参与度较低。

表 6-2 教师问卷中否定问题的相关数据

题目	非常符合	比较符合	不确定	比较不符合	非常不符合
2. 我感觉学校推进国家课程校本化实施的课程资源不足。	2（3.77%）	18（33.96%）	17（32.08%）	13（24.53%）	3（5.66%）
3. 我认为本学科的校本课程没有关注到学科内容的前沿知识。	3（5.66%）	13（24.53%）	19（35.85%）	15（28.30%）	3（5.66%）

题目	非常符合	比较符合	不确定	比较不符合	非常不符合
12. 我认为学校课程建设主要是校本课程的开发和实施。	7 （13.21%）	22 （41.51%）	18 （33.96%）	6 （11.32%）	0 （0%）
14. 我自己进行课程建设的自觉性还不够。	5 （9.43%）	22 （41.51%）	16 （30.19%）	8 （15.09%）	2 （3.77%）
16. 校本课程的开发和实施增加了我的教学负担。	4 （7.55%）	20 （37.74%）	19 （35.85%）	8 （15.09%）	2 （3.77%）
21. 我还缺乏对学生素养发展情况进行有效评价的方式。	2 （3.77%）	19 （35.85%）	15 （28.30%）	13 （24.53%）	4 （7.55%）

四、学生需求与课程开发形成合力

学生对学校课程有一定的需求，并且涉及种类较为宽泛，也有一定的学习目标和要求，这就对学校和教师的课程开发提出了更高的要求（见表6-3）。学生对学校课程有较高的需求，但学校课程设计还缺少评价措施，因此在落实方面尚有欠缺。学校各部门要强化评价措施的制定，以评价带动课程实施方案的优化和落实，以满足学生的课程需求。

表6-3 学生问卷中需求问题的相关数据

题目	选项	上南北校
4. 对于学校开设的校本课程，如果你来选课，你希望的形式是什么？（单选）	A. 根据自己的兴趣爱好，在学校提供的课程里，完全由自己独立选课	80.37%
	B. 由学校提供必选课程和自己选课相结合	15.89%
	C. 相信学校和班主任，由他们帮我安排学习什么课程	2.80%
	D. 无所谓上什么	0.93%

（续表）

题目	选项	上南北校
5. 你最想参加的校本课程是哪类？（可多选）	A. 学科类	33.64%
	B. 体育类	53.27%
	C. 艺术类	54.21%
	D. 科技类	52.34%
	E. 生活技艺类	42.99%
	F. 益智类	39.25%
6. 你希望通过校本课程的学习达到什么目的？（可多选）	A. 让自己的特长得到发展	87.85%
	B. 培养广泛的兴趣爱好	88.79%
	C. 拓展知识面并提升能力	79.44%
	D. 提升学习成绩	43.93%
	E. 随便玩玩	5.61%
9. 你希望学校采取什么方式对你所学的校本课程进行评价？（可多选）	A. 积分制	40.19%
	B. 汇报展示	42.99%
	C. 作品展览	63.55%
	D. 组织活动进行评价	49.53%

第二节 确定学校课程体系的聚焦点

　　一所好学校要和师生有共同的愿景，即成为更好的自己。学校变得更好，教师变得更好，学生变得更好，家校社协同育人才能更显成效。一所更好的学校的核心竞争力就在于学校特有的课程哲学。

一、教育哲学

教师是知识和灵魂的摆渡人，也是生命的摆渡人，陪伴学生成长，使学生成为更美好（Better）的自己。

Better 的具体化表述就是"美"。上南北校作为老百姓家门口的新优质学校，为学生提供"美"的教育，为每一个学生的终身良好发展奠定基础。

（一）"渡美教育"的提出

周家渡位于浦东新区西南部，相传有周姓船民在此摇船摆渡，由此得名。20 世纪 80 年代，周家渡作为人口导入区，在此接受教育的大多是普通老百姓的子女。2010 年，周家渡作为上海世博会的重要展区之一，经历了一系列改建和发展。世博会后，周家渡的区域环境焕然一新，文化、艺术、体育事业蓬勃发展。周家渡凭借其作为央企总部集聚区、会展中心的独特优势，进一步推动了地区经济、文化建设，为周边学校创造了前所未有的发展机遇。

秉承 2010 年上海世博会"城市，让生活更美好"的主题，自 2016 年起，周家渡开始建设"美好周家渡"，进一步将"美好"理念融入社区的方方面面。

作为辖区内的学校，作为面向全社会的教育单位，作为师生发展的重要场所，上南北校借势发展，将学校的课程理念确定为"学校，让自己更美好"。学校是学生发展的摆渡口，教师是学生发展的摆渡人。我们将"美好"理念传递给学生，为他们的未来发展提供支持和帮助。我们借助"渡美课程"，为每一个学生的终身良好发展奠定基础，真正成为老百姓家门口的好学校。

（二）"渡美教育"的内涵

基于上述教育哲学，学校聚焦"渡美课程"，让每一个从上南北校走出去的学生无论身处何时何处、何种境况下，都有动力、有能力、有持续力发展自己，努力成为一个自食其力、爱生活、能生活、对社会有用的人，进而成为更好的自己。

（三）课程理念

基于学校的办学理念和培养目标，我们希望在促进学校全面发展的同时，为学生提供更好的教育、更好的体验，使其成为更好的自己。这就意味着学校作为学生成长的主要场所，要实现"渡美"的目标，为学生的全面发展奠定基础，即"学校，让自己更美好"。

总之，我们认为，课程是促进学生灵性滋养和智慧增长的载体，它引领着学生的心灵修炼和成长，赋予知识生命的温度，并将生活融入其中，从而重塑学生的生命个体，满足其个性发展需求，促进其智慧不断增长。

二、课程目标

根据新时代发展对未来人才培养的需要，按照国家基础教育的基本要求和中国学生发展核心素养的基本框架，结合学校的教育哲学，以培养全面发展的学生为宗旨，学校提出自己的育人目标，并制定相应的课程目标。

（一）育人目标

学校的育人目标是"让每一个孩子成为更美好的自己"。具体内涵如下：行之美（Better Behaviour），即高雅的道德品质、良好的行为习惯；思之美（Better Mind），即扎实的学科素养、良好的学习品质；体之美（Better Health），即健康的行为、健康的体魄、健康的心理；美之美（Better Beauty），即善于发现美、欣赏美、创造美；创之美（Better Creativity），即紧跟时代的步伐，与信息技术同行，与科技创新为伴；我之美（Better Myself），即发现自我、欣赏自我、成就自我。

（二）课程目标

学校在办学理念的引领下，以课程为载体，以文化融合为方式，以促进学生全面发展为核心，努力实现学校的育人目标。根据"学校，让自己更美好"的课程理念，学校分四个年级制定了与之相呼应的课程目标（见表6-4）。

表 6-4　上南北校不同年级的课程目标

年级	行之美 （Better Behaviour）	思之美 （Better Mind）	体之美 （Better Health）	美之美 （Better Beauty）	创之美 （Better Creativity）	我之美 （Better Myself）
六年级	学习安全守则、行为规范，能友善待人；自身的认识不仅仅局限于课堂。	培养热爱学习、自主阅读的好习惯，形成勤于思考、学思结合的学习方式。	喜爱体育活动，感受其带给自己的快乐；会玩1—2种体育游戏。	培养对美的欣赏能力，激发对艺术的兴趣，培养动手能力。	参与设计、制作有创意的多媒体作品，初步培养一定的想象力和创新意识。	正确认识自我并接纳自我；保持健康积极的心理，相信自己，努力发展自己。
七年级	逐步体会"读万卷书，行万里路"；通过学习法律常识，培养自觉自律意识。	培养基本的自我探究能力，形成自我学习的习惯，培养爱国精神。	养成坚持锻炼的习惯，形成积极的生活态度；掌握1—2项体育运动技能。	学习不同形式的艺术特长，陶冶情操，培养对美的追求、对生活的热爱。	锻炼逻辑思维，对创新有基本的认识，能在学习和生活中对创新有所发现。	学会观察并正确认识自己和他人，学会发现并学习他人的优点。
八年级	培养诚信、敬业精神，在出行中欣赏身边的美。	培养良好的品读能力，注重情感体验，培养尊重世界文化多样性的价值观。	保持运动的兴趣和习惯，形成坚强自信的性格；熟练掌握1—2项体育运动技能。	了解美学发展，培养对美的鉴赏能力和创造能力。	在活动中观察、探索、发现，培养和锻炼观察能力、动手能力和创新能力。	在研究解决问题中逐步形成承担社会责任的意识，在合作探究中提升综合素质。
九年级	培养责任意识，学会向低年级同学传播正能量，做好带头人。	拓展思维空间，培养观察、思考、表达和创造能力，培养宏大的视野和积极的心态。	强健体魄，提升力量、速度、灵敏、耐力等身体素质；掌握2—3项体育运动技能。	形成高雅的审美情趣，学习较为复杂的艺术形式，发展艺术特长。	有自己的想法，敢于创新，不断提升创新能力，发扬科学精神。	认识自我和周围环境，开展初步的生涯探索，掌握一定的生涯规划能力。

三、课程体系

学校在"渡美教育"的教育哲学和"奠定每个学生终身良好发展的基础"的办学理念框架之下，依据"学校，让自己更美好"的课程理念和相应的课程目标，构建包含行之美、思之美、体之美、美之美、创之美、我之美的六大课程模块。丰富多彩的课程共同承载育人功能，实现育人目标。

（一）课程结构

完善的课程体系是促进学生成长的重要载体。学校依据加德纳的多元智能理论，围绕"让每一个孩子成为更美好的自己"的育人目标，将"渡美课程"设置为六大课程领域（见图6-1）。

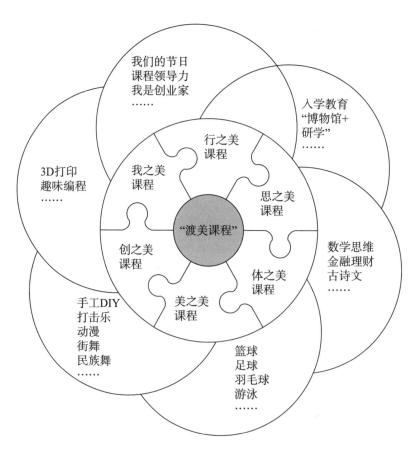

图 6-1　课程结构

这六类课程体现"Better"教育理念，涵盖中国学生六大核心素养，组成"渡美课程"。这六类课程相互融合，共同促进学生全面发展。其中，行之美课程对应德育，思之美课程对应智育，体之美课程对应体育，美之美课程对应美育，创之美课程对应劳动教育，我之美课程对应全面发展。

学校设置的每个课程领域都包含基础型课程、拓展型课程、研究型课程等，旨在满足学生学习需求，为学生发展提供合适的课程选择。

（二）课程设置

学校在严格执行国家基础型课程安排的同时，结合校内课程资源、课程门类，按照不同年级及学期对拓展型课程、研究型课程进行系统建构，旨在培养学生的学习兴趣，满足学生的发展需求。

1. 行之美课程

行之美课程对应德育，旨在培养学生高雅的道德品质，使其养成良好的行为习惯，包括规范友善、自觉明理、诚信敬业、责任励志等（见表6-5）。

表6-5 行之美课程

年级及学期	课程名称	课程内容	课程目标
六年级第一学期	实用医学	学习常见的医学症状、药物功效及简单的急救方法。	了解常见的医学症状、药物功效及简单的急救方法。
	社会实践	走出校园，参观动物园；感受自然风光，感悟大自然的美；撰写参观随笔。	参观动物园，感受自然风光，感悟大自然的美。
六年级第二学期	实用医学	尝试简单分析日常身体不适的原因，并提出恰当可行的措施。	面对日常身体不适的案例，能进行简单分析，并提出解决方案，将理论运用于实践。
	社会实践	走出校园，参观植物园；感受自然风光，感悟大自然的美；撰写参观随笔。	参观植物园，感受自然风光，感悟大自然的美。
七年级第一学期	常见灾害自救互救	学习常见灾害，如地震、火灾、洪涝等；学习简单的自救方法，如地震逃生技巧、消防器材的使用方法、洪涝逃生技巧等。	了解常见灾害，了解简单的自救方法。

（续表）

年级及学期	课程名称	课程内容	课程目标
七年级 第一学期	法律伴我行	运用生活事例、直观影像、有奖竞答等方法，从知法、守法、遵法的意义，学习法律常识。	在师生互动中，引导学生知法、守法、遵法，了解法律常识。
	社会实践	走出校园，参观科技博物馆；直观学习丰富的科学知识；撰写参观随笔。	参观博物馆，了解科学知识。
七年级 第二学期	常见灾害自救互救	学习常见灾害互救方法；能针对情景案例进行指证分析。	了解常见灾害互救方法；能针对情景案例进行指证分析，并将理论运用于实践。
	法律伴我行	运用生活事例、直观影像、有奖竞答等方法，从学法、用法的意义，学会用法律武器保护自身安全。	在互动中学法、用法，学会自我保护；做到"不伤害别人，不被别人伤害"，为创建和谐安全的校园贡献自己的力量。
	社会实践	走出校园，参观历史博物馆；直观学习丰富的历史知识；撰写参观随笔。	参观博物馆，了解历史脉络。
八年级 第一学期	动植物欣赏	通过观影、阅读等形式了解动植物的基本分类和特征。	懂得一些动植物常识，会进行简单的分类；能指出常见动植物的一些简单特征。
	红十字急救小队	学习基本的医学常识；通过不同的手段传播常用且贴近学生生活实际的急救知识。	了解基本的医学常识，了解生活中的急救知识。
	社会实践	走出校园，参观人文景观；踏寻人文脉络、近代历史踪迹；撰写参观随笔。	参观人文景观，踏寻人文脉络等。
八年级 第二学期	动植物欣赏	欣赏各种奇特的动植物。	了解一些奇特动植物的相关知识；会用植物进行简单的布置，具有审美眼光。
	红十字急救小队	针对突发急病的情景案例，给出相应措施；利用模型道具进行演习操作，将理论运用于实践。	将急救知识运用于实践。

（续表）

年级及学期	课程名称	课程内容	课程目标
八年级第二学期	社会实践	走出校园，参观古镇；踏寻历史脉络，直观学习民间非遗文化；撰写参观随笔。	参观古镇，踏寻历史脉络，了解民间非遗文化。
九年级第一学期	旅游与文化	认识国内著名景点，欣赏国内自然景观和人文景观，通过旅游深入了解中国历史文化。	掌握旅游文化的概念及类型；识别国内著名景点；熟悉旅游与文化的关系、中国旅游文化的特征；从旅游中感受自然、人文之美。
九年级第一学期	安全宣讲员	学习制作安全知识手册。	制作一本安全知识手册。
九年级第一学期	社会实践	走出校园，参观历史遗迹；踏寻历史脉络，了解历史变迁；参观中共一大会址，了解党的创立过程；撰写参观随笔。	参观历史遗迹，踏寻历史脉络，了解历史人文知识。
九年级第二学期	旅游与文化	认识国外著名景点，欣赏国外自然景观和人文景观，通过旅游深入了解各国历史文化。	掌握旅游文化的概念及类型；识别国外著名景点；熟悉旅游与文化的关系、各国旅游文化的特征；从旅游中感受自然、人文之美。
九年级第二学期	安全宣讲员	向低年级同学宣讲安全知识。	了解如何向低年级同学宣讲安全知识。
九年级第二学期	社会实践	走出校园，参观爱国基地；踏寻历史脉络，了解党的光辉历程；撰写参观随笔。	参观爱国基地，踏寻历史脉络，培养爱国情怀。

2. 思之美课程

思之美课程对应智育，旨在引导学生提升学科素养，培养良好的学习品质，包括良好习惯、浓厚兴趣、得当学法、优化品质等（见表6-6）。

表 6-6 思之美课程

年级及学期	课程名称	课程内容	课程目标
六年级第一学期	巧算24点	掌握24点的多种解法和计算公式。	了解24点的计算法则和计算方法。
	《论语》解读	解释与品读《论语》。	了解文言文的一般常识,能掌握重点字词的读音、含义及一些虚词的用法。
	有趣的数学史	培养收集和分享数学史知识的能力,加深对数学发展历程的了解,弘扬数学家的榜样精神。	对数学发展历程有一定的了解,并能掌握基本的收集数学史知识的能力。
	古诗词鉴赏	朗读并理解古诗词的诗意,了解古诗词的作者等。	学习古诗词的文化常识,感受古诗词的魅力。
	英语音标练习	学会说音标。	掌握48个音标的真人发音、口形图、文字要点说明和单词发音示例。
	红色经典电影欣赏	借用红色经典这一媒介,对红色文化追根溯源,了解抗战时期的红色经典。	学习抗战时期的中华民族精神。
	数学思维训练	借助身边的数学题,养成对数字的敏感性。	对数学产生浓厚的学习兴趣,提高学习数学的欲望。
六年级第二学期	巧算24点	24点的分类讨论和逻辑思维训练。	学习加、减、乘、除四则运算,能快速计算或用多种方法计算。
	《论语》解读	解读与品析《论语》。	了解儒家思想核心和《论语》中的思想内涵。
	有趣的数学史	培养健全人格,激发内在情感、学习兴趣和积极态度,加深对数学价值的了解。	从新的角度看数学,深化对数学的理解,促进人格成长,形成辩证唯物主义世界观,了解数学的应用和文化价值。
	古诗词鉴赏	背诵并理解古诗词的诗意,了解古诗词的作者等。	了解诗人创作诗词时的心情与创作情境。
	英语音标练习	在实际中运用音标进行交流。	通过跟读对比、单词听写、音标听写等多种形式的选择题进行练习和测试。

（续表）

年级及学期	课程名称	课程内容	课程目标
六年级 第二学期	红色经典 电影欣赏	借用红色经典这一媒介，对红色文化追根溯源，了解与为祖国伟大复兴而奋斗相关的红色经典作品。	加强学生素质教育，并开展共产主义理想信念教育。
	数学思维 训练	从平面数字到立体图形，培养基本的空间思维能力。	在学习过程中体会数学的价值。
七年级 第一学期	短小文言 故事演绎	讲述文言短故事、成语故事等。	了解文言故事，扩展阅读面，培养听说能力。
	数独训练	训练思维的灵活性，同时提升全方位看问题的能力。	通过学习训练，能逐渐掌握九宫格游戏的规则和技巧。
	学着读几 本文学 作品	选择王蒙的《青春万岁》、史铁生的《我与地坛》进行阅读。	阅读文学作品，了解作者、创作背景、作品内容与意义，交流讨论并分享心得体会。
	英语大 家说	通过听说练习，提高英语听说及运用表达能力。	能听懂一些地道的日常用语，并理解其含义。
	走进经典 文化	依托"古诗文大赛"，走进经典诗文，品读、积累、赏析优秀诗文。	品读内涵与情感，记诵名言与佳作。
	英语阅读 能力训练 与培养	通过阅读英语文章，培养学习英语的兴趣。	阅读英语报刊，培养阅读习惯和思维。
	拓展数学 思维	通过学习数学拓展题，培养学习数学的兴趣。	开拓数学思维，培养综合运用能力，解答生活中的数学难题。
	数学思维 训练	通过简单有趣的题目，培养空间思维能力，做到数形结合。	对数学产生浓厚的学习兴趣，提升学习数学的欲望。
七年级 第二学期	短小文言 故事演绎	讲述文言短故事、成语故事等，用自己的语言表达书写。	了解文言故事，扩展阅读面，培养听说能力和书面表达能力；传承优秀文化，增强文化底蕴。

（续表）

年级及学期	课程名称	课程内容	课程目标
七年级第二学期	数独训练	通过数独游戏，激发脑细胞活力，促进脑部发育，提高逻辑思维和判断能力。	锻炼思维能力。
	学着读几本文学作品	选择马克·吐温的《汤姆·索亚历险记》等作品进行阅读。	阅读文学作品，了解作者、创作背景、作品内容与意义，交流讨论并分享心得体会。
	英语大家说	通过听说练习，提高英语听说及运用表达能力。	能听懂一些地道的日常用语，并学会表达。
	走进经典文化	依托"古诗文大赛"，走进经典诗文，品读、积累、赏析优秀诗文。	积累文化与常识，赏析意境与手法，提升兴趣与能力。
	英语阅读能力训练与培养	拓展英语词汇量，提升综合运用能力。	培养阅读英语文章的能力、习惯和思维。
	拓展数学思维	拓展数学思维，提升综合运用能力。	开拓数学思维，提升综合运用能力。
	数学思维训练	在数形结合的基础上，根据不同条件进行分类讨论。	培养数学逻辑思维和开放式思维，在学习过程中体会数学的价值。
八年级第一学期	英语听说拓展	进行口语话题训练。	进行阶段口语对话训练，能流畅表达。
	西方哲学家介绍	按时间顺序介绍主要的西方哲学家及其思想。	介绍西方哲学家的思想渊源，提高人文素养和增强责任意识。
	西方经济史介绍	初步了解西方经济发展史。	了解经济学说的演化和派系。
	旅游与文化	欣赏自然景观和人文景观，通过分析国内外旅游业的代表性地区，了解旅游与文化的互相影响。	掌握旅游文化的概念及类型；熟悉旅游与文化的关系、各国旅游文化的特征。
	我也来读文学作品	阅读文学作品，了解作者、创作背景、作品内容与意义。	阅读部编版教材中的名家名篇，促进理解。

（续表）

年级及学期	课程名称	课程内容	课程目标
八年级 第一学期	影视中的历史	选择与教学内容相关的代表性的影视作品，欣赏、交流、探讨影视作品是如何讲述历史的，知道该怎样理解。	认识到影视作品是一种艺术表现形式，不可能再现历史；能体会个人或时代对历史的一种理解；推荐一部影视作品，并阐述推荐理由。
	趣味英语影片观影	欣赏代表性的优秀英语电影，对经典语录、短语进行摘录和提炼。	挖掘学习英语的潜能；改变一些观念和做法，激发学习兴趣。
	数学思维训练	在数形结合的基础上，根据已经学习过的知识，对新的题型和知识进行类比与转化。	形成数形结合思想和类比转化思想。
	物理实验	知道基本仪器的用途、主要构造及各部件的作用；记述基本仪器的操作方法；知道实验中需要观察的对象及基本现象，记住现象说明的基本问题。	能记住学习过的实验内容以及实验过程的回忆和识别。
八年级 第二学期	英语听说拓展	提高英语口头表达能力。	能较流利地围绕一些话题进行交流。
	西方哲学家介绍	联系社会背景，研讨主流思想的演变，并联系自身所处环境进行思考。	通过对马克思及其继承者的介绍，提高辨别能力。
	西方经济史介绍	能对西方经济发展史进行详细解说。	知道不同时期经济学说的特点和派系之间的区别。
	旅游与文化	了解旅游与文化的互相影响以及旅游文化与经济之间的关系。	了解旅游文化对旅游业的重要作用，以及旅游业对一个国家经济发展的重要性。
	我也来读文学作品	阅读文学作品后，进行交流讨论，分享心得体会。	阅读部编版教材中的名家名篇，促进理解。
	影视中的历史	选择与教学内容相关的代表性的影视作品，欣赏、交流、探讨影视作品是如何讲述历史的，知道该怎样理解。	认识到影视作品是一种艺术表现形式，不可能再现历史；能体会个人或时代对历史的一种理解；推荐一影视作品，并阐述推荐理由。

（续表）

年级及学期	课程名称	课程内容	课程目标
八年级 第二学期	趣味英语影片观影	进行情节表演、口语练习。	自觉利用课堂以外的机会获取英语知识，并锻炼英语技能。
	数学思维训练	在类比和数形结合的练习下进行分类讨论。	学习数形结合思想和分类讨论思想。
	物理实验	懂得常用仪器的构造原理和读数方法，理解重要实验的原理；明确实验中运用的物理知识和需要观察的物理现象，能运用所学的物理知识对观察的现象和测量的结果进行正确的判断、解释和分析。	能初步理解实验的原理、步骤、方法、操作规程、注意事项和要点。
九年级 第一学期	数学思维训练	根据以前所学进行系统的练习，形成重要的数学思维。	形成重要的数学思维。
	物理实验	会设计实验步骤和选择实验仪器，并会用不同的方法进行实验；会通过观察、分析、计算得出结论，并用结论来解释其他有关的问题。	能运用学过的实验知识和方法解决新情况下的简单问题。
	化学实验	明确观察的对象、条件和要求，能积极开动脑筋，使头脑中的认知结构积极影响观察，以理解观察对象，使观察更为深刻、全面。	培养实验观察能力。
九年级 第二学期	数学思维训练	运用形成的数学思维进行题目解答、难题挑战等。	学习重要数学思想在解题中的应用。
	物理实验	能正确理解实验目的、原理、方法与步骤之间的关系；理解一个实验系统的局限性，并力求寻找改善的方法；根据实验结果，提出新的假设，设计出新的实验方案。	掌握有关重要实验的设计思想，提出改进的方法，并能设计一些新的实验。
	化学实验	能独立完成实验操作，并能将已掌握的实验原理知识和操作技能迁移到新的问题情境中。	掌握实验操作技能。

3. 其他课程

体之美课程对应智育，旨在促使学生养成健康的行为，拥有健康的体魄和健康的心理，包括健康意识、健身习惯、提升体质、强身健体等。

美之美课程对应美育，旨在引导学生善于发现美、欣赏美、创造美，包括审美意识、陶冶情操、温润心灵等。

创之美课程对应劳动教育，旨在引导学生紧跟时代的步伐，与信息技术同行，与科技创新为伴，包括体会劳动、参与劳动、职场体验、生涯规划等。

我之美课程对应全面发展，旨在引导学生发现自我、欣赏自我、成就自我，包括自己和我、他人和我、社会和我、未来和我等。

德育课程旨在引导教师和学生建立一种信赖关系，将德育浸润在日常生活中，包括学科德育课程、常规德育活动课程、特色德育活动课程。

拓展型课程（研学课程）旨在拓展教育的边界，引领学生走出课堂，走向广阔的天地，包括限定和自选课程。这类课程的课堂是提升学生综合素质的动态课堂，也是行走的课堂。

第三节　形成学校课程实践的立足点

学校通过建设"Better 课堂"、落实"Better 学科"、打造"Better 团队"、营造"Better 校园"等方式，进一步推进学校课程建设，有效实施校本课程，提高全体教师的课程领导力和执行力。

一、建设"Better 课堂"，提升课堂教学有效性

"Better 课堂"是师生共同成长的课堂，因此我们既要关注教师的教，也要关注学生的学，强调教学相长。

"Better 课堂"通过教学五环节的规范落实和以学生为中心的课堂实践，以

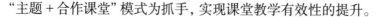

"主题＋合作课堂"模式为抓手，实现课堂教学有效性的提升。

（一）"Better 课堂"的实践操作

备课的精心是指根据课程标准和教学要求，分析学情和教材，确保教学目标的适切性、教学预设和问题预设的前置性、教学环节设计的完整性、教学内容设置的主题化。

上课的动心是指根据既定教案进行教学，搭建学生学习活动平台，关注完成教学任务的方式，强调合作学习的重要性，注重以学生为中心的课堂教学以及课堂生成资源的合理利用。

批改的细心是指关注作业的适切性，深入研究分层作业设计，探索生生互助（同伴互助）模式。

辅导的放心是指根据学生实情，有的放矢地进行个性化辅导，实现堂堂清、日日清、周周清、月月清。

测试的用心是指认真研究课程标准和评价标准，在研究命题的同时，提高自身的解题和命题能力，确保测试的有效性。

（二）"Better 课堂"的评价标准

学校根据"Better 课堂"的内涵，调整校本化课堂评价方式，从教师的教和学生的学出发，设计评价表（见表6-7）。

表 6-7 "Better 课堂"评价表

教研组		姓名		学科	
时间		授课班级		节次	
课题					
评价指标	教学目标	教学内容	教学过程	教学效果	教师素养
分值	15	20	40	15	10
评价得分					
教学评价					

（续表）

教学亮点	
教学建议	

总分		等第		评议人	

备注：累计得分 85 分及以上为优，75—84 分为良，60—74 分为中，60 分以下为差。

二、落实"Better 学科"，增加学科的多样性和丰富性

在严格执行国家课程方案中关于基础型课程的课程标准的基础上，我们致力于建设"Better 学科"。在这一过程中，我们紧密结合学校的育人目标和课程理念，根据学生的发展需求，对学科基础型课程进行拓展、探究，从而构建"渡美"课程群，以此来完善学生的学科知识体系，激发他们的学习兴趣，培养他们的学习研究、创新能力，充分发挥他们的主体地位和主观能动性，从而更好地发展他们的个性与特长。

（一）"Better 学科"的实践操作

1. "Better 语文"课程群

"Better 语文"课程群围绕语言掌握与运用、思维拓展与延伸、审美形成与提高、文化理解与传承等核心素养，以语文课程标准为基础，构建了生活化的语文课程群。比如，六年级的"《论语》解读""古诗词鉴赏"涉及的内容包括文言文的一般常识、重点字词的读音和含义、一些虚词的用法等，旨在帮助学生打好古诗词学习基础。七年级的"短小文言故事演绎""学着读几本文学作品""走进经典文化"等课程致力于让学生品读内涵与情感、记诵名言与佳作，在传播中华优秀传统文化的同时激发学生的爱国热情。八年级的"我也来读文学作品"结合部编版教材中的名家名篇，旨在带领学生在拓展课上一起阅读相关作品，了解作者、创作背景、作品内容与意义等，加深对教材选段的理解。

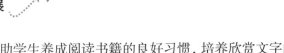
"整本书阅读"等课程旨在帮助学生养成阅读书籍的良好习惯,培养欣赏文字的能力,通过表达养成思考的习惯,也能提升写作能力。

2. "Better 数学"课程群

"Better 数学"课程群围绕数学运算、逻辑推理、数学建模等核心素养,在知识技能、数学思想、思维品质三方面进行课程构建。比如,六年级的"巧算24点"以游戏、比赛形式培养学生的数学兴趣、数感、运算能力。学生通过学习"有趣的数学史",可以了解数学的相关历史发展,激发探索欲。七年级的"数独训练"通过游戏、比赛形式培养学生的数学兴趣,提高学生的推理能力、运算能力以及分析和解决问题的能力。八年级和九年级的"数学思维训练"旨在培养学生的数形结合思想和分类讨论思想,促进学生数学思维品质的形成。

3. "Better 外语"课程群

"Better 外语"课程群围绕语言听说能力、思维品质、文化品格等核心素养,在语言交流、阅读分享、文化体验等方面进行课程构建。学校依据英语课程标准,由易到难地开设各类拓展型课程。比如,低年段主要开设了"英语音标练习""英语大家说""英语阅读能力训练与培养"三类拓展型课程。在"英语音标练习"中,学生不仅可以熟练掌握48个音标的发音,还可以进行跟读对比、单词听写、音标听写等形式的选择题练习。在"英语大家说"中,学生可以通过听说练习,听懂一些地道的英语日常用语,理解其含义,从而提高英语听说能力及运用表达能力。在"英语阅读能力训练与培养"中,教师选用英语报刊文章作为阅读材料,分阶段呈现由易到难的内容,旨在培养学生的阅读习惯和思维。高年段主要开设了"英语听说拓展""旅游与文化""趣味英语影片观影"三类拓展型课程。在"英语听说拓展"中,通过话题口语训练,让学生围绕一些话题较流利地进行交流,从而提高学生的英语口头表达能力。在"旅游与文化"中,通过欣赏自然景观和人文景观,分析国内外旅游业的代表性地区,了解旅游文化对旅游业的重要作用,从而认识到旅游业对一个国家经济发展的重要性。在"趣味英语影片观影"中,通过欣赏代表性的优秀英语电影,提炼经典语录与短语,并根据影片情节,进行口语练习、模仿及表演,从而挖掘学生学习英语的潜能。

4.“Better 理科”课程群

“Better 理科”课程群包括物理、化学、信息科技三门学科的拓展型课程。它以学科课程标准为基础，围绕科学思维、科学探究、科学态度与责任等核心素养，遵循关注生活、理解生活、走进生活的原则，在学生的学习兴趣、生活实践、科学创新三方面进行课程建构。比如，六年级的“多媒体制作”“Flash 入门”致力于让学生在掌握软件基本功能的基础上，设计和制作有创意的多媒体作品、Flash 作品，感受多媒体技术的强大魅力，提升创新能力。在七年级的“STEM 之编程”中，通过学习编程知识，学生既锻炼了逻辑思维能力，也提升了创造力和想象力。在八年级的“电子制作社”中，学生既提高了对电路、电子元件的认识以及焊接技术，也体会了电子制作的乐趣，进而激发了科学学习、科学探究的动力。在九年级的“物理实验”“化学实验”中，通过专门的实验拓展课程，培养学生的观察能力、动手能力和科学探究能力。在九年级的“生活中的化学”中，让学生感受化学与生活的紧密联系，开阔学生视野，激发学生学习化学的兴趣，丰富学生的科学知识。

5.“Better 文科”课程群

“Better 文科”课程群包括“红色经典电影欣赏”“西方哲学家介绍”“西方经济史介绍”“影视中的历史”等课程，依据学科课程标准，从历史文化角度构建拓展型课程。比如，六年级的“红色经典电影欣赏”借用红色经典这一媒介，对红色文化追根溯源，帮助学生学习百折不挠的中国文化精神，激发学生的爱国主义情怀。八年级“西方经济史介绍”和“西方哲学家介绍”带领学生了解西方经济的发展史与西方哲学家思想，使学生通过教师的解说和自我的探究学习，知道不同时期经济学说的特点和派系之间的区别，研讨主流思想的演变并联系自身所处环境进行思考，从而认识到经济的发展和思想的进步都与国家的发展息息相关。八年级的“影视中的历史”选择与教学内容相关的代表性影视作品，带领学生欣赏、交流、探讨影视作品是如何讲述历史的，以及该怎样理解，使学生认识到影视作品是一种艺术表现形式，不可能再现历史，同时使学生能体会不同的人或不同的时代对历史的理解各不相同，因此需要有自己的判断与看法。

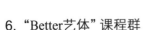

6. "Better艺体"课程群

"Better 艺体"课程群包括体育、美术、音乐等学科的拓展型课程。作为浦东新区艺术教育特色学校、浦东新区体教结合特色学校,上南北校为了满足学生不同的发展需求,积极推行"让学生拥有基本运动素养和艺术鉴赏能力"的教育理念,推进艺体特色课程建设。

学校在学科课程标准的基础上,通过对学生知识技能、人文情感、审美情趣等方面拓展,构建了"Better 艺体"课程群,开设了"羽毛球""足球""体姿修复""健身操""民族打击乐""衍纸艺术""戏曲""戏剧""十字绣""国画""钻石画""街舞""优秀电影赏析""服饰配件"等一系列拓展型课程。

7. "Better Myself"课程群

"Better Myself"课程群包括心理课、班会课、红领巾督导大队培训、少先队活动等。"Better Myself"课程群坚持以学生为本,围绕学生的全面发展、个性发展和可持续发展,落实素质教育,在教育教学规律和学生身心成长规律两方面进行课程建构。比如,在六年级的"我手画我心"中,学生通过绘画了解到自己的内心世界,意识到人的内心是丰富多彩的,发现了自己内心的积极力量,培养了适应改变、战胜困难、迎接挑战的积极品质。在七年级的"遇见曼陀罗"中,学生通过曼陀罗绘画,透过精密的图腾、坛场能量、几何体结构奥秘、色彩的力量,创造强有力的能量圈,增加安全感,进而减少焦虑和恐惧,强化心理适应功能。七年级的"民防教育"作为国防教育的一个组成部分,有利于唤醒学生的国防意识,激发爱国热情,培养吃苦精神,增强集体主义和组织纪律观念。在六年级到九年级的"红领巾督导大队培训"中,对学生进行行为规范检查要点培训,培养了学生参与学校管理的能力,督促了全校学生良好行为习惯的养成,更是促进了良好班风、校风建设。在六年级到九年级的"少先队活动"中,学生通过了解共青团的基本知识和基础理论,交流思想认识及学习体会,树立崇高理想,争做一名合格团员。在六年级到九年级的"班会课"中,围绕特定主题对学生进行教育,促进和谐班集体的形成,引导学生进行自我教育、自我管理、自我完善。

（二）"Better 学科" 的评价标准

学校根据 "Better 学科" 的内涵，进行学科评价方式的调整，从学科的整体设计方案出发，通过问卷调查进行教师评价和学生评价（见表 6-8 和表 6-9）。

表 6-8　关于 "Better 学科" 的教师问卷

序号	题目	评分
1	你认为你所任教的学科贯彻学校办学理念的达成度	
2	你认为你所任教的学科实现学校育人目标的达成度	
3	你认为你所任教的学科满足学生发展需求的达成度	

表 6-9　关于 "Better 学科" 的学生问卷

序号	题目	评分
1	你认为你所学的学科满足自身学习需求的达成度	
2	你认为你所学的学科满足自身发展需求的达成度	
3	你认为你所学的学科满足自身升学需求的达成度	

三、打造 "Better 团队"，提升团队凝聚力

（一）以主题教研为抓手，打造 "Better 教研组团队"

学校的教研组活动已经做到 "两定两有"，即定主题、定思路，有方法、有内容。比如，学校利用一月一次的原教职工大会时间进行教研组活动，从时间上保障了教研组活动的常规化建设。同时，学校会在学年计划和学期计划中提前预设每个教研组活动的主题，如通过小组共读一本书、推荐文章、集体备课等形式，进一步提升教研组活动的有效性。

（二）以青蓝坊为载体，打造 "Better 教师梯队"

依据教师专业标准，把握学校转型发展契机，我们以教师专业发展为本，以教师梯队建设为抓手，以 "青蓝工程" 为突破口，致力于全面提高教师队伍整

体素质，逐步完善学校师资的自培和他培；同时，坚持师德与师能同建，坚持专业与特长相结合，坚持专家引路三大原则，旨在提高教师专业发展的针对性、有效性，培养一支行博爱、重人本、长专业的教师队伍。

（三）以"感动上北"为媒介，打造"Better 教师榜样"

"感动上北"是上南北校自 2015 年开始开展的十大"好教师"评选活动。教育的岗位在于平凡，教育的美在于平时。因此，教师要学会善于发现身边的美、身边的好，用身边的榜样互相激励。在一年一度的教师节，学校举行颁奖大会，并邀请全体师生、家长以及来自社区的代表共同参与。这一活动得到了一致好评。

四、营造"Better 校园"，提升办学品质

良好的校园环境能对学生起到陶冶心灵、提升审美情趣、建立和谐人际关系、提高精神境界等作用。因此，校园环境作为学校的隐性课程，能在学生的成长过程中产生深远影响。

（一）建设班级文化

通过建设班级文化，形成班级的价值观、建设目标、文化元素等；通过创建温馨教室，积极引导学生建立和谐的师生关系，营造融洽的学习氛围，培养积极的班级精神。

（二）打造楼道文化

根据学校的特色发展和特色课程，我们积极打造主题鲜明的楼道文化，以彰显办学特色，展示师生风采。同时，我们以学校的文化精神、传统节日文化特色以及艺体特色项目为载体，形成术业有专攻的氛围。

（三）改造校园环境

校园环境以其四季分明的特色，构建了一个生动而多变的自然教育画卷。学校精心划分了多样化的环境区域，每个区域都承载着独特的教育意义与功能，旨在为学生提供一个既美观又富有启发性的学习空间，进而形成学校的特色课程。

第四节　反思学校课程管理的核心点

"渡美教育"作为学校的教育哲学，应该体现在学校工作的各个层面上。同时，"学校，让自己更美好"的课程理念，也应该扎实地落实于学校的教育教学工作中，以此来引领学校文化的形成、课程建设的完善、教师的专业发展和学生的全面成长。

一、课程管理架构

由校长室成立课程领导小组，负责统一领导，通过学生发展部和教师发展部分别发挥不同功能，保证课程得以正常、有序、有效、科学运作。教师发展部是三类课程的管理部门，通过制定教学常规管理制度等，指导和规范基础型课程的教学管理，如排课表、统计成绩、整理反馈，保障课程有序进行。教科研主任根据拓展型课程实施方案管理学生的自主拓展课程，相关团队负责开设研究型课程等。学生发展部是学生学习课程、参与课程、评价课程的管理部门。课程评估组负责评价课程、评价教师，保证课程的高质量、科学性。

二、课程实施形态

为确保学校课程的有效实施，我们采取多种方式丰富和拓展学校的课程内容。

行政班授课模式：基础型课程和限定拓展课程通过行政班进行授课，实施分层指导和分类要求，以适应不同学生的需求。

走班制授课模式：对于自主选修课程，学校采用走班制，允许学生根据自己的兴趣和能力自由选择课程，打破班级和年级的界限。

专用教室授课模式：学校为自主选修课程配备了专用教室，采用教师固定教室、学生流动上课的方式，以提高教学的灵活性和专业性。

三、课程管理制度

学校根据实际情况，结合自身特色，提出三大类课程实施执行中的目标要求（见表6-10）。

表6-10　上南北校三大类课程的目标要求

课程类型	目标要求
基础型课程	夯实基础，优化教学，重视方法。整合教材内容，研究实施策略，充分发挥教师主导、学生主体作用，以学生为本，提倡教授知识、传授方法、启发思维和引导研究相结合，研究并推进符合学科特点、体现学科规律、具有自主学习特点的学科教学。坚持在基础型课程中培养学生良好的学习习惯和积极向上的学风，着重落实基本常规的学习。
拓展型课程	提出原则，注重结合，突出"三性"。坚持"三个原则"，即基础原则、多样原则、综合原则。注重"三结合"，即与时代特点相结合、与社会生活相结合、与学校实际相结合。根据学校师资力量和传统优势科目，突出"三性"，即科学性、人文性和艺术性。
研究型课程	弹性操作，多元整合，讲究实效。研究课题要将教师提供和学生自选相结合，研究组要将个体和群体相结合，研究范围要将学科知识和社会热点、生活应用、自然环境相结合，研究方式要将教师、家长、专家的方法指导和学生的自主研究、实践相结合，研究过程要将课内集中指导和课外分散研究相结合，研究手段要将调查、实验和运用现代信息技术相结合。

比如，学校制定了《上南北校教学常规管理制度》，用于指导和规范基础型课程的教学管理。同时，学校制定了比较完善的拓展型课程实施方案，并提出"三要求"，即有教学目标要求、有过程设计要求和有检测评估要求，以此来管理拓展型课程。学校要求每名教师至少能开设一门拓展课，并积极鼓励教师编写校本教材。同时，学校加强对研究型课程的管理，着手制定学生研究型课程手册，要对确定的课题、研究的过程、存在的问题、教师的指导、

结题的形式、评价的结果等有规范记载。

四、学校课程评价

学校课程要建立促进学生素质全面发展的评价体系，也要建立促进教师不断提高的评价体系，还要建立促进课程不断发展的评价体系。这是学校课程评价体系的三项核心任务。

（一）评价对象及原则

第一，学生评价不仅要关注学生的学业成绩，还要发现和发展学生多方面的潜能，了解学生发展中的需要，帮助学生认识自我并建立自信。同时，发挥评价的教育功能，促进学生在原有水平上的发展。

第二，教师评价要强调教师对自己教学行为的分析与反思，建立以教师发展性评价、自评为主的评价体系，以及校长、教师、学生、家长共同参与的评价制度，使教师从多种渠道获得信息，不断提高专业发展水平。

第三，课程评价要周期性地对学校课程的执行情况、课程实施中的问题进行分析与评估，调整课程内容，改进管理，形成课程不断革新的机制。

（二）评价内容

学生评价通过考核制、学分制和多元评价，不仅关注学生的学业成绩，还能发现和发展学生多方面的潜能，促进学生全面发展。学生评价涉及的内容有参与课程学习的成效、特长形成和发展、潜能培养等。

教师评价应着重强化教师对其教学实践的深入分析与自我反思，构建以教师专业成长为导向的发展性评价机制，并不断鼓励教师成为评价主体，持续推动其专业素养与教学能力的全方位提升。教师评价涉及的内容有专业化发展趋向、课堂教学成效、实施课程的基本能力等。

课程评价旨在深入分析学校课程执行的现状与成效，精准识别课程实施过程中的挑战与问题。同时，基于这些评价结果，灵活调整课程内容，优化教学管理策略，从而构建持续迭代、不断革新的课程发展机制。课程评价涉及的内容有课程结构、课程计划、教学进度、教材适用性、课程实施成效、行政支持成效等。

（三）定量与定性相结合的评价

采用多元化、发展性的评价方式，如可用档案袋评价记录学生参与课程的过程，以收集相关资料，也可记录教师在教学实施中的专业发展轨迹，以描述性评价、故事评价、个案点评等形式呈现。

将学分制、认定制作为课程定量与定性相结合的评价管理制度。学分制是随着课程选修制产生、发展而建立起来的一种教学管理制度，以学分为计算单位，考评学生学习的质与量。认定制用于体验感悟类课程，提供评价指标，采用学生自评、同学互评、团队评价、家长评价等评价方式进行综合认定。

（撰稿人　吴丽凤）

第七章

S-H-A-N 课程：在这里，与最好的自己相遇

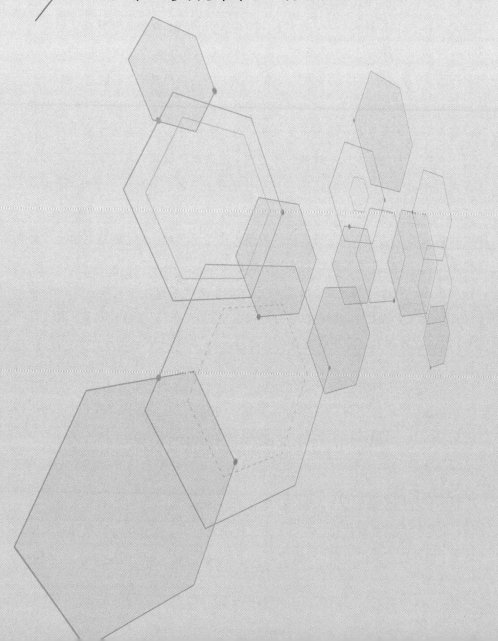

上海市北蔡中学（以下简称"北蔡中学"）始建于 1937 年，扎根于白莲泾畔，至今已有 80 多年的办学历史。历经岁月的洗礼，学校凝练出"明德至善，切问近思"的办学理念。目前，学校有鹏飞路、北中路两个校区，共有 43 个班级，其中鹏飞路校区有 22 个班级，北中路校区有 21 个班级，共有 1500 多名学生。学校有 138 名教职工，其中有 127 名专任教师；教师任职资格达标率为100%，学历达标率为 100%。其中区级学科带头人及区级骨干教师有 12 名，高级教师有 18 名。学校总占地面积约为 80 亩，各类专用教室、实验室、图书馆、运动场地等硬件设施齐全，能充分满足学校的办学需要。近年来，学校先后获得浦东新区新优质学校、浦东新区文明单位、浦东新区未成年人思想道德建设工作示范校、浦东新区校本研修优秀学校、浦东新区健康促进学校、上海市红十字工作示范学校、浦东新区艺术教育特色学校、浦东新区绿色学校、浦东新区体教结合特色学校、上海市安全文明校园、浦东新区教育信息化先进学校、上海市禁毒教育试点学校、浦东新区民俗文化基地学校、浦东新区语言文字规范化示范校、浦东新区优秀职工之家等荣誉称号。

近年来，学校深入贯彻《教育部关于全面深化课程改革落实立德树人根本任务的意见》等文件精神，积极推进课程文化建设，完善课程体系，并通过APPR 课程发展模式推进学校课程的实施与评价。

第一节　寻找课程建设的增长点

学校课程建设是彰显学校特色、丰富学校内涵、提升学校教育质量的重要举措，也是实现教育现代化、多元化的有效途径。为了构建更加科学规范的课程体系，培养更多全面发展、高素质的人才，学校一直秉持"明德至善，切问近思"的办学理念，将学校、教师和学生的共同发展作为自身不懈努力的目标。经过多年的办学积累，学校在课程顶层设计、课程建设、教育教学、师生发展等方面打造出符合自身特点的教学机制，积累了相对成熟的育人经验，受到学生、家长的一致肯定。但同时，学校在课程实施及管理中仍存在一些需要思考与解决的问题。为此，学校课程建设领导小组采用质化与量化相结合的方法，通过问卷调查、访谈、观察和文献分析等形式，对课程建设中的成果和现存问题作出评估与诊断，以期能发现较为成功的经验和相应问题产生的原因，并提出一些有针对性的措施。

一、文化认同与课程实践形成张力

学校 80 多年的办学历史，孕育了以德树人、文化育人的教育传统。科学的办学理念、浓厚的学术研究氛围、端正的教风学风，使北蔡中学成为区域内具有较大影响力的学校。学校秉承"仁德至上、教学相长、尊重个性"的校风，"勤学善问、慎思笃行"的学风，"诚正谨严、为人师表"的师风，用科学的办学理念为课程建设指明了方向。教师作为推动新课程改革的重要因素之一，其认同度直接影响课程改革的中心环节——实施阶段的方方面面。通过调查发现，学校课程的开发和实施基本得到教师的认可。比如：80% 以上的教师认为学校十分重视校本课程的审议、专题培训等方面，并且制定了有效的制度和政策；90% 以上的教师认为自己在教学过程中形成了独特的风格，并且能灵活调整教学情况。但调查结果还表明，教师对校本课程的认同度和参与度仍有较大的提升空间。比如，92.86% 的教师认为本学科的校本课程没有关注到学科内容的前沿知识，75.51% 的教师认为自己进行课程建设的自觉性还不够。针对"教师应该成为课程领导者"这一问题的调查数据显示，教师对课程领导者身份的认同度较低。此外，许多教师对课程规划、课程建设、课程开发、课程实施缺乏必要的认识，更缺乏实践操作。不少教师认为，只要把书教好就行。由此可见，转变教师的课程理念，使教师成为课程建设的主人，提升教师对校本课程建设理念的认同感和参与课程建设的使命感，是学校课程建设中需要解决的关键问题。

二、学生需求与低自主学习产生抗力

经过前两轮办学规划的实施，学校课程建设得到了稳步发展，规划方案日趋完善。三大类课程已基本成型，符合学校实际的课程框架已基本形成。学校在国家课程校本化以及拓展型课程和研究型课程的开设形式等方面都取得了突破，如"微型讲座"在质量、数量上已能基本满足学生需求，许多特色课程也取得了良好的教学效果，在全校、全区具有示范效应。在此基础上，学校以课程建设为抓手，致力于优质化与可持续发展，结合学生的需要构建科学的课程体系，推进基础型课程、拓展型课程、研究型课程的有序开发和有效实施。在对学生的调查研究中发现，北蔡中学学生相较于九校学生对校本课程的期望值更高。在学习动机上，更多的学生希望通过校本课程拓展知识面并提升能力，甚至提高学习成绩；在授课方式上，学生更倾向于自己动手实践、练习；相较于传统的评分制，学生更希望通过展示自己的作品或者参与组织活动进行评价。结合学校相关制度和调查结果可知，北蔡中学十分重视学校课程建设工作，在校本课程开发上投入较大力度，激励政策较为全面，培训和审议制度日渐科学规范。但与此同时，我们也发现，在校本课程学习方式的选择上，北蔡中学学生的自主程度比九校均值低 16% 左右；在课程参与度上，北蔡中学学生每周参与校本课程的频率比九校均值低 5% 左右。学校尽管在课程建设上倾注大量精力，也取得较好成绩，但在可持续发展和学生需求层面上，学校课程建设仍要不断完善。

三、特色课程与学生发展形成推力

"让每一个学生都得到发展"是学校开设特色课程的初衷。从 2011 年 8 月起，学校将舞蹈、浦东说书和乒乓球等传统项目作为"拳头产品"，采取课程化的方法，遵循"课程教学与社团活动相结合、培优与普及相结合"等路径，开始探索建设具有学校特色的校园课程文化。在师生的共同努力下，浦东说书被评为上海市教育系统校园文化建设十大优秀项目，学校由此成为浦东新区非物质文化遗产传习基地。调查数据显示，64.9% 的学生对学校目前开设的校本课程的满意度较高，但也时常出现被语文、数学、英语等主课占课的情况，且学校的占课率比九校均值高 11% 左右。根据这一结果，学校继续对教师进行了深入调查，发现教师的课程理念和实际行为有待转变。受中招考试的评价导向影响，部分教师认为只有参加中招考试的基础型课程才应该被认真研究和实施，忽视了学生对课程的需求。有的学科即使有相应的课程，但是由于受到家长、考试评价等因素的影响，导致少数课程长期被占用。教育不仅仅是教会学生某些知识，更重要的是教会学生关注人。教师要学会发掘学生的优势，借助课程特色来激发学生自主发展的兴趣，培养学生的可持续发展意识。因此，在开设特色课程的道路上，不仅学校层面的整体推进力度至关重要，教师对课程建设的认知和配合度也不容忽视。

四、教师团队实力与青年教师成长形成合力

优秀的教师团队是学校发展的核心竞争力，也是学校可持续发展的内在动力。一直以来，学校十分重视师资队伍建设，并取得一定成效。学校领导班子积极进取、团结协作、求实创新；教师认真负责、勤恳踏实，对自己的教育教学工作肯下功夫，能主动思考如何改进课堂教学。尤其是班主任队伍和考试学科教师，都能不计时间、精力地为学生奔忙。近年来，学校的语文、外语、物理、化学、政治、历史、体育、科学与生命科学教研组被评为浦东新区优秀教研组，音美教研组被评为浦东新区特色教研组，数学与地理教研组被评为浦东新区合格教研组。尽管学校在团队建设的道路上取得了些许成果，但现有师资队伍与现代职业教育发展的要求和趋势相比还存在明显不足，具体表现为：与九校均值相比，北蔡中学教师的成熟度较高，50 岁以上的教师占比为 27.55%，硕士研究生学历和 30 岁以下的教师比例偏低，高学历、高职称的教师在各学科之间分布不均衡。这表明学校需要制定明确的专业发展路径来引导教师实现快速

成长。由于一大批有丰富经验的优秀老教师将要退休，因此学校需要通过有效的路径将他们宝贵的教学经验转化为教学成果，并传递给年轻力量。同时，由于青年教师工作经验不足、科研能力较弱，以及缺少专业成长的自主性和能动性，因此学校也需要引导青年教师快速成长，切实提高他们的教学水平和科研能力，使之早日成为课程建设的主力军。

五、课题研究与课程建设协同共进

近年来，学校的课题研究以课程为抓手，积极探索课程建设的有效途径。2016 年，学校申报的区级课题"面向生活构建普通初中微观课程结构的探索"从"国家课程校本化实施"和"面向生活的拓展型课程和研究型课程开发"两方面着手，全面开展北蔡中学"微观课程结构"的开发与试验，逐步构建并完善了包括基础型课程、拓展型课程、研究型课程在内的面向生活化的系列校本课程。从 2018 年至今，学校进行了区级课题"关注学生，聚焦资源，优化普通初中微观课程结构的实践研究"的相关实践，如在严格执行国家课程实施要求的同时，基于北蔡中学的现有课程，思考学校课程设计实施如何紧密对接中考新政，如何更好地满足学生需求，以构建和完善学校课程建设体系。学校在一些校本课程的研发上有一定的优势，积累了一些校本课程开发和实施的经验。但是这些课程的研发大多由个别教师自主进行，缺乏科学的顶层设计和总体规划，没有被纳入学校课程体系。从学校课程管理与评价看，侧重点一直放在对学科基础型课程的管理与评价上，而对学科拓展型课程和研究型课程的管理与评价相对比较松散，还没有形成科学有效的管理与评价体系，有待于建立与完善学校课程的研发、实施、评价制度。随着学科课程建设的推进，结合学生的课程需求，重新梳理课程哲学，构建科学的课程体系，建立学科课程群，推进基础型课程、拓展型课程、研究型课程的有效实施，已成为学校发展的当务之急。

第二节　建构"至善教育"课程体系

德国课程论专家克劳斯·韦斯法伦认为，学校课程的建构必须符合五个合理性，即依据法律规范的合理性、依据规范思想的合理性、依据教育学说的合理性、依据联系生活现实的合理性、依据规范平衡的合理性。基于这样的认识，学校课程建设的设计路径应该在依法合规的框架下，顺应教育规律，根据学校的文化背景、办学特色、师资水平、学生需求、社区资源和后勤保障等情况，制定课程规划和课程目标，建构学校课程体系的理论架构、课程结构与具体设置。

一、课程哲学

整个 20 世纪的中国学校课程发展史是东西方思想不断碰撞、交融的过程。比如：我国有被视为"伦理哲学"的儒家哲学和被视为"精神哲学"的道家哲学；西方教育史上有杜威崇尚社会和经验的课程哲学、改造主义提倡以社会问题为中心的课程哲学、要素主义强调人类文明精华的课程哲学、永恒主义提倡永恒学科的课程哲学、苏联以知识和教师为本的课程观、后现代主义的混沌课程哲学理念、泰勒的行为主义课程哲学理念等。这些东西方的课程哲学思想表现出不同的取向，或以知识为取向，或以学生为取向，或以社会为取向；有着不同的课程观，侧重点也不同，或关注学生的未来生活，或关注学生的现实生活，或关注学生现实生活与可能生活之间沟通的道路，但都对我国学校课程建设有着深刻的影响，给学校课程变革的各方面提供启示。[1]

基于这些理论，一所学校的办学是否优质，其中一个重要因素是这所学校

---

[1] 杨四耕. 怎样提炼学校课程哲学[J]. 基础教育论坛，2016（5）：10-12.

培养出来的学生是怎样的人。这就需要学校有优质的课程作为支撑，而优质课程的核心在于学校特有的课程哲学。

（一）教育哲学

北蔡中学的教育哲学是"至善教育"。教育首先要关注学生的发展，给予学生合适的教育、有温度的教育，把教育的重点落在"立德树人""开发学生的潜在能力"上，从而让每一个学生都得到自主、和谐发展，最终成为最好的自己。这是"至善教育"的重要理念。

学校从办学实际出发，从已有的哲学理念中汲取营养，提取关键要素，并结合以下实际情况加以转化，形成独特的教育哲学理念。

一是基于现实的需求。学校位于人口导入的北蔡镇中心地区，人口数量多。居民对优质教育的需求量大，对学校提供的教育资源的要求也高。因此，把学校建成老百姓家门口的优质学校，充分满足当地民众对优质教育的需求，是这个时代赋予学校的使命与任务。"至善教育"是不断优化学校办学条件的重要载体。

二是基于文化的传承。北蔡中学是一所办学历史悠久的学校，一直秉承以德树人、文化育人的教育传统。学校既有厚重的文化积淀，又在不同的历史时期彰显自己的办学特色。"至善教育"是学校丰富而厚重的办学积淀。

三是基于课程的实践。学校积极投入课程改革，全面推进课程建设。从"二期课改"开始，学校致力于三大类课程的优化与组合。比如，学校通过打造"至善学科""至善课堂"等，形成一批具有本校特色、适合本校师生共同发展的系列课程，如艺体课程、生活化课程、禁毒课程等。"至善教育"是推进学校教育教学发展的必要抓手。

中华优秀传统文化是"至善教育"的源泉。"至善教育"与典出《尚书·大禹谟》《礼记·大学》的"正德厚生""止于至善"相关联。"正德"是"正身之德、正物之德"。"德"是指社会责任与行为规范，是个体对自我的正向要求。"大学之道，在明明德，在亲民，在止于至善。"这句话的本义是大学的宗旨在于让人能彰显自身天赋中的完美德行，然后使他人能除去后天的心灵污染而进行自我更新，从而达到最完美的境地。从办学的角度来理解这句话，就是要办好一所学校，首先要以高尚的师德为立校之本，以此来引领学生形成良好的品德，进而形成和谐美好的校园环境，真正让学校成为师生共同幸福成长的心灵家园。再从回归教育的本身来理解这句话，就是教育像是一艘渡船，把一个个纯洁的婴儿送到一定历史条件下他所能达到和应该达到的人生境界，从而让他能做最好的自己，实现生命的价值。从这个角度说，教育工作无论是对教育者还是对被教育者来说，都是一个追求"至善"的过程。

（二）办学理念

学校确立了"明德至善，切问近思"的办学理念，旨在培育学生优秀品德，营造和谐的校园氛围，并通过持续优化教育资源，提升教学质量，为每一个学生提供合适的优质教育，共筑师生幸福成长的精神乐园。为此，学校确立了以下办学目标：统筹协调基础教育资源，结合学校的办学实际，致力于培养对社会有用的合格学生；将学校努力办成一处有追求、有理想、不断完善的教育实践园地，努力办成区域内一所极具口碑、人民满意、学生喜爱的优质学校。

（三）课程理念

在"明德至善，切问近思"的办学理念引领下，学校提出"在这里，与最好的自己相遇"的课程理念。把"至善"一词引入学校的课程建设，既是对学校办学理念的呼应，也反映了学校、教师、学生不断追求"至善"的过程与目标。学校课程在学生层面的意义是：满足学生的成长需求，激发和培养学生的兴趣爱好，开发学生的潜能，促进学生个性与特长的发展，让每一个学生成为最好的自己。

课程是以德养德，给学生有温度的教育。课程是一种内在的召唤，也是心灵的启迪。教育过程能使心灵变得纯净、充实、澄明。课程学习应顺应学生天性，尊重个体差异，重视学习的整体性与多样性。教师要用教育的初心唤醒学生的内心，激发学生潜在的生命活力，让课程为每一个学生书写出大写的"人"。

课程是以智启智，给学生有生命的教学。教育的智慧在于用智慧启迪智慧，用生命呵护生命，用创造支撑创造。智慧属于教师，需要教师在课程实施中随时关注生活和学生的兴趣,根据学生的兴趣和生活中忽然发生的有教育意义的事件调整教学计划。智慧属于学生,需要学生在课程学习中发现问题、思考问题、探究问题、解决问题,从而实现创造性学习。

课程是以艺化人,让学生有文化的经历。课程的价值在于对生活的体验,满足生命生长的需求。通过课程实施,给学生丰富的文化体验,以此来培养他们对自己、对他人、对生命、对生活、对社会的积极情感,引导他们树立正确的世界观、人生观、价值观。

二、课程目标

基于新时代发展对未来人才培养的需要,学校结合国家基础教育的基本要求和中国学生发展核心素养的基本框架,依据教育哲学,以培养全面发展的学生为宗旨,提出了育人目标,并制定了相应的课程目标。

(一)育人目标

要明确学校的育人目标,就要树立育人为本的教育理念,同时也要关注学校的教育现实。在多年办学经验的基础上,学校把育人目标确立为"致力于培养对社会有用的合格学生"。同时,学校把育人目标细化为以下四方面:人格完善,热爱生活;勤学善思,学业优良;身心健康,崇尚艺术;公民意识,社会责任。

(二)课程目标

学校在办学理念的引领下,以课程为载体,以文化融合为方式,以促进学生全面发展为核心,努力实现育人目标。根据"在这里,与最好的自己相遇"的课程理念,学校在不同年级制定了与之相呼应的课程目标(见表7-1)。

表 7-1　北蔡中学不同年级的课程目标

年级	人格完善，热爱生活	勤学善思，学业优良	身心健康，崇尚艺术	公民意识，社会责任
六年级	学会与自己、同伴、教师、家人交往；培养善于合作、乐于分享的品质，了解我与他人、我与社会、我与自然的道德规范。	初步养成良好的学习习惯和学习态度，培养学科学习的兴趣；积极参与各项课程学习活动，拓展知识领域，体验和感受知识与生活的连接，丰富生活经验，初步具有创新精神和实践能力。	初步认识艺术的特征、表现形式及其对社会生活的独特贡献，丰富视觉、触觉和审美经验，形成基本的艺术素养；贯彻"健康第一"的原则，积极参加体育活动，养成良好的运动习惯；掌握几项运动技能，形成自己的特长项目；呈现出青少年独有的身心健康、朝气蓬勃的精神面貌。	热爱祖国，热爱人民，热爱中国共产党，认同中华文化，继承革命传统，弘扬民族精神，理解基本的社会规范和道德规范；形成劳动意识和基本劳动能力。
七年级	养成关注现实、热爱生活、积极向上的生活情趣；学会过集体生活，在积极互动中获得健康发展。	形成良好的学习习惯和学习态度，学会汲取广博的人文知识；具备良好的观察和思考能力，以及探究周围事物的基本能力；在实践活动中善于观察和思考，勤于动手，勇于实践，增强探究和创新意识，提高综合运用知识的能力。	学会欣赏艺术作品，形成健康的审美情趣，增强对自然和生命的热爱。保持参与运动的兴趣和积极运动的习惯，掌握多项运动技能，在爱运动的同时爱生活。	积极参加各类志愿者公益活动；树立规则意识、劳动观念，形成公民意识。
八年级	增强自信心，培养对自己、对班级、对社会的责任感；掌握与个体成长和社会生活紧密联系的基础法律知识，做到正确行使权利，自觉履行义务。	强化科学意识，掌握一定的科学知识；具备一定的发散思维能力和辨别真伪的能力以及刻苦钻研精神和较强的思辨能力；注重学习体验，对所学知识产生浓厚的兴趣，能在学习实践中灵活运用所学知识，具有较强的求知欲和探索精神。	学会多角度欣赏艺术作品，形成健康的审美情趣，增强对自然和人类社会的热爱及责任感。保持参与运动的兴趣和积极运动的习惯，使性格更开朗、动作更协调。在进行体育活动时，形成积极进取、乐观向上的生活态度。	积极参加各类职业体验活动，养成热爱劳动、自主自立、意志坚强的生活态度。

（续表）

年级	人格完善，热爱生活	勤学善思，学业优良	身心健康，崇尚艺术	公民意识，社会责任
九年级	树立正确的世界观、人生观、价值观，关心集体，乐于奉献，增强民族自豪感，具有强烈的爱家乡、爱社会、爱国家的情感；成为有理想、有道德、有文化、有纪律的社会主义公民。	形成科学精神、科学态度和价值观；能独立思考，学会克服困难，养成科学的思维习惯和行为方式；在实践操作的基础上，提高发现问题、分析问题、独立解决问题的能力，发展思辨能力及个性化探究能力，在实践创新领域有自己的作品和成果。	自由抒发艺术情感，表达个性和创意，增强审美自信，善于发现美，学会鉴赏美，敢于创造美。持之以恒地参与各项体育运动，增强体质。保持愉悦心情，激发创造力，发扬体育精神。形成健康的生活方式，促进身体素质与心理素质的健康发展。	积极参加各类社会实践活动，形成尊重他人劳动成果、乐于奉献的品质。

三、课程体系

在学校"至善教育"的教育哲学和"明德至善，切问近思"的办学理念框架之下，依据"在这里，与最好的自己相遇"的课程理念和相应的课程目标，学校通过构建自身的课程体系，满足学生的成长需求，实现育人目标。

（一）课程结构

学校依据加德纳的多元智能理论，围绕课程目标，注重学生核心素养的培养，将学校课程体系设置为四大课程领域（见图7-1）。

S：社会生活课程。S取自"Society"一词，是"社会"之义。这类课程主要体现为社会与生活、语言与人文。

H：历史传承课程。H取自"History"一词，是"历史"之义。这类课程主要体现为对历史文化的传承。

A：艺体修养课程。A取自"Art"一词，是"艺术"之义。这类课程主要体现为艺术与审美、运动与健康。

N：科学探索课程。N取自"Natural Science"一词，是"自然科学"之义。

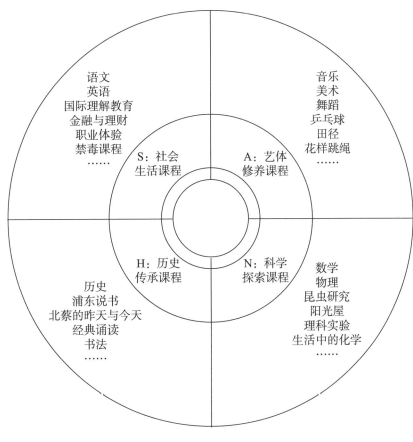

图 7-1 课程结构

这类课程主要体现为对科学的探索。

学校设置的每个课程领域都包含基础型课程、拓展型课程、研究型课程等丰富的课程种类，致力于满足学生对课程的需求，为学生发展提供合适的课程选择。

（二）课程设置

学校在严格执行国家基础型课程安排的同时，结合学校课程资源、课程门类，按照年级对拓展型课程、研究型课程进行系统建构，形成四大课程领域的具体框架，旨在培养学生的学习兴趣，满足学生的发展需求。

社会生活课程可以增强学生的主体意识，使其形成积极的生活态度，提高社会适应能力，形成珍惜个体生命的意识，并能学会保护自己，提高素养，挖掘潜能，提升生命发展的质量。

历史传承课程可以培养具有文化自信的学生，达到传播弘扬中华优秀传统文化和社会主义先进文化的目的。培育学生具有一定文化积累和人文底蕴是中华优秀传统文化教育的目标。实践与创新是培育核心素养的成果体现，其背后更是离不开深厚的文化基础、有效的学习方法、浓厚的学习兴趣等多方面因素的支撑。学生对中华优秀传统文化的创新更是要基于这些要素。

艺体修养课程可以培养学生形成积极向上、情调高雅的兴趣爱好，使其熟悉并掌握专业技能操作要领，形成积极的生活态度，促进身心健康发展。

科学探索课程可以拓宽学生的科学知识视野，提高学生的科学探究能力，使其了解科学研究方法，体验科学探究过程，形成科学的态度、情感和价值观，提升运用科学知识解决实际问题的能力。

学校依据以上课程规划推进课程实施，并根据实际适时适当进行调整，培养学生的兴趣特长、创新思维习惯和实践能力，采用"自主、合作、探究"的学习方式，为学生提供品德塑造与人格成长、潜能挖掘与认知深化等方面的学习经历，全面提升学生的素质，尽可能发挥每一个学生的个性与特长，让每一个学生学有所长、学有所用，促进学生主动、和谐发展。

第三节　形成多元化的课程实施与评价体系

课程实施是 APPR 课程发展模式的重要组成部分，是学校课程付诸实践的过程，是学校课程真正走进课堂的过程。基于"至善教育"的教育哲学与"明德至善，切问近思"的办学理念，学校通过构建"至善课堂"、建设"至善学科"、组建"至善社团"、推行"至善礼仪"、创设"至善节日"、探索"至善之旅"、营造"至善校园"等途径，将课程目标和课程体系落到实处，推进各类课程的有效实施。

为了进一步保障学校课程的实施以及促进课程目标的实现，学校结合七大实施途径的特点，构建了立体化、多元化的评价体系，将其贯穿于学校课程实施的全过程，使学校课程评价成为连续动态的过程。

一、构建"至善课堂"，提升课程实施品质

课堂是学校教育的主阵地。"至善课堂"是关注教师的"教"与学生的"学"有机融合的课堂。它除了强调教师的专业素养外，还注重学生的学习体验与收获，注重学生良好学习态度、习惯的培养，也注重学生学习信心的树立和良好学习意志品质的养成。

"至善课堂"倡导生活化的课堂教学模式，通过"抓两头，促中间"的教学策略进行分层教学，尽可能照顾到不同层次学生的学习成长，以此来确保课堂教学的有效性，提升课程实施品质。

（一）"至善课堂"的实践操作

"至善课堂"从教学目标与内容、教学过程与方法、教师专业素养、教学改进等方面进行具体的实施与评价。

1. 教学目标与内容的适切性

"至善课堂"的教学目标要基于对课程标准的深度解读、对学习材料的精准把握、对学情的正确分析、对生活的融会贯通，表述应明确、可操作、可评价。教师要根据学习目标合理设计教学环节，使得每一个教学环节的设置有明确的目标引领。在严格执行国家课程方案规定的基础型课程的课程标准的前提下，学校鼓励教师根据本校学生实际，遵循关注生活、理解生活、走进生活的原则，对基础型课程进行重构和优化，推进国家课程校本化实施。因此，"至善课堂"的落实既要考虑到学生的生活背景与实际需求，也要有利于激发他们的学习兴趣，培养他们的创新能力，充分发挥他们的主体地位和主观能动性，从而能更好地发展学生的个性与特长。

2. 教学过程和方法的合理化

"至善课堂"构建了生活化的课堂教学模式。教师通过"创设生活化的问题情境—提出问题—探究问题的解决方法—运用所学知识解决生活中的实际问

题"的教学流程,将学生生活与学科教学有机地结合起来,激发学生的学习兴趣,培养学生用所学知识解决生活问题的能力,培养学生的优化意识和创新精神。在这样的情境中,学生处于"发现—探索—成功—再发现"的过程中,不仅增强了探索意识,体验到成功的乐趣,还激发了解决问题的热情,提高了问题解决能力。

3. 教师素养的专业化

"且夫水之积也不厚,则其负大舟也无力。""至善课堂"要求教师的教学呈现出比较高的专业素养。比如:教师首先要有扎实的教学基本功,如较高的语言表达能力、书写能力、多媒体运用能力等;其次要有较好的课堂组织能力,做到教学环节紧凑,张弛有度,具有应变能力。

4. 教学改进的成效化

"至善课堂"也是不断追求教学完善的课堂,这就要求课堂教学改进更具成效。"至善课堂"借助学校的校本研修平台,通过开设案例课、撰写教学案例、实施教师教学互评、反馈学生意见与建议等方式,使教学改进不流于空谈、停于纸面。

5. 学生学习的获得感

"至善课堂"的学习主体是学生,学生学习的获得感直接反映了教学的有效性,因此对课堂教学的评价,除了要观察教师的教学情况外,还要观察学生的学习情况。对"至善课堂"的教学观察,一方面要看学生参与课堂学习的广度与深度,以及学生在学习过程中表现出的思维品质;另一方面要看不同层次的学生对学习目标的达成度,并通过评价反馈促使教师改进课堂教学,提升"至善课堂"有效性。

(二)"至善课堂"的评价标准

根据"至善课堂"的内涵特点,学校从目标内容、过程方法、教师素养、课堂教学改进、学生学习等方面制定了"至善课堂"的评价标准(见表 7-2)。

表 7-2　"至善课堂"教学评价表

评价维度	指标要素	评价内容	分值	得分
目标内容（20分）	科学性	目标贴切，要求具体，内容正确，讲述准确。	10	
	教育性	结合学科特点，符合学生实际。	10	
过程方法（20分）	合理性	设计合理，突出重点，抓住关键。	10	
	启发性	创设情境，善于引导，指导学法。	10	
教师素养（30分）	组织能力	环节紧凑，张弛有度，具有应变能力。	10	
	表达能力	表达准确、清楚、生动，讲普通话。	10	
	教学手段	设计合理，操作规范，书写清楚。	10	
课堂教学改进（10分）	改进目标和措施	改进目标明确，改进措施有效。	10	
学生学习（20分）	学生状态	学生参与面广、思维活跃。	10	
	学习效率	目标达成度高，各种层次的学生都有所收获。	10	
优点			总分	
不足				
建议				

备注：85—100 分为好；70—84 分为较好；60—69 分为合格；60 分以下为不合格。

二、建设"至善学科"，推进拓展型和研究型课程全面落实

"至善学科"建设在遵循课程标准的前提下，结合学校的育人目标和课程理念，根据学生发展需求，对基础型课程进行深化与拓展，形成"至善学科"课程群。这一举措旨在完善学生的学科知识体系，激发学生的学习兴趣，培养学生

的研究与创新能力,凸显其主体地位,促进其个性与特长的充分发展。

(一)"至善学科"的实践操作

在"至善教育"的思想指导下,学校从广度和深度两个维度构建"至善学科"。从广度来看,学校通过组建十大课程群,做到学科全覆盖和年级全覆盖,并围绕各学科核心素养实现能力全覆盖。从深度来看,学校以学生生活为依托,遵循学生发展规律,采用螺旋上升式教学模式,培养学生的核心素养和学科能力,努力实现课程源于学生生活、融入学生生活、创造学生生活。

1."至善语文"课程群

"至善语文"课程群围绕语言掌握与运用、思维拓展与延伸等核心素养,以课程标准为基础,构建了贴近生活的语文课程群。比如,六年级的"生活中的'国学'"涉及造字法、字形的演变、活字印刷术、中国瓷器、十二生肖、二十四节气等内容,旨在引导学生了解日常生活中涉及的国学、国粹和相关常识,在传播中国文化的同时激发学生的爱国热情。每个年级都开设的"经典诵读"在传授朗读技巧的同时,还努力让每一个学生自觉成为中华优秀传统文化的传承者。"模块化写作教程"根据学情,指导学生按模块进行写作训练:六年级的要求是"能将一个故事叙述完整,且故事有一个明确的主题,叙述故事时能有一点情感渗透";七年级是在原有的基础上,提出在选材方面要"把握生活细节和自然界中的细微现象",在立意方面要"赋予描述对象比较深刻的主题";八年级的要求则更高,包括"对所写的故事和人物进行改造,使其具备一定的文学特征;表达自己对生活、自然、生命等现象的深层次思考"。

2."至善数学"课程群

"至善数学"课程群围绕数学运算、逻辑推理等核心素养,在知识技能、生活运用、数学思维等方面进行课程构建。比如,六年级的"生活中的数学"围绕课程标准延伸出"生活中的计算""数学魔术"等拓展型课程,旨在培养学生的计算能力、代数方程思想,使其体会数学融入生活的乐趣。七年级的"几何画板"旨在让学生掌握几何画板软件的安装、卸载,学会使用几何画板软件中的基本工具,知道三视图并掌握简单的三视图画法,掌握通过几何画板软件中的三维工具绘制简单三维图形的方法,对生活中的图形有更直观的认识。八年级和九年级的"数学思维拓展"旨在引导学生解决生活中常见的数学问题，促进学生数学思维品质的形成。

3. "至善英语"课程群

"至善英语"课程群围绕语言听说能力、思维品质等核心素养，在语言交流、阅读分享、文化体验等方面进行课程构建。四个年级都开设了"英语听说"拓展型课程，依据学科课程标准，由易到难地安排课程教学：六年级要根据基本读音规则和国际音标认读单词，听录音并跟读句子和段落，模仿语音语调；七年级要熟练掌握读音规则和国际音标，进一步掌握语音语调，能流畅朗读句子和段落；八年级要根据语音语调的变化理解说话人的意图和态度，区分交际场合，能初步进行角色对话；九年级要初步正确使用语音语调的变化表达自己的意图和态度，并作出恰当的应对，完成日常交际任务，真正做到学以致用，不学"哑巴英语"。学校还在七年级开设了"国际理解教育"等课程，通过英语学科的拓展教学介绍世界上不同文化的精髓和差异，使学生能自己开发思路，主动去观察世界、了解世界、走进世界。

4. "道德与法治"课程群

"道德与法治"课程群以国家课程标准为基本依据，构建贴近生活、走进社会、关注时政热点的道德与法治拓展型课程。这类课程以社会实践为主，采用观察社会现象、参与社会调查等形式，选择生活化的学习环境，关注学生学习体验。这类课程贯穿于整个初中阶段，要求每一个学生完成一份社会实践报告。

5. "至善历史"课程群

"至善历史"课程群围绕时空观念、史料实证、历史理解、历史价值观等核心素养，依据学科课程标准，在文化历史、乡土历史、身边的历史等方面构建拓展型课程。比如，六年级的"趣味历史"通过学生熟悉的成语和文学名篇来解读历史，旨在激发学生对历史的兴趣。贯穿于初中四年的"北蔡的昨天与今天"讲述的是学生们脚下这方土地的历史，以学生身边的实际案例与事物为着眼点，让学生充分感受生活中处处蕴藏着历史的痕迹，并学会感悟历史学习的内涵与意义。八年级的"历史社会实践"则是指导学生从家庭或周围人群的衣

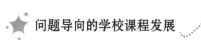

食住行入手,调查改革开放或中华人民共和国成立以来的社会变迁,通过小组报告的形式进行成果展示,使学生更直观深刻地认识相关历史,促使学生主动探索生活中的历史知识。

6."趣味地理"课程群

"趣味地理"课程群围绕综合思维、区域认知、地理实践力等核心素养,在地理技能、地理文化、跨学科实践等方面构建拓展型课程。比如,六年级的"趣味地理"旨在引导学生在阅读文化名篇中考察地理。七年级的"手绘地理"要求学生尝试画出一幅自己生活区域或家乡的地图,通过查阅资料、采访家中老人等形式,对家乡的气候、交通、地形地势、自然环境等进行调研,提升学生对家乡的热爱,促使学生思考如何将地理知识渗透到生活中。"地理科学跨学科"等课程要求学生设计一份合理的人居环境规划图,锻炼学生对地理知识的综合利用能力和创造能力。

7."至善理化"课程群

"至善理化"课程群包括物理、化学两门学科的拓展型课程。它以学科课程标准为基础,围绕科学思维、科学探究、科学态度与责任等核心素养,遵循关注生活、理解生活、走进生活的原则,在学生的学习兴趣、生活实践、科学创新等方面进行课程建构。比如,六年级的"理科实验"旨在让学生通过实践领会数理化知识的趣味性,从而提升对科学技术的理解能力。七年级的"生活中的物理"要求学生通过观察生活中的现象,激发学习物理的兴趣,并尝试更好地为生活服务。八年级的"生活中的化学"以六年级和七年级中科学课程涉及的化学内容为基本知识框架,旨在开阔学生的视野,激发学生学习化学的兴趣,丰富学生的科学知识。九年级的"理化实验"通过专门的实验拓展课程,培养学生的观察能力、动手能力和科学探究能力。

8."至善生科"课程群

"至善生科"课程群围绕科学精神和科学探究、生命观念和社会责任等核心素养,在知识拓展、能力培养、实践活动、兴趣养成等方面进行课程建构。比如,"昆虫研究"等课程通过探究昆虫的生活习性、身体构造、环境适应等知识,培养学生热爱自然的情感和严谨的科学探究精神。"工作吧!人体细胞"等课程通过探究学习人体擦伤、感冒、癌症等状态下的细胞工作状况，引导学生树立坚持锻炼、合理饮食等健康观念。"北蔡中学校园植物细胞形态异同研究"课程通过对校园植物（绿化）种类的现场调查，指导学生借助显微镜等仪器进行研究性学习。"阳光屋"等课程通过指导学生进行无土栽培生菜实验，培养学生的动手操作能力，引导学生了解无土栽培对农业生产的积极意义，激发学生的创新意识，培养学生的责任心和使命感。

9."至善艺体"课程群

"至善艺体"课程群包括体育、美术、音乐三门学科的拓展型课程。作为浦东新区艺术教育特色学校、浦东新区体教结合特色学校，北蔡中学为了满足学生不同的发展需求，积极创建"一切活动皆课程，每门课程皆育人"的教育生态，推进学校艺体特色课程建设。学校在学科课程标准的基础上，通过对学生知识技能、人文情感、审美情趣等方面的拓展，构建了"至善艺体"课程群，开设了"舞蹈""浦东说书""合唱""校园音乐剧""动漫""素描""艺术剪纸""乒乓球""花样跳绳""健美操""羽毛球""足球""田径"等一系列拓展型课程。其中，"浦东说书""乒乓球""花样跳绳"等课程作为传统特色课程，贯穿于整个初中阶段。

10."至善劳技"课程群

"至善劳技"课程群围绕劳动观念、劳动能力、劳动习惯和品质等核心素养，从动手能力、劳动技能、职业体验等方面进行拓展，构建旨在培养学生的实践能力、创新精神，有益于学生全面发展的课程群。比如，六年级的"布艺制作""创意木工"等课程与生活密切相关，具有一定的技术含量，注重培养学生的动手能力、劳动技能、创新精神，让学生发现生活中的各种材料都可以通过技术加工变为自己的作品，从而提高我们的生活质量。贯穿于初中四年的"劳动教育""职业体验"等课程引领学生深入生活，既能让学生体会劳动过程的艰辛与快乐，也能丰富学生的学习经历和体验，培养学生适应未来社会劳动需求的潜能，形成良好的劳动品质和价值观。

（二）"至善学科"的评价标准

"至善学科"的评价方式是多元的：既考虑结果，也考虑过程；既考虑教师的评价，也考虑学生和家长的评价。教师评价着眼于课程规划与设计、课程实施、教学方案、组织能力、课程评价等。学生评价既重视学习结果，也关注学习过程，旨在保护和发展学生的个性与特长，促进学生的全面发展。"至善学科"的评价主体包括学校、学科组、教师、学生、家长等，评价形式根据学科特点分为纸笔测试、成果展评、问卷调查等。

三、组建"至善社团"，推进兴趣课程的实施

组建"至善社团"，一方面是为了满足学生对课程学习的需求；另一方面是为了激发他们参与课程学习的兴趣。"至善社团"的组建，充分考虑到社团课程学习的自主性、知识性、艺术性、趣味性、生活化、多样化等特点，关注学生的个性与特长，使社团活动成为学生学习、收获、成长的舞台。

（一）"至善社团"的实践操作

"至善社团"根据学校课程的总体设置组建了以下四个类型的社团："社会生活类"包括晨曦文学社、英语听说社、编织社、布艺制作社、心理社、学生自主管理社等；"历史传承类"包括浦东说书社、北蔡乡土历史社、经典诵读社、书法社等；"艺体修养类"包括舞蹈社、民乐社、管乐社、合唱团、乒乓社、足球社、篮球社、田径社等；"科学探索类"包括理科实验社、昆虫研究社、创意模型社等。"至善社团"结合学科特色精心设计活动方案，成为课堂教学的有力补充，让学生的潜能得到最大限度的开发。

"至善社团"的实施，考虑到学生参与社团课程学习的自主性，采用网上挂课的形式。学生根据个人兴趣申请报名，自主选择社团。社团辅导教师、教学部门根据考察、协调，通过申请，组织学生参与社团活动并完成社团课程，记录学生的课程学习情况。

（二）"至善社团"的评价标准

"至善社团"的评价注重学习过程与结果评价并重，将单一的定性或定量评价机制转变为注重发展性评价，主要从课程学习的过程与成效两个维度进行评价。课程学习的过程方面侧重于对学生参与活动态度的评价；课程学习的成效

方面侧重于对学生参与活动所获成果的评价以及学生对课程喜爱程度的评价。在评价方式上，注重学生自评和互评与师生共评相结合，实现评价的多元化。为了社团的良性发展，学校每学期通过评选、表彰优秀社团，推进品牌社团建设；为了提高学生参与的积极性，学校每学期评比"社团之星""特长之星"等，并在全校展示他们的作品。

四、推行"至善礼仪"，规范仪式课程的实施

"至善礼仪"的推行，以"至善"为魂，承载着学校的育人目标，对传播学校的办学理念和课程理念、促进校园文化建设和学校有序发展有着重要意义，体现了《中小学德育工作指南》中德育工作的五大内容和六大途径的最佳契合点。学生在成长过程中除了要从课本习得知识和技能外，还要学会通过自我肯定来支持自己。因此，学校通过规划设计五大仪式课程，让学生懂礼仪、守礼法、行礼节、讲礼信，产生精神归属感，并让学生收获情感体验、体悟向善力量、提升精神境界。

（一）"至善礼仪"的实践操作

学校的仪式课程与学生的日常成长历程相融合。从每周的常规仪式到特定年级的主题仪式，学校实施的五大仪式课程致力于让学生在人生的每一个转折点都能正确把握前进方向。

升旗仪式课程能让学生的爱国情感升华为理想信念。学校每周一举行庄严的升旗仪式，根据时间节点明确不同的主题，由学生代表轮流进行国旗下演讲，严格选拔"国旗卫士"社团进行每周的特殊训练。

入团仪式课程能增强学生的团员意识，发扬先锋模范作用。学校每学期举行推优入团仪式，各班级推荐优秀学生参加学校开展的共青团团员培训与结业考试，为顺利结业的新团员颁发团员证、团徽。在这个过程中，新团员要庄严宣誓并唱团歌。

换戴大号红领巾仪式课程能增强少先队员的光荣感和责任感，使其迈好进入初中的关键一步。在六年级举行的换戴大号红领巾仪式上，通过重温队旗、

队礼、红领巾、队歌、呼号等标志和礼节，激励学生以实际行动践行少先队员的职责和使命。

十四岁生日仪式课程能让学生告别金色童年，放飞青春梦想。在八年级举行的十四岁生日仪式上，学校为学生点燃十四岁生日蜡烛，师生共同唱响十四岁生日歌，共同许下生日愿望，度过难忘的青春纪念日。

毕业离队仪式课程能让学生回首四年来风雨同舟的深情厚谊，懂得感恩并励志远行。在九年级举行的毕业季系列活动中，通过拍摄毕业集体照、举办毕业典礼、颁发毕业证书、赠送毕业礼物等形式，让学生带着母校的祝福乘风破浪。

（二）"至善礼仪"的评价标准

"至善礼仪"主要从课程学习的过程与发展两个维度进行评价。过程性评价主要包括学生参与课程学习的情况及其表现的情感态度；发展性评价主要包括学生在课程学习中领悟课程的精神内涵，并将礼仪知识转化为自觉行为。在评价方式上，学校采用教师评价、学生自评、小组互评相结合的形式。教师结合学生的整体表现，通过综合素质报告册、成长档案袋等形式，对学生进行描述性评价。学生依据教师提供的标准和自身期望，对自己参与课程学习的体验、感受和表现进行判断与评估。学生通过自主化管理小组，找到同伴的闪光点，从而更客观地认识自我。

五、创设"至善节日"，推进主题活动课程的实施

节日课程是活动育人、文化育人的重要载体。节日典礼对学生价值观的形成具有巨大的潜在影响力，能充分激发学生的学习兴趣、求知欲和探索精神。作为重要的隐性课程，"至善节日"起着润物细无声的作用。学校根据学生身心成长的阶段性需求，整合教育教学活动，创设"至善节日"，使学生丰富了学习生活、收获了学习体验、提升了综合素质，满足了学生多元化的成长需求。

（一）"至善节日"的实践操作

学校在不同的时间节点创设"至善节日"，以"特色日"或"特色月"的形式

开展相关主题活动，营造校园节日文化环境。

比如：迎新活动节每年围绕元旦开展系列活动，旨在引导学生朝气满满地迎接新一年的到来，增强班级凝聚力；学校每年3月开展一个月的科技节系列活动，让学生走近科学，体验科技活动，提高科技创新能力，使科技不再空洞；学校每年4月开展一个月的体育节系列活动，将学科文化知识和体育活动融为一体，增强学生参与体育锻炼的意识，使其提高身体素质，为其养成终身锻炼的良好习惯奠定基础；学校每年5月开展一个月的心理节系列活动，激励学生关注自我宣泄、放松和成长，以更积极的心态投入学习和生活；学校每年围绕"六一"儿童节开展成长节系列活动；学校每年9月围绕某一学科开展系列活动，激励学生自主进行学科学习活动，将学习热情与方法延续到之后的学习中；学校每年秋季开展一个月的艺术节系列活动，结合"浦东说书"等传统特色课程，培养学生高尚的道德情操和浓厚的艺术底蕴；学校每年11至12月开展法治安全节系列活动，宣传普及法律知识和生活安全常识，增强学生的法治观念，提升学生的维权能力。

（二）"至善节日"的评价标准

"至善节日"从节日活动的参与情况、学生掌握的知识技能、学生收获的情感体验与发展等方面进行评价。"至善节日"的评价方式除了学生自评、小组互评、教师评价相结合外，还通过家委会的书面、口头反馈等形式对传统节日活动进行评价，以便于更好地完善节日文化课程体系。

六、探索"至善之旅"，推进研学旅行课程的实施

研学旅行课程是通过旅行来拓宽学生的学习视野，实现跨学科综合学习的融合课程，是学校教育和校外教育衔接的创新形式。它的形式有社会调查、参观访问、亲身体验等。学校从有价值的目标、有体验的旅程、有引导的学习三方面来构建研学旅行课程，使学生能在游中有学、在游中有思、在游中有得。

（一）"至善之旅"的实践操作

"至善之旅"一般是在文化研学、红色研学、国际研学等方面构建相关课

程的。

文化研学是体验中华文化博大精深的文化之旅。学校选择了具有江南特色的古徽州之旅，如带领学生探访被赞为"呈坎双贤里，江南第一村"的呈坎村、历史文化遗产宏村的"中华一绝"——牛形村落和人工水系、有"流动的清明上河图"之称的屯溪老街，并通过户外活动体验徽州大峡谷的壮美。

红色研学是爱国主义教育之旅。学校选择了南方的三地之旅：在湛江，登上南海舰队现役军舰，参观湛江军事文化博览园、广东海洋大学水生生物博物馆、广州湾法国公使署旧、址红嘴鸥游船等；在琼海，参观红色娘子军纪念园、玉带滩、博鳌亚洲论坛国际会议中心、多河文化谷等；在三亚，探访亚龙湾、椰田古寨等。

国际研学是培养学生国际视野的学习交流之旅。它以主题的方式开展研学，引导学生了解世界历史、文化、环保等方面的内容。学校开展的国际研学主要包括：走进新西兰——新西兰基督城圣约瑟夫学校学习考察；走进世界名校——英伦经典夏令营；等等。

"至善之旅"的实施有以下三个步骤。研学前，教师要做好研学规划，设计活动方案和评价方式。学生查阅相关资料，在研学前做好功课，分组进行交流与展示。研学中，教师根据研学课程，精心组织学生活动，指导学生在研学过程中边走边学，学会观察和思考，勤于记录和整理，积极探索，在体验中感悟和内化。研学后，教师指导学生根据研学评价标准，进行成果收集、整理。教师撰写研学心得，学生撰写研学报告，学校举办研学成果展示交流会。

（二）"至善之旅"的评价标准

"至善之旅"从过程性、目标性、发展性三个维度进行评价。过程性评价考查的是学生在研学中的表现；目标性评价考查的是师生对研学目标的达成度；发展性评价考查的是学生在研学后的感悟和内化。"至善之旅"的评价方式有：学生自评参与研学的情况；小组互评在研学中的表现；教师根据学生在研学各阶段的表现给予评价；学校通过问卷调查、座谈等形式，针对研学活动的效果进行评估。

七、营造"至善校园"，优化隐性课程的实施

校园环境具有重要的育人功能，如校园中的布局、建筑和风格、人文和自然景观等均能成为学校德育工作的有效载体。良好的校园环境能对学生起到陶冶心灵、提升审美情趣、建立和谐人际关系、提高精神境界等作用，因此校园环境作为学校的隐性课程，影响着学生的成长。

（一）"至善校园"的实践操作

学校在优化课程实施环境上，通过打造"至善十景"来实现校园环境的育人功能。第一景是北中路校区门厅的两根大红柱子，上面刻有梁启超的《少年中国说》，每天朝迎晚送着学生，激励着他们不断奋发向上。第二景是鹏飞路校区门口水池上耸立的大石，上面刻有红色的"德"字，与第三景——门厅内展示办学理念、校风、师风、学风的宣传屏遥相呼应，向人们传递着学校的办学理念和育人目标。第四景是校园围墙上刻有中华历代名篇的木简。沿着围墙走上一圈，就是一次文化的熏陶。第五景是教学楼走廊里悬挂的学生书法和美术作品，旨在唤醒学生的审美细胞。第六景是挂在围墙外侧栏杆上的宣传展板，展示着学校师生在各项活动中展现的积极向上的精神风貌。第七至第十景是学校的四季风貌，分别为春天的紫藤、夏天的杨梅、秋天的银杏、冬天的蜡梅。校园丰富的植被不仅成就了"北蔡中学校园植物细胞形态异同研究"这一传统课程，还为学生提供了良好的学习环境。

在打造"至善十景"的过程中，学校充分考虑了校园环境在激励学生、陶冶情操、文化传播、美育、健身等方面的功能，使之成为浸润学生心灵的隐性课程。

（二）"至善校园"的评价标准

"至善校园"从参与性、目标性、发展性三个维度进行评价。参与性评价考查的是学生在"至善十景"建设过程中的欣赏、评选、创建等参与表现；目标性评价考查的是师生对课程目标的达成度；发展性评价考查的是学生对隐性课程的感悟和内化。"至善校园"的评价从学生自评、小组互评和教师评价三方面展开。

从注重课堂基础知识积淀的"至善课堂""至善学科"到浸润学生心灵的"至善礼仪""至善节日""至善校园",再到尊重个体差异化发展的"至善社团""至善之旅",构成了丰富多彩的"至善教育"实践体系,为学校特色校本课程的实施保驾护航。

第四节　推动课程建设的可持续发展

"至善教育"的教育哲学体现在学校工作的各个层面,"在这里,与最好的自己相遇"的课程理念也扎实地落实于学校的教育教学工作中,以此来引领学校文化的形成、课程建设的完善、教师的专业发展、学生的全面成长。

一、文化浸润让学校课程有魂

课程建设离不开文化的滋养。北蔡中学的课程理念立足于"明德至善,切问近思"的办学理念和学校的人文、历史、资源积淀,兼具哲学与理性的思考,使学校课程体系建设具有目标性、系统性,也使学校师生具有强烈的认同感和归属感。

同时,学校以"至善教育"的教育哲学为引领,从学生需求出发,统筹规划了四大课程领域。四大课程领域的划分为学生营造了"至善教育"的良好氛围。学生通过参与式学习感悟学校的教育理念,并通过四个阶段的课程学习逐步形成"人格完善,热爱生活""勤学善思,学业优良""身心健康,崇尚艺术""公民意识,社会责任"等综合素质。

在调研访谈中,多数学生表示在北蔡中学培养了学习兴趣,感受到有温度的教育;多数家长表示认同学校理念,感受到孩子逐渐能独立思考、具有责任感的变化。课程设计中蕴含的"至善教育"已潜移默化地成为文化观念,陶冶学生的心智,持久深远地影响学生的价值认同,发挥育人功能。

为了进一步深入推进北蔡中学的文化传承，更持久深远地发挥文化价值，我们要在今后的课程建设过程中关注时代性、灵活性、选择性。为了促进学生的个性化发展，我们要适应时代发展的需求，将"至善教育"与现代校园文化、时代价值相结合；充分利用校园、课堂，开发多样化的体验平台，创建跨学科课程体系，并注重课程实施的体验性；鼓励学生自主选择，为其个性发展拓宽空间，满足学生的发展需求。

二、课程制度确保学校课程有序

为了保证课程建设工作的顺利开展，我们在规范落实国家课程的同时，根据学校的办学优势和学生的学习需求，积极开发、实施各类校本课程；同时，为了有效管理课程，促进师生共同成长，我们结合学校的实际情况，制定了《上海市北蔡中学学校课程建设管理方案》，对学校课程的执行情况进行了全方位管理。

学校坚持"明德至善，切问近思"的管理思路，保证课程制度的人性化供给。首先，在课程规划环节，建立职责权限清晰的课程建设领导小组。各部门负责人员倾听多方需求，不断实现学校课程的优化。其次，在课程开发和实施环节，以国家政策和学校办学经验为依据，遵循关注生活、理解生活、走进生活的原则，满足学生有效学习、多样发展的需求和教师专业成长的需求，建立申报、审核、开发、试点、评价五大程序，实现课程有序合理开发。最后，通过课程调研来规范调整课程的合理设置。

北蔡中学通过问卷调查的形式来了解在校师生对学校课程的满意度。本次调查总共向 2016 级、2017 级、2018 级、2019 级四个学段的学生发放了 1000 份问卷，共回收 978 份问卷，其中有效问卷为 947 份。本次调查向教师团队发放了 100 份问卷，共回收 98 份问卷，其中有效问卷为 97 份。

学生问卷调查结果显示，学生对校本课程的总体满意度为 86.35%。83.68%的学生认为校本课程的授课形式较为多样；84.59% 的学生认为校本课程资源丰富，专题教育和国家课程的开设已得到有效落实；79.53% 的学生对学校课程的期望值较高；81.46% 的学生对教师的教学方式感到满意。教师问卷调查结果显示，教师对校本课程的认同度为 81.82%，对校本课程的参与度为 84.68%。83.29% 的教师认可学校对校本课程的支持力度，82.37% 的教师认可校本课程的开发与管理制度。

师生问卷调查结果显示，全校师生对校本课程的总体认同度和满意度较高。这说明校本课程管理制度的实施能保证课程开发及管理的科学性、规范化和可操作性，便于教学指导，利于实践操作，有助于全面提升教学质量。

制度可分为正式制度和非正式制度。非正式课程制度又称为微观制度，凸显制度的内隐功能，体现为课堂伦理秩序、教师自我监督和约束。除了利用现行的正式制度外，学校还可通过微观课程制度进一步增强教师对校本课程的认同感，增强课程的生命力。虽然部分学生对校本课程的期望值较高，但目前课程实施模式较为单一。部分教师认为需要通过协同研究进行课程开发。学校可以通过激励教师自行选择独立研究或协同研究等模式，自觉调整课程结构，提升课程内容的实效性，发挥微观课程制度的积极作用。

三、课程评价让学校课程有度

北蔡中学的课程评价以开发和实施过程为主线，以学生发展为目的，既关注共性发展，又关注个性收尾；既关注学习结果，又关注学习过程；既关注学生的学业水平，又关注学生的品德发展和身心健康发展。课程评价以核心素养理念和学校课程理念为内核，采取多种评价方式，保证课程评价的全面性，有效落实课程内容。

课程评价体系包括课程评价、学生评价、教师评价三个层面，从"需求—满足""规范—科学""可行—绩效""反馈—改进"四个维度作出评价。学生评价是指根据多元化的课程目标，包括基础型课程、拓展型课程、研究型课程对不同素质和能力的培养要求，进行多元化评价。基础型课程注重从学校、年级、班级、学科、教师、学生等层面对考核成绩进行质量分析。拓展型课程和研究型课程注重过程性评价，强调学生自评的重要性。学生作为学习活动的主体，其积极主动地对学习活动进行客观评价，对于激发学习需求、改善学习策略具有重要意义。教师通过综合学生参加学习的态度和表现及考核，确保客观科学地反映学生的学习水平，及时调控学生的学习过程。教师评价逐步建立以教师自评为主，学校、同事、家长、学生共同参与的多主体评价制度。学校通过多主体视角对校本课程实施作出评价，以此来进一步完善校本课程建设。

北蔡中学通过问卷调查的形式来了解在校师生对课程评价制度的满意度。本次调查总共向 2016 级、2017 级、2018 级、2019 级四个学段的学生发放了1000 份问卷，共回收 982 份问卷，其中有效问卷为 959 份。本次调查向教师团队发放了 100 份问卷，共回收问卷 98 份，其中有效问卷为 98 份。

学生问卷调查结果显示，学生对课程评价考核形式的满意度为 83.97%。82.59% 的学生认为课程评价考核形式多样，有利于激发自身的自主学习动力；86.92% 的学生认为课程评价考核形式能反映课程所学知识、素养、技能，有助于能力和素质的培养与提升。教师问卷调查结果显示，教师对课程评价的认同度为 85.23%。80.93% 的教师认为课程多主体评价制度有助于教学模式、教学内容的优化，87.72% 的教师认为评价制度能较为准确地体现学生对知识的掌握水平和运用能力。

师生问卷调查结果显示，全校师生对课程评价制度的满意度较高。这说明课程评价能保证学生及时了解评价结果，进行学习方式方法的调控。同时，对教师而言，只有及时获取教学反馈信息，才能以专业引领加强教学研究的针对性，逐步实现教学目标，调动学生的积极性，规范教学管理，全面提升教学质量。

部分学生认为课程评价主要关注知识技能方面，评价工作的全面性有待增强。虽然学校的校本课程设计体现了实践性、多样性等，但部分教师主要关注学生对知识、方法、活动过程等的评价，忽略了学生对情感、态度等的评价。今后，北蔡中学的校本课程评价将更加关注学生核心素养、学习需求，研究课程评价的过程性、开放性等特点，关注课程评价的育人价值，提升评价的针对性和全面性。

北蔡中学立足学校文化，结合学生需求，积极构建 S-H-A-N 课程体系，进

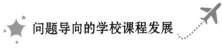

行包括课程哲学、课程目标、课程框架、课程内容、课程实施、课程评价在内的课程规划，旨在提升学生核心素养，促进学生全面发展。但课程具有动态属性，是一种创造性活动，需要不断开发并更新。学校课程建设将随着社会的发展和周边百姓对优质教育的需求提升而不断实践跟进、反思总结和循环推进，努力使每一个学生在学校里不负韶华，成就最好的自己。

（撰稿人　朱海兰）

第八章

FLAME 课程：让每一个孩子都自信满满

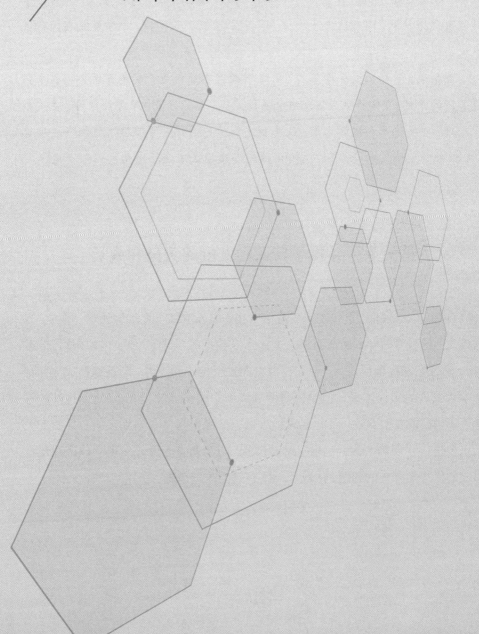

上海市闵行区浦江第一中学（以下简称"浦江一中"）是一所公办中学，创办于 1945 年，位于美丽的黄浦江畔。各类教学场馆设施完备齐全，校园绿树成荫，环境优美。同时，学校师资力量较为雄厚，有 48 名中级教师和 14 名高级教师，占比超过 65%。目前，学校被评为闵行区艺术教育特色学校、闵行区家庭教育优秀学校、闵行区文明单位、闵行区 A 级二等学校，办学绩效在闵行区多次获得二、三等奖。

近年来，学校积极贯彻落实《上海市教育委员会关于实施百所公办初中强校工程的意见》《闵行区"公办初中强校工程"实施方案》等文件精神，立足办学基础、发展特点和实际需求，认真制定和执行浦江一中强校工程三年发展规划，推进学校课程建设，并以 APPR 课程发展模式不断推进学校课程实施。

第一节　寻找学校课程发展的突破和成长

自 2010 年以来，学校提出"自信自主，成人成才"的办学理念，确立"自信教育"的教育哲学，逐渐明晰并坚定了学校的教学理念。为了实现"自信教育"，学校在课程顶层设计、课程建设方面进行构建和思考，已基本形成一套符合学生发展的课程体系。但学校对课程实施中的整体性、融通性、合理性的思考还不够，拓展型课程、研究型课程与基础型课程在培育学生自信心方面的关系仍要进一步明确。为此，我们通过访谈、问卷调查等形式发现学校课程建设形成的优势与存在的问题，采取了一些有效的改进措施。

一、教师课程意识推动课程建设

学校课程建设和实施的主体是教师，教师的课程意识直接决定了学校课程发展的持续力。调查数据显示，浦江一中教师在课程建设，尤其是校本课程的开发和实施方面的认同度远高于九校均值。从表 8-1 可知，在"我自己进行课程建设的自觉性不错"和"校本课程的开发和实施没有增加我的教学负担"中，浦江一中的数据远高于九校均值。

表 8-1 教师问卷的关键数据

题目	浦江一中		九校均值		差距
	非常符合	比较符合	非常符合	比较符合	
我自己进行课程建设的自觉性不错。	6.00%	50.00%	7.87%	16.33%	31.80%
校本课程的开发和实施没有增加我的教学负担。	10.00%	40.00%	6.35%	18.57%	25.08%

调查数据显示：仅有约 29% 的教师认为本学科的校本课程关注到学科内容的前沿知识；只有约 34% 的教师参与过学校课程建设规划的制定。这表明教师对课程的认知还处于初步发展阶段，缺乏主动研究课程的意识和信心。因此，提升教师的课程意识，发挥教师在课程建设中的主体作用，是学校课程建设中至关重要的一点。

二、学生需求促进课程建设

学校课程设置一定要以学生发展需求为根本。尊重学生生命的多元性和生动性，关注学生的成长与发展，鼓励学生参与课程决策，在成长过程中发现自己、肯定自己，让每一个学生都自信满满。调查数据显示，在"根据自己的兴趣爱好，在学校提供的课程里，完全由自己独立选课""让自己的特长得到发展""培养广泛的兴趣爱好"中,浦江一中学生的比例要高于九校均值(见表8-2)。这说明浦江一中学生渴望有更高的课程选择自主性,并且对课程学习目标的认识更明确。这无疑也对于新中考改革背景下的学校课程建设提出了更高的要求。

表 8-2 学生问卷的关键数据

题目	选项	浦江一中	九校均值
4. 对于学校开设的校本课程,如果你来选课,你希望的形式是什么?(单选)	A. 根据自己的兴趣爱好,在学校提供的课程里,完全由自己独立选课	67.43%	64.41%
	B. 由学校提供必选课程和自己选课相结合	22.33%	27.19%
	C. 相信学校和班主任,由他们帮我安排学习什么课程	8.25%	6.44%
	D. 无所谓上什么	1.99%	1.96%
6. 你希望通过校本课程的学习达到什么目的?(可多选)	A. 让自己的特长得到发展	80.94%	79.93%
	B. 培养广泛的兴趣爱好	86.06%	84.02%
	C. 拓展知识面并提升能力	77.1%	79.07%
	D. 提升学习成绩	53.2%	46.16%
	E. 随便玩玩	4.55%	5.98%

从"学生校本课程参与率"的数据可以看出,浦江一中学生每周参与1节校本课程或没有参加校本课程的比例为62.02%,比九校均值高15.54%。浦江一中有一半以上的学生每周只参加1节校本课程,参加2节或2节以上的比例低于九校均值(见表8-3)。

表 8-3 "学生校本课程参与率"的数据统计表

浦江一中				九校均值			
没有	1节	2节	2节以上	没有	1节	2节	2节以上
10.38%	51.64%	14.65%	23.33%	7.65%	38.83%	27.97%	25.55%

因此，完善学校三大类课程建设、满足学生不同的需求、拓宽学生的成长空间是学校课程建设的关键问题。

三、教师成长保障课程持续发展

一支优秀的教师团队是学校持续发展的原动力。学校的师资队伍在不断发展，教师梯队也在不断优化。此外，学校行政班子有较强的使命感，学校教师队伍整体年轻化且素质良好。在硕士研究生学历方面，浦江一中的教师比例比九校均值高 17.99%；在工作年限方面，浦江一中工作 6 年以下的教师比例比九校均值高 18.02%；在年龄方面，浦江一中 30 岁以下的教师比例比九校均值高 14.98%，而 50 岁以下的教师比例比九校均值低 3.72%（见表 8-4）。

表 8-4　教师结构数据表

	硕士研究生学历	工作 6 年以下	30 岁以下	50 岁以上
浦江一中	34.21%	42.11%	36.84%	15.79%
九校均值	16.22%	24.09%	21.86%	19.51%
差距	17.99%	18.02%	14.98%	−3.72%

此外，学校教师的学科专业能力较强，如语文、英语教师有古诗文吟诵、课本剧编排等特长，体育教师有编排体育舞蹈等特长，美术教师有软硬笔书法、水彩画、油画等特长，科技教师有航模制作、智能编程、无人机操控等特长，也有部分教师涉及跨学科研究。

同时，学校年轻教师偏多。大多数教师在校本课程的开发和实施方面有热情但没有经验，处于较为被动的状态。学校的研究工作一般都偏重于教师的学科专业知识技能和教育知识技能的再学习与再提高，较少关注帮助教师优化课程开发过程、有效实现课程目标等方面。因此，学校要加强教师校本课程研究能力的培养，提升教师的课程开发能力，以提升校本课程的质量和生命力。

基于以上问题的诊断和分析，学校在正确分析优势、劣势、发展方向的基础上,寻找课程发展的突破点,充分调动全体教师的积极性,强化课程管理,以办学理念为引领,完善三大类课程建设,满足学生不同的需求,拓宽学生的成长空间,促进学校内涵式发展。

第二节　提炼学校课程体系的核心和重点

在分析学校情境的基础上确定学校的课程哲学,并针对学校课程中的优势和不足,通过课程目标、课程内容、课程实施与评价的规划,扬长补短,建构学校的课程框架。

一、课程哲学

学校的教育哲学是"自信教育",办学理念是"自信自主,成人成才"。我们坚信,每一个学生都是一颗自信的种子,每一颗种子的未来都是潜力无限的;只要给他们足够的空间和充足的养分,他们就一定可以自信成长、自由生长;学校是学生自信生长、自我发展的乐园,这个空间里有充足的阳光、充沛的土壤;学校的教育是培养学生自信心的活动,"自信教育"就是要提供丰富多元的教育,让每一个学生都能找到自我发展的平台;学校的每一名教师都是学生自信成长的引路人。在教师的引领下,学生能更好地找到自我发展的方向。

教师积极开展"自信课程",充分尊重学生的个体差异,让每一个学生都能根据自己的特点选择适合自己或感兴趣的课程,帮助他们在实践中锤炼"思辨、挑战、坚持"的自信品质,由此提出"自信教育"的教育哲学,并确立"让每一个孩子自信满满地走向未来"的课程理念。

课程即内在成长。课程在本质上是一种教学事件。学生作为事件发生的主体参与其中,去感受、去体验、去思考、去交流、去探索。每次经历的过程都是内在生长的过程。无论是显著生长还是缓慢生长,只要积极参与课程活动,就一定会助力生命的内在成长。

课程即个性成长。学校课程致力于满足全体学生的个性需求，促进全体学生的个性生长。不同的课程内容为学生提供不同的营养，满足不同学生的成长需求。科学合理的课程设置，为学生提供符合个性需求的成长土壤，使每一个学生在多样化课程学习中获得自我成长。

课程即发展方向。社会的发展需要个性化人才，国家课程的校本化实施和学校特色课程的开发为培养个性化人才提供了可能和保障。丰富的学校课程，给了学生自由选择的空间，给了学生自我发展的平台，旨在满足学生的发展需求，帮助学生自信满满地朝着自我预期前行。

因此，学校将建设多元化的课程体系，培育每一颗自信的种子，帮助学生积蓄自我成长的力量；为每一个学生搭建学习的舞台，激发学生的自信心，让每一个学生自信满满地走向未来。

二、课程目标

课程是学校教育的主要载体，是实现育人目标的主要方式与途径。学校基于"自信教育"的教育哲学和"自信自主，成人成才"的办学理念，确立育人目标。

学校致力于培养"强体魄，乐生活；有情趣，重行动；会思辨，能创造；有自信，敢担当"的自信满满的人。我们希望培养拥有健康体魄、积极心态的学生，使其能发现生活的美好，并且热爱生活。我们希望培养善于欣赏、发展特长的学生，使其能乐于体验生活情趣。我们希望培养知其然且知其所以然的学生，使其能善于思辨，勇于创新，付诸实践。我们希望培养相信自己、超越自己的学生，使其能敢于承担责任，不退缩。

学校将进一步根据不同年级细化育人目标，建构学校课程目标体系（见表8-5）。

表 8-5　浦江一中不同年级的课程目标

年级	强体魄，乐生活	有情趣，重行动	会思辨，能创造	有自信，敢担当
六年级	和同学友好相处，认识新环境、新集体，积极融入初中生活；参与体育活动，通过广播操、啦啦操等形式感受运动带给自己的乐趣。	初步了解和探索艺术、科学等活动；对学校课程产生美好的向往和期待。	热爱学习，有求知欲，养成动脑思考的习惯；对创新有基本的认识，在学习和生活中有所创新。	认真学习，养成自主学习的好习惯，形成自己的见解；了解并遵守学校的规章制度，形成自我管理的习惯。
七年级	爱护同学，感恩父母，热爱班集体；培养参与运动的爱好，形成积极主动的生活态度；珍惜并善待周围环境中的自然事物，形成人与自然和谐相处的意识。	积极参与艺术等活动，感受艺术等活动带给自己的乐趣；初步形成自己的兴趣。	积极思考，发现知识的多方面联系；大胆提问，能提出有一定深度的问题；形成自己的思考和见解。	热爱学习，自己的事情自己做；体谅父母辛苦，主动与父母沟通；学会与人进行有效沟通；对自己有自信，能独立思考，并表达自己的感受。
八年级	学会积极与他人合作，懂得对他们表示感谢，有学校归属感；积极参与体育活动，保持参与运动的兴趣和坚持运动的习惯，保持愉快的心情。	将对艺术等活动的兴趣培养成自己高雅的情趣；发展一门自己喜欢的艺术特长。	积极参加各类科技创新活动；不断提升自我的思辨和创新能力，发展辩证科学精神。	辩证地思考问题，尽可能多地寻找解决问题的方法，学会比较全面客观地看待生活中发生的问题；思考和探索自己的发展目标。
九年级	形成力量、速度、灵敏、耐力等身体素质，动作更协调；保持参与运动的习惯，形成开朗大方、坚强自信的性格；热爱祖国，热爱学校，感恩社会，并将其转化成学习和前进的动力。	保持参与艺术活动的爱好和习惯；发挥自己的特长，体验生活的情趣。	热爱学习，坚持学习；实事求是，言必信；虚心接受别人的批评，坦然承认自己的不足；有主见，敢于发表自己的观点和看法。	保持浓厚的学习兴趣，培养学习责任感；自信地接受自己的优缺点；对于社会和生活中的问题，能积极主动地表达自己的观点，形成社会责任感。

三、课程体系

为了进一步加强课程规划顶层设计的科学性、引领性，明确课程元素之间的逻辑关系，使课程成为上承教育哲学、下启育人目标的载体，学校在系统规划课程、整合重组的基础上，形成具有校本特色的 FLAME 课程体系（见图 8-1）。

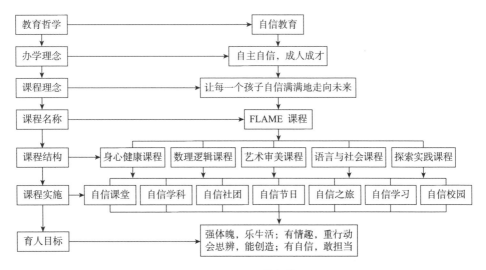

图 8-1　FLAME 课程体系

根据上述课程体系，依据《上海市普通中小学课程方案（试行稿）》，学校从加德纳多元智能理论角度，将 FLAME 课程横向分为五类课程。Fitness：身心健康课程，旨在构建学习生活的基础；Logic：数理逻辑课程，旨在点亮启发逻辑思维的火花；Art：艺术审美课程，旨在打造艺术鉴赏的基地；Mind：语言与社会课程，旨在构建有利于思考社会真谛的平台；Exploration：探索实践课程，旨在探索大千世界的奥秘。

根据 FLAME 课程结构图（见图 8-2），对于每类课程，学校都有详细的设置，也有对应的目标和内容。

围绕育人目标，学校的身心健康课程结合体育、心理健康等国家课程，形成"强体魄""优心理"两大板块的拓展型课程。这类课程的教学目的在于让学

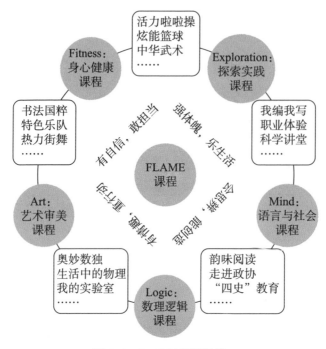

图 8-2　FLAME 课程结构

生在学习知识、训练技能的同时，培育健康的体魄和健全的人格。

学校的数理逻辑课程整合数学、物理、化学等国家课程，设置数理逻辑系列课程，旨在培养学生的逻辑思维能力。

学校的艺术审美课程整合美术、音乐等国家课程，开设多样化的拓展型课程，旨在培养学生的审美情趣，提升学生的艺术修养和品位。

学校的语言与社会课程结合语文、道德与法治等国家课程，设置了多样化的拓展型课程，强调广泛阅读，旨在培养学生正确的社会意识。

学校的探索实践课程整合科学、信息科技等国家课程，开设系列拓展型课程，旨在提升学生的实践能力和创新能力。

综上所述，学校将依据 FLAME 课程设置逐步推行课程实施，不断调整和完善课程，旨在培养学生的兴趣特长、创新思维和实践能力，培养"强体魄，乐生活；有情趣，重行动；会思辨，能创造；有自信，敢担当"的自信满满的人。

第三节　建构学校课程实施的框架和内容

课程实施是 APPR 课程发展模式的重要组成部分，是确保课程内容真正融入课堂、活化于教学互动中的关键过程。浦江一中的课程实施是学校培养"自信少年"、落实"自信教育"的过程。学校从"自信课堂""自信学科""自信社团""自信节日""自信之旅""自信学习""自信校园"七方面入手，践行"自信教育"的理念，深度推进 FLAME 课程，落实立德树人根本任务。

一、构建"自信课堂"，推进学校课程的有效实施

"自信课堂"是根据学校的课程理念以及学生的学情和教学实际情况提出的课堂构想，包括教师自信、学生自信、师生互信三个维度。培养自信的学生，要有自信的教师。教师的自信源于深厚的专业功底和细致的教学准备。教师要面向全体学生，因材施教，满足学生不同的学习需求，践行学校的"自信教育"。学生自信的表现在于课堂中能乐于合作、敢于承担、勇于发言。《课堂中的皮格马利翁——教师期望与学生智力发展》一书提出，教师对学生的期望，会在学生的学习成绩等方面产生效应。比如，教师寄予很大期望的学生，经过一段时间后进行测试，他的学习成绩比其他学生有明显提高。教师要向学生传递信心，给予他们鼓励，学生才会越来越愿意参与其中。与此同时，学生对教师也会越来越信任，愿意在课堂上表达出他们的想法，从而能碰撞出不一样的思维火花。

（一）"自信课堂"的实践操作

学校通过努力形成了"低起点、小步子、多活动、勤反馈、激兴趣、多赞美"的"自信课堂"。

低起点。要求课堂设计符合课程标准和学生实际，难度适中，关注每一个

学生的差异。

小步子。在课堂教学中，教师给学生足够多的时间和空间，保证学生在每一个环节的思考和学习，使其循序渐进地完成每一个学习任务。

多活动。在具体教学过程中，教师针对不同的教学内容采取多样化的教学策略，保证学生拥有充足的参与和体验机会，旨在激发学生的学习热情。

勤反馈。在教学环节中，教师要鼓励学生主动分享自己的见解，发表自己的观点；同时要关注学生的课堂表现，及时解决学生在课堂上遇到的问题，给予正确的评价和引领。

激兴趣。在设计课堂环节时，教师要通过多种情境创设手段（如情境导入、角色扮演等）激发学生的学习兴趣，为学生提供多元的体验方式，帮助学生更充分地认识、理解、感知。

多赞美。在教学过程中，教师要善于发现和欣赏学生的优点，并结合学生的具体表现，给予学生有效的鼓励和赞美，点燃学生自信的火花。

（二）"自信课堂"的评价标准

结合原有的课堂评价标准，学校制定了适合"自信课堂"的评价标准（见表8-6）。

表8-6 "自信课堂"的评价标准

类别	指标	评价标准	教学效果
学习目标	低起点	1. 确立符合课程标准要求、清晰、可观测的学习目标。 2. 学习目标能将三维目标有机结合，具体、明确、可操作。 3. 学习目标的设置难度适中，容量恰当，符合该阶段学生的身心发展规律，能考虑到不同阶段学生的发展需求。	
学习内容	小步子	1. 针对学生的认知特点，设计课堂学习内容，及时解决环节中的目标达成问题，关注每一个学生的知识习得。 2. 能随时反思学习中存在的问题，及时进行纠正和弥补，并切实贯彻"以学定教"的原则，最大限度地了解学生的问题，并对问题进行梳理和归纳。 3. 突出重点，抓住难点，把握知识的内在联系，并抓住关键能力，根据具体的学习需求和发展可能给予学生内容和能力的拓展。	

（续表）

类别	指标	评价标准	教学效果
学习方式	多活动激兴趣	1. 根据学生的学习方式创设多样的活动，鼓励学生积极参加，并指导学生运用各种行之有效的学习方法体验学习过程。 2. 倡导个性化、多样化学习，引导学生通过自主自学、合作探究、多元互助等方式进行学习，激发学生的探究欲望和热情。	
学习评价	勤反馈	1. 注重过程性评价，关注学生的过程性表现，并及时给予针对性点评。 2. 在学生学习和展示的过程中，融入合作、探究、实践、质疑等学习方式，使学生能恰当自评和互评。	
学习氛围	多赞美	1. 营造宽松、民主、融洽的教学氛围，鼓励学生探究，表达自己的观点，乐于听取和尊重别人的意见。 2. 参与学生的探究学习，兼顾各个层面的学生，发现学生的优点和进步，给予学生个性化的赞美。 3. 学生能较好地理解教学内容，并掌握重难点，同时不同层次的学生都能取得进步。	
听课感悟			

二、建设"自信学科"，丰富学校课程内容

学校通过创设各种条件，为学生开设丰富的课程和营造良好的环境，以满足学生的发展需求。同时，学校对学科课程进行统整规划，根据学科课程特点、学生需求和学校实际，自主研发丰富的拓展型课程，形成"自信学科"课程群。

（一）"自信学科"的实践操作

"自信学科"建设的主要形式是每个学科构建"1+X"学科课程群。"1"是以国家基础型课程的学科知识为核心。"X"是同一学科知识的融合和关联，或者是将跨学科的同主题内容进行整合的校本化课程。

1. "韵味语文"课程群

"韵味语文"课程群将课程内容与学生的特征和需求有机结合，满足了学生的多元化学习需求，拓展了语文教学新天地。这类课程侧重于给予学生生命的

关怀和生长的滋养。学校结合中学生语文学科核心素养的培养目标，围绕识字与写字、阅读与理解、写作与表达、口语交际四大板块开设"趣味汉字""韵味阅读""妙味练笔""风味口语"等拓展型课程，开展读书节等活动，让学生在实践中学习语文。

2."奥妙数学"课程群

"奥妙数学"是学有价值的数学课。根据课程标准、数学学科核心素养、学生特点，学校围绕数与代数、空间与几何、统计与概率三大板块构建"奥妙数学"课程群，开设"奥妙之数""美妙几何""奇妙统计"系列课程。这类课程以培养学生的数学兴趣为出发点，旨在探索中学数学学习模式由"讲练教授"到"玩中体验"的转变。

3."LIVE 英语"课程群

"LIVE 英语"课程群根据课程标准和英语学科核心素养，有机结合学生的特点，为学生提供适合自身学习的平台。学校围绕"听、说、读、写"四大板块，开设"LIVE 英语"课堂，开展英语周活动，让学生体验学习英语的乐趣，激发学生学习英语的热情；开设"LIVE SHOW"等特色社团，让学生在体验中学习使用英语。"LIVE 英语"课程群给学生提供了丰富的课程选择，通过设计合理的教学活动、满足不同学生的需求、创设真实的情境等形式，推动学生的英语学习。

4."生活物理"课程群

"生活物理"课程群依据课程标准和物理学科核心素养，结合学生的心理发展特点，为学生创设适合发现式、探究式、合作式学习的平台。教师通过研发"生活中的物理"等拓展型课程，挖掘学生生活中的各种物理现象，开展各种物理实践活动，鼓励学生主动探究和发现物理现象及其背后的知识。

5."实验化学"课程群

"实验化学"课程群依据课程标准和化学学科核心素养，基于国家基础型课程，挖掘学生实际生活中的化学现象。教师围绕化学思维模式、科学探究等领域，开发了基于化学实验的"我的实验室"拓展课，提供多元化的化学教学活动，让学生在实验中观察、记录和分析各种化学现象，整理数据并得出结论，从而激发学生学习化学的兴趣，提升学生的观察能力、分析能力和探究能力。

6. "千象地理"课程群

"千象地理"课程群结合课程标准和学生需求，围绕区域性、综合性、思想性、生活性、实践性等原则，紧密联系学生生活实际，研究对学生终身发展有用的地理知识，构建开放的地理课程。比如，教师设计了"地图与地球""我与中国""我与世界"等拓展型课程，帮助学生认识和欣赏大千世界，形成正确的地理观。

7. "大同道法"课程群

"大同道法"课程群结合课程标准和学生的特征与需求，拓宽了学习内容，兼顾学科特点、教材特点、学生生活，形成系统、递进的课程体系。比如，教师开发了"我和朋友""我和我家""我和集体""我和国家""我和宪法""人类命运共同体"等拓展型课程，通过案例分析、实践体验等形式，帮助学生理解个人与集体、社会、世界的关系，了解法律的意义，从而形成正确的成长观。

8. "奇趣科学"课程群

"奇趣科学"课程群是基于科学学科中"提高每一个学生的科学素养"的课程理念和学校科学学科的实际校情、特色项目而提出的。每一个学生对未知的世界都充满好奇，是天生的探索者；他们也是天生的创造者，对未来充满向往和信心。学校教研团队基于基础型课程，围绕"科学探究""生命科学""物质科学""地球与宇宙"以及"科学、科技、社会、环境"四大领域，设计了"芳香植物""显微镜下的世界""奇妙地球""3D 模型"等拓展型课程，旨在提升学生的科学素养。

9. "灵动体育"课程群

"灵动体育"课程群基于体育学科中"激发运动兴趣，发展学生体能，提升学生体质健康"的课程理念，结合不同年级学生的实际需求，开设了"灵巧舞动""欢乐运球""快乐竞技"等拓展型课程。"灵巧舞动"主要由武术、啦啦操、健美操等组成；"欢乐运球"主要由足球、篮球、排球、乒乓球等组成；"快乐竞技"主要由围棋、跳高等组成。通过对"灵动体育"课程群的学习，学生在丰富多彩的运动中激发兴趣、学习技能、锻炼身体、培养品质。

10. "悦动音乐"课程群

"悦动音乐"课程群基于课程标准和音乐学科核心素养，围绕"以音乐审美为核心，以兴趣爱好为动力，注重个性发展，重视音乐实践，鼓励音乐创造"的课程理念，打造了"特色乐队""吟吟合唱团""炫动街舞"等拓展型课程，为学生创造了多元化的活动平台，让学生在活动中欣赏音乐的美丽并体验音乐的魅力，培养学生的音乐素养，提升学生的艺术修养。

11. "多彩美术"课程群

"多彩美术"课程群是根据课程标准，整合国家基础型课程，依据学生在技能技巧、造型发现、感官体验等方面的表现而研发的拓展型课程。这类课程注重与学生生活经验的紧密关联，让学生用眼去发现、用心去体验、用手去创造生活中的美。教师围绕"造型、设计、体验"三大核心要素，构建了融合国画、水粉、动漫、泥塑等形式的拓展型课程，使学生在积极的情感体验中提高想象力和创造力，提升审美意识和审美能力，增强对大自然和人类社会的热爱及责任感，发展创造美好生活的愿望和能力。

12. "纵横历史"课程群

"纵横历史"课程群根据课程标准，整合国家基础型课程，根据学生的认知水平，围绕唯物史观、时空观念、史料实证、历史解释、家国情怀等核心素养，开设了"历史那些事儿"等拓展型课程，旨在帮助学生掌握历史学科基础知识，培养学生的历史思维能力。

（二）"自信学科"的评价标准

为了保障各学科课程群的有效实施，学校在做好学科建设常规评价的基础上，从团队建设、学科课程、学科教学等方面对"自信学科"进行评价。"自信学科"的评价主体包括学校、学科组、教师、学生等；评价形式根据学科特点分为纸笔测试、成果展评等。

三、创设"自信社团"，落实兴趣爱好课程

基于"让每一个孩子自信满满地走向未来"的课程理念，学校社团课程的

开发和实施以学生自主选择为原则，以教师组织引导为手段，以学校支持引领和相关制度为保障，积极创设"自信社团"。

（一）"自信社团"的主要类型

学校根据学科范畴将"自信社团"分为艺术社团、体育社团、科技社团三大类型。

体育社团旨在丰富学生的课余生活，提升学生的运动技巧，培养学生的体育特长，打造学生的健康体魄，包括篮球社、排球社、健美操社、围棋社等。

艺术社团旨在培养学生鉴赏美、表现美、创造美的能力，引导学生树立正确的美学观，提高学生的艺术修养，包括热力街舞、特色乐队、合唱团、书法社等。

科学社团旨在培养学生主动探索科学的兴趣，提升学生的实践能力，包括航模社、建模社、船模社、芳香社、编程社等。

为了确保社团活动的有效开展，各社团的人数控制在 20 人左右，并在学年初制定社团章程，同时社团指导教师按照计划做好一切常规工作。学校考核小组定期进行跟踪指导，并以学期为周期进行社团考核，确保社团的有序和持续运行。

（二）"自信社团"的评价标准

为了确保"自信社团"的实施效果，学校从社团管理、活动开展、展示宣传、活动成果四方面对社团进行评价。社团管理方面主要对社团制度、社团分工进行评价；活动开展方面主要对学生参与面、活动特色、活动过程性记录进行评价；展示宣传方面主要对活动的影响力、宣传力度进行评价；活动效果方面主要对社团活动取得的师生满意度、活动成绩进行评价。学校每学期评选出优秀社团、优秀指导教师、优秀社团学员，以多维度、多元化的评价方式促进社团发展。

四、创设"自信节日"，落实学校节庆课程

节日教育蕴含着丰富且巨大的教育价值，因此学校开发针对不同节日的课程资源，营造节日教育的良好氛围，以体验为主，不断拓展新的内容，让节日文化走进学生的生活，加强学生对民族文化的理解和认知，增强学生的文化自信。

（一）"自信节日"的主要类型

学校以育人目标为依据，将浦江一中的节日进行梳理与分类，主要分成"校园节日"和"中国节日"两个类型，见表8-7和表8-8。

表8-7 "校园节日"活动课程

节日类型	课程内容
艺术节	艺术专场
	美术展
	文艺SHOW
	"自信之歌"比赛
体育节	"律动青春"广播操
	田径运动会
	踢跳比赛
科技节	OM比赛
	科技进课堂
	科幻画展览
	科学小制作
读书节	课本剧表演
	读书分享会
	推荐书制作
	辩论大赛
	写作大赛

表8-8 "中国节日"活动课程

节日类型	节日	课程内容
国家节日	国庆节	爱国主义教育
公益节日	植树节	植树护林
	学雷锋日	志愿者活动

（续表）

节日类型	节日	课程内容
传统节日	春节	结合小报制作、演讲故事等活动学习传统节日
	清明节	
	端午节	
	中秋节	
校园节日	教师节	感念师恩活动

（二）"自信节日"的评价标准

为了保障"自信节日"课程的顺利开展，学校制定了针对活动、教师、学生的系统性评价指标。学校通过学生问卷调查、过程性资料检查等形式，对节日课程的计划性、延续性、科学性、创新性、安全性等方面进行评价，并从参与度、学习体验等方面对学生的学习情况进行评价，以多元化的评价方式促进"自信节日"的持续发展。

五、推行"自信之旅"，落实研学旅行课程

读万卷书，行万里路。"教育即生活""生活即教育"。"自信之旅"是要让学生从学校延伸到大千世界，寻求教育和生活的真谛；"自信之旅"是要引导学生在社会实践中坚定理想信念、厚植爱国主义情怀，提高学生的社会责任感、创新精神和实践能力，培养德智体美劳全面发展的社会主义建设者和接班人。

（一）"自信之旅"的课程设置

学校依托区域内外丰富的实践和场馆资源，按年级、分主题组织学生进行考察、调查、探究和研学实践等，使其了解并认识国家的历史文化和基本国情，增强学生的国家意识和社会责任感。

六年级：红色爱国之旅。入学初，组织学生参加少年军校活动，参观上海市龙华烈士陵园等，利用班会课给老师和同学们讲英雄故事。学生通过实践活动将书本知识应用于现实生活，从而体会生命的重要性，增强爱国情怀，并做

到牢记历史，勿忘国耻。

七年级：最美家乡之旅。组织学生集体参观浦江消防救援大队、垃圾分类处理站、浦江古镇等，通过图片、视频等形式记录所学知识，并在班级或年级中进行展示。学生通过这些活动了解家乡并热爱家乡，亲身体验家乡的过去和现在，感受家乡的巨变，激发自豪感。

八年级：奇妙博物馆之旅。组织学生参观钱学森图书馆、上海自然博物馆（上海科技馆分馆）等，将所见所感制作成小报，并在班级或学校中进行展示。学生通过这些活动丰富历史文化知识，提升文化素养，增强对祖国的热爱。

九年级：梦想之旅。组织学生参观浦江郊野公园、深入大学开展研学活动，记录各自在活动过程中的感受，并在年级组内进行分享与交流。学生通过这些活动锻炼意志品质，明确自身的目标和努力方向。

（二）"自信之旅"的评价标准

"自信之旅"作为提升学生综合素质的实践教育课程，构建了集内容、实施、评价于一体的实践模式。为了使学生在课程中拓宽视野、增长见识，以及丰富对集体生活和社会公共道德的认知，学校从内容、组织、效果、管理等方面对课程进行评价，从参与度、任务完成、自主管理等方面对学生学习进行评价。"自信之旅"的评价形式主要包括成果展示、问卷调查等。学校通过科学评价持续优化"自信之旅"的课程内容，推动课程建设向纵深发展。

六、开展"自信学习"，助力学生自律自强

结合学校的育人目标，培养学生的自主自律意识，是"让每一个孩子自信满满地走向未来"的坚实保障。学校开展的"自信学习"旨在通过"自主管理"和"自信学礼"两大板块，帮助学生形成良好的习惯和纪律，从而更好地管理时间、调节情绪和规划学习目标，充满自信地应对一切困难。

（一）"自主管理"的课程设置

"自主管理"板块旨在通过探秘自我、探秘自控力、探秘生涯和探秘行动力等课程，帮助学生理解自我管理的意义，明确自信与管理之间存在相互促进的

关系，利用自控力来更好地管理时间、管理情绪和管理学习，充实自身生活，挖掘自身价值，提升自信心。

六年级：探秘自我。学生通过认识自我、相信自我、完善自我等课程，了解自己的能力、特长、气质，挖掘自我潜能，提升自我效能。

七年级：探秘自控力。学生通过自控力与自我、自控力与时间、自控力与情绪、自控力与思考等课程，了解自控力和影响自控力的因素有哪些，学习提升自控力的方法，形成独特的自我管理模式，并将自控力内化为心理意识，养成自我控制的行为习惯。

八年级：探秘生涯。学生通过走进职业、合理选择、创造未来等课程，了解自己的兴趣、能力、价值观，不同工作的本质及其对社会的贡献和重要性，并找到适合自己的职业，初步掌握生涯规划和生涯决策的技巧。

九年级：探秘行动力。学生通过行动思维、行动策略、行动目标等课程，知道知行合一的重要性，学习如何做到知行合一，并利用成功经历来提升自我效能感，迎接更高的挑战。

（二）"自主管理"的评价标准

"自主管理"板块以过程性评价为主，主要从以下几方面进行评价：一是学习过程中的表达交流，包括表达自己的观点、自信展示自我等；二是课程活动中的参与度，包括对实验任务的完成情况、实际操作等；三是团队活动中的合作分享，包括是否能虚心听取他人意见、尊重他人的观点、服从分工、主动帮助他人等。"自主管理"板块采用学生自评、小组互评和教师评价相结合的方式进行评价。

（三）"自信学礼"的课程设置

知礼守礼、明礼重礼是每一个孩子都应表现出来的良好品质和精神面貌。自信少年更应该要知礼晓礼，以自己的行动体现良好的文明素养，践行具有现代文明的礼仪行为。因此，学校开设"自信学礼"课程，将行规和礼仪教育融入德育常规管理、主题教育、德育特色活动以及学生的日常生活中。学校以《中学生日常行为规范（修订）》为依托，从仪容仪表、言谈举止、校园礼仪等方面，分年级培养学生的行规和礼仪，具体课程见表8-9和表8-10。

表 8-9 "自信学礼"的行规和礼仪课程

年级	内容	实施方式
六年级	明规遵纪　文明自爱 　　树立规范意识，培养良好习惯。熟悉中学生日常行为规范的要求，逐步培养讲文明、明纪律的良好礼仪习惯。	晨会、队会、实践活动
七年级	明礼守则　规范自律 　　继续加强行规养成教育，加强学习习惯养成。遵守社会公德，规范自我行为，提升自律意识。	晨会、队会、实践活动
八年级	明理辨非　包容自省 　　在日常行为规范养成教育的基础上，培养高年级学生具备明辨是非的能力，强调身正为范的作用，并倡导包容精神的重要性。	晨会、队会、实践活动
九年级	明责懂法　担当自强 　　强化学生的日常行为习惯，提升学生的文明素养，使其强化能自强、敢担当的责任意识。	晨会、队会、实践活动

表 8-10　行规和礼仪课程在不同活动中的体现

分类	活动主题	行规和礼仪标准
校园四大节日	体育节	1. 积极参加各项有益的体育运动，学会正确使用运动器械，增强自我保护意识。 2. 观看体育比赛时，尊重双方运动员、教练员，热情地为运动员助威，做文明观众。 3. 参加比赛时，尊重、服从裁判员的裁决。
	艺术节	1. 表演开始时，要鼓掌欢迎或致谢；观演时，要坐直并认真倾听发言。 2. 自己表演时，先向师长和听众致礼；发言结束后也要道谢。 3. 接受奖品或其他物品时，应先起立并双手接过，再敬礼致谢。
	读书节	1. 养成爱阅读、爱惜书籍的好习惯。 2. 学会自主整理、归类书籍，按时归还借阅的书籍。 3. 在读书活动中，能认真倾听同伴的分享。 4. 尊重他人的表演，表演开始和结束时都要鼓掌。
	科技节	1. 养成离开工作或生活场所时关闭电器电源的习惯，形成安全用电意识。 2. 尊重裁判，有集体意识。 3. 了解会场中的文明礼仪，尊重他人的表演。

（续表）

分类	活动主题	行规和礼仪标准
少先队仪式	升旗仪式	1. 按时整队进入操场，做到快、静、齐。 2. 认真听讲，精神饱满。 3. 齐唱国歌时声音响亮，队礼姿势标准。
	红领巾广播	1. 认真听讲，精神饱满，坐姿端正。 2. 积极参与互动，认真学习广播内容。
	少先队队风队纪大赛	1. 动作规范到位，声音响亮。 2. 严格按照指令做动作。 3. 有集体意识，能做到文明守纪。
	少代会	1. 尊重选举者和参与者。 2. 积极主动，有服务意识，参与少代会选举。 3. 了解会场中的文明礼仪，尊重竞选候选人。
	"六一"活动	1. 遵守秩序，按规则参与游园会。 2. 尊重各班活动，文明排队，爱护公物。 3. 有参与意识，遵守表演要求。 4. 了解会场中的文明礼仪，尊重他人的表演，表演开始和结束时都要鼓掌。
	学雷锋活动	1. 爱护公共设施，保护绿化，增强安全意识。 2. 垃圾分类，定点投放，自觉维护社区环境卫生。 3. 在生活中，要礼貌待人，认真参与。
	寒暑假志愿者行动	
分年级仪式	六年级红领巾换戴仪式（立志章）	1. 积极、认真地参加学校活动，做到守时。 2. 会前按时整队入场，做到快、静、齐；入场后则按指定位置整齐就座。 3. 认真听讲，精神饱满，端正坐姿，保持会场安静。 4. 了解会场中的文明礼仪，尊重他人的发言，发言开始和结束时都要鼓掌。 5. 保持会场整洁卫生。 6. 活动中途不走动，活动结束后有序退场。
	七年级重温铭言仪式（铭言章）	
	八年级十四岁生日仪式（接力章）	
	九年级毕业典礼暨离队仪式（珍爱章）	

（四）"自信学礼"的评价标准

学校致力于逐步完善学生礼仪规范模式，进行学生自主管理的探索，提升学生自我管理、自我教育、自我完善和自我超越的能力，让学生培养尊重个性、善于选择、实事求是、独立思考、坚持真我的精神品质。在评价方式上，学校采用教师评价、学生自评、小组互评相结合的形式进行评价。教师通过学生的整体表现，通过综合素质报告册、成长档案袋等形式，对学生进行描述性评价。学生依据教师提供的评价标准和自身期望，对自己参与课程中的体验、感受和表现进行判断与评估。学生通过教师提供的评价标准，发现同伴在参与课程中的闪光点，并给出更多建设性意见。

七、打造"自信校园"，促进校园文化内化

校园文化的力量在于"以文化人"。为了积极挖掘自信文化的教育魅力，学校合理规划校园布局，将自信文化融入校园环境的一草一木、一楼一亭中，也融入特色鲜明、内涵丰富、操作性强的校园活动中。学校处处是课程，从风景到愿景，都是传承自信文化的载体。

（一）"自信校园"的课程设置

学生从六年级参加入学教育以来便走入了"自信的一中"。"自信校园"能让学生在经意与不经意间的独处中感受到学校的文化与内涵，也能让学生在校期间从"感知自信"到"理解自信"，再到"内化自信"（见表 8-11）。

表 8-11 "自信校园"的课程设置

年级	课程主题	课程目标	具体内容
六年级	初识一中自信	1. 了解学校，包括校史、学校发展历程、校园整体规划布局等。 2. 了解"自信校园"的基本概念，初识"自信校园"的文化魅力。	1. 听一次讲座，了解学校发展历程。 2. 参观一次校史陈列室，直观了解学校发展史。 3. 逛一次校园，了解楼名、路名的出处。 4. 完成一份关于"初识一中"的学习报告。

（续表）

年级	课程主题	课程目标	具体内容
七年级	亲近一中自信	1. 学习榜样的力量，探索自信成才的途径。 2. 根据校园楼名、路名的出处，探索名称背后的自信寓意。	1. 听一次讲座，学习优秀校友的成长故事。 2. 参加一次吟诵比赛，如根据学校楼名、路名的出处，自读一本国学书籍，感受传统文化的魅力，择篇完成吟诵比赛。
八年级	宣传一中自信	通过小组合作、自主探访等主动学习模式，提升合作、沟通、协同能力，在活动中全面理解自信的内涵。	1. 以小组为单位，寻访身边的历届优秀毕业生，对他们进行一次采访，完成一份采访报道，近距离感受并宣传榜样力量。 2. 以小组为单位，做一次校园吉祥物设计。
九年级	传递一中自信	1. 通过自我梳理，感受四年的自信成长，领会自信的内涵。 2. 通过情景剧的创编、表演等活动，实践知行合一，传递自信的内涵。	1. 完成一份关于"我的一中故事"的学习报告。 2. 以班级为单位，完成"我的一中故事"的情景剧毕业汇报演出。

（二）"自信校园"的评价标准

"自信校园"采用学生自评、小组互评和教师评价相结合的方式，综合学生的四年学习情况，在毕业典礼上表彰"自信文化小使者"（见表 8-12）。

表 8-12 "自信校园"的评价标准

评价内容	评价标准	学生自评	小组互评	教师评价
学习态度	积极参加每一次活动，能克服困难，按时保质完成任务。			
	不断增强问题意识，主动反省自己在活动任务中的表现，并积极调整。			
	通过文字、图像、表演、制作等形式进行表达。			
知识与技能	了解本课程的基本知识，能向他人讲述。			

（续表）

评价内容	评价标准	学生自评	小组互评	教师评价
知识与技能	会用多种方法收集和处理信息。			
	能运用多种形式进行社会调查、个别采访等。			
	能自主设计、动手创新实践并体验实践过程。			
	能以书面、口头、表演等形式创造性地表述活动成果、实践、体验。			
交流与合作	具有与人沟通的愿望。			
	能自主与活动相关的社会机构、个人联系或交往。			
	在完成个人任务的同时，关注整体任务和他人任务的进展，并且有困难不推诿，能互相帮助。			

第四节　反思学校课程建设的收获和变革

在课程实施过程中，学校使用 APPR 课程发展模式中的反思提升环节，通过实践跟进、反思总结和循环推进，不断改进学校课程。

一、教师参与课程变革，增强课程生命力

课程开发的主体是教师。在重构学校课程的过程中，学校专门成立课程研发领导小组和工作小组，并制订了课程发展的计划，确立了具体的实施步骤。通过不同主题的校本研修，全体教师对"自信教育"的办学思想、课程目标、育人理念等产生了文化认同。

在研发学校课程的过程中，专家引领非常关键。为了切实执行课程理念，学校邀请相关领域的课程专家指导和引领学校课程的顶层架构，让所有教师都

能明确课程理念和操作要领，也都能积极参与和大胆实践，从而在实践中逐步逼近课程核心，增强课程开发能力，保证课程开发和实施的顺利进行。

在 FLAME 课程开发过程中，学校采取了"自下而上""适度引导"的研究思路，充分发挥了教师的主体性。比如，围绕"让每一个孩子自信满满地走向未来"的课程理念，教师自主参与学科课程规划，发挥团队优势。目前，学校已经初步完成了各学科的课程规划，制定了 24 门校本课程纲要，并潜心打造了翰墨薪传、走进政协、智能编程、无人机驾驶和排球五大精品课程，指导学生形成关注身边的人和事、善于发现问题和解决问题的智慧。

二、转变教育教学理念，提升课程实施力

在 FLAME 课程实施过程中，学校提出了"自信课堂"。在学科教研组的共同努力下，教师们紧扣教学基本要求和课程标准，实践单元教学设计，将教学新理念转化为课堂教学改革行为，通过研读教材、挖掘文本、确定教学目标、打磨教学设计、关注课堂反馈与评价等，将"低起点、小步子、多活动、勤反馈、激兴趣、多赞美"贯穿始终，打造有深度、有温度的"自信课堂"。目前，学校已形成"浦江一中各学科优秀单元教学设计集""浦江一中青年教师优秀教案集""浦江一中初三数学校本训练集""浦江一中英语口语训练进阶版"等成果。

在这一过程中，学校涌现出一批优秀教师：王美莉老师任闵行区学校中小学德育（行政管理）中心组成员；李蓉蓉老师任闵行区教学研究管理中心组成员；陈敏老师任闵行区中学班主任中心组成员；冯嘉瑞老师任闵行区化学学科中心组成员；鲁俊老师被评为闵行区金牌班主任；陈敏老师被评为闵行区十佳金奖班主任；力世明老师荣获上海市园丁奖。上海市德育特级教师洪耀伟老师任上海市第二、三、四期班主任带头人工作室主持人，上海市劳模创新工作室主持人，于 2020 年入选闵行领军人才（上海领军人才"后备队"）培养计划；刘小妹老师主持"绿创空间"实验室，撰写的案例"绿创，让我们一起探究"获得闵行区二等奖并被收录发表；王琴老师主持"智造工坊"实验室，获得第 34 届全国青少年科技创新大赛科教制作类三等奖、第 15 届上海未来工程师大赛创

客方案评比二等奖，被评为闵行区十佳优秀科技辅导员、闵行区第三届信息技术达人；范冰洁老师主持"ST创艺工坊"实验室，在闵行区中学美术教师专业技能比赛中获得1个一等奖、4个二等奖、2个三等奖；费晓芳老师、王娜老师、徐李斌老师被评为全国啦啦操联赛优秀教练员；耿凡诗雨老师被评为上海市中小学生排球联赛优秀教练员。

三、构建校园文化，创设课程实施主环境

学校重新布局了图书馆，极大地方便了学生的借阅，提升了师生在图书馆阅读的愉悦感；同时，打造了科技创新楼，把无人机、OM实验室、劳技制作、电工、航模、船模等汇集于一个楼面，提高了资源利用率。

近年来，学校逐步完成楼、廊、道路等的命名，将自信文化与传统文化融入整体布局中，形成一整套与"自信教育"高度契合、识别度高的视觉系统。学校通过校名石、华园水景观、图书馆的打造和室内磁性墙面的创新，实现"绿色、多元、自主"的理想教室、书香校园的打造，并完成校服形象的设计与更换，满足了学生的成长需求，提升了学生、家长的满意度。

四、以课程重构与实施推动自信少年成长

在课程重构与实施的过程中，学校通过丰富的课程选择和富有深度的课程理念，培养了许多自信少年。学生在各级各类比赛中多次获奖，涵盖写作、科技、书法、建模、体育、美术等类别。其中，排球社团连续两年在区级联赛中夺金，健美操社团在全国啦啦操联赛公开少年丙组0级、1级规定动作中获得第一名……

从2018年"绿色指标"的各项数据可以看出，经过两年的发展，浦江一中的教师课程领导力指数高于市、区平均指数，同时浦江一中学生在教师教学方式中的因材施教、互动教学、鼓励学生探究与发展这三方面的评价比较高。94.1%的学生对学校的认同度高，他们喜欢自己的学校、老师，和同学关系和

睦；浦江一中学生中学习自信心较强的占比为 82.9%，自信心水平比较高，对自己的能力有比较恰当的评估，并且 82.9% 的学生有比较强的学习动机。这些数据表明了学校在建设 FLAME 课程方面已取得一些成效。下一步，学校将继续完善课程系统，给予学生更多的学习平台。

总之，APPR 课程发展模式很好地促进了学校、教师和学生的发展。随着学校、教师和学生的发展，学校课程的背景也将发生变化。因此，学校要每年根据学校、教师和学生的变化进行课程的重新定位与调整。此外，学校将继续不断思考，对学校课程实践进行再规划，从更高层次进入 APPR 课程发展模式的下一个循环，实现课程质量的螺旋式上升。

（撰稿人　汤林）

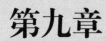

第九章

聚焦式课程：向着美的方向奔跑

上海市香山中学（以下简称"香山中学"）始建于 1995 年，是一所承担从初中六年级至高中三年级教学任务的完全中学。学校于 2010 年被评为浦东新区实验性示范性高中，于 2009 年被评为上海市文明单位，于 2012 年被列为首批上海市特色普通高中建设项目学校，于 2017 年通过上海市教育委员会的"上海市特色普通高中"的初态评估，于 2021 年 3 月被正式命名为"上海市特色普通高中"。建校以来，学校始终坚持"以美立校，立美育人"的办学理念，沿着"美之术—美之韵—美之魂"的发展轨迹，逐步确立了由"美术"到"美育"的创新特色，日益赢得了社会与同行的广泛赞誉，进而成为浦东新区乃至上海市美术美育特色学校。

第一节　引领学校美育课程方向

历经多年的不懈努力，香山中学从建校初期由单一美术学科特色发展的起步时期——"美之术"阶段迈入以"丰富美育课程，强化美育功能，丰富审美体验，提升人文素养"为目标的美育特色稳步发展时期——"美之韵"阶段，再到以"全面创建美育特色学校"为办学追求的全景式美育特色创新时期——"美之魂"阶段。在将美育融入教育的过程中，学校建立了特色教育体系，力求以美养德、以美启智、以美健体、以美促劳。在彰显大美育观的同时，全面推进综合素质教育已成为全校师生共同探求的理想信念。由此，学校的特色定位日渐鲜明。

一、进一步彰显"立美育人"的特色办学文化

香山中学在办学理念、特色创建、资源整合等方面积累了较为成熟的经验，从而形成符合自身特点的运行机制，积极顺应由"美术"向"美育"的转变趋

势，具有清晰的办学思想和鲜明的特色定位。在课程改革和发展中，学校紧紧围绕"立德树人"的价值导向，致力于协调进取的校园美育文化建设，坚持以人为本的理念，参照中国学生发展核心素养，确立了"以美立校，立美育人"的办学理念和"培养懂美识、能美韵、会美动、善美创的香山学子"的育人目标。

从实践角度看，学校特色文化还有许多方面值得深化认识，"立美育人"的特色办学文化也有待进一步凝练和提升。比如，对于《国务院办公厅关于全面加强和改进学校美育工作的意见》和《上海市人民政府办公厅关于全面加强和改进学校美育工作的实施意见》等文件，尤其是习近平总书记给中央美术学院老教授重要回信精神等，如何领会、贯彻，以及结合学校的长期探索，回应培育核心素养和落实立德树人根本任务的时代要求，是我们必须认真思考和积极实践的问题。2020年9月22日，习近平总书记在北京主持召开教育文化卫生体育领域专家代表座谈会，就"十四五"时期经济社会发展听取意见和建议，为教育、文化、卫生、体育四个领域的长远发展指明前进方向。党的十八大以来，党和国家高度重视教育、文化、卫生、体育事业发展，并作出一系列战略部署。此次座谈会上，习近平总书记再次强调："各级党委和政府要抓好落实工作，努力培养担当民族复兴大任的时代新人，扎实推进社会主义文化建设，大力发展卫生健康事业，加快体育强国建设，推动各项社会事业增添新动力、开创新局面，不断增强人民群众获得感、幸福感、安全感。"习近平总书记提出："深化学校思想政治理论课改革创新，加强和改进学校体育美育，广泛开展劳动教育，发展素质教育，推进教育公平，促进学生德智体美劳全面发展，培养学生爱国情怀、社会责任感、创新精神、实践能力。"学校要进一步拓展美育视野，就要有新的认识高度，要对学校特色发展的内涵有新的解释和引领。因此，学校文化建设是一个长期而不断深化的过程，需要与时俱进。

二、进一步创新"向美而行"的特色课程体系

学校积极贯彻国家教育方针，全面落实《国务院办公厅关于新时代推进普通高中育人方式改革的指导意见》，认真贯彻实施教育部印发的《普通高中课程

方案(实验)》和语文等 15 个学科课程标准(实验)的要求,同时严格根据《上海市教育委员关于印发上海市中小学 ×× 学年度课程计划及其说明的通知》,制定每学年的《上海市香山中学课程方案》,立足学校实际,开齐开足开好国家规定的各类课程,满足学生的兴趣、爱好等需求,培养学生的基本素质,发展学生的特长,培养具有深厚学养的美育特色人才。目前,学校已形成涵盖高中三个年级 18 个门类的美术特色课程方案,开发了《大师起步》等校本美术教材,开设了"至德五常""美术漫谈"等校本美育课程。此外,学校的"校本特色课程学分考核标准"等管理机制日趋完善。

尽管学校的特色课程建设有较好的基础,课程类型、课程质量都在发展完善,但特色课程体系还待进一步完善。调查数据显示,香山中学学生每周参与 2 节校本课程及以上的比例仅为 25.45%,而九校均值为 53.52%。这表明香山中学应开设更多的校本课程,使学生每周有更多的时间参与校本课程。从体系上看,在指向美育通识课程建设方面,还要加大力度进行研究和开发;在美育功能渗透所有学科或者各学科发挥美育功能方面,"不均衡、不充分"的情况普遍存在,有待进一步研究;在课程实施方面,如何更好地凸显课堂美育特色,对各类课程或学科进行更具操作性的模式指引,从"必然王国"走向"自由王国"的路还需要有深度的探索与挖掘。同时,香山中学学生对校本课程内容有更高的诉求和指向,更倾向于艺术和科技类课程,希望通过校本课程的学习让自己的特长得到发展。据调查,学生非常喜欢参加各类主题活动,如书画比赛、诵读比赛、艺术节、爱尔兰文化周、社团实践等。这说明学校课程建设还有很大的发展空间,课程设置必须从深度、广度上进行变革,必须符合当代中学生的发展需求。这给学校课程规划提出了新挑战和新思路。

三、进一步完善"立美学科"的课程评价体系

围绕"以美立校,立美育人"的办学理念和"培养懂美识、能美韵、会美动、善美创的香山学子"的育人目标,学校已逐步形成"立美学科"的课程评价体系。"立美学科"的评价主体包括学校、学科组、教师、学生等,评价形式根据学

科特点分为纸笔测试、成果展评等。

从学生问卷结果看，学生对学校课程有较高的需求，但学校课程设计还缺少评价措施。从学校课程管理与评价看，既往的侧重点一直放在对基础型课程的管理与评价上，而对拓展型课程和研究型课程的管理与评价仍处于自发状态，还没有形成科学有效的管理与评价体系。此外，评价体系与学生核心素养之间的匹配度较低；评价范围较为狭窄，未能扩展至学生、家长、教师等多元评价领域；评价流程有待优化；"五美"学生评价体系偏重于对学生行为规范和基本素养的评估，健康美、创新美、和谐美的评价指标有待充实。因此，学校课程评价体系的改善还要在学业评价方式、学生自主评价、过程性评价等方面下足功夫。

四、进一步拓展"立美育人"的创新体验空间

学校课程的开发和实施离不开丰富的课程资源。目前，学校在美育特色发展的主题指引下，已创建了多个"立美育人"的学习空间（教室）。但针对时代发展，尤其是数字化、智能化发展的要求，"立美育人"的创新体验空间有待进一步建设和优化。在浦东新区教育行政部门的支持下，学校基础设施改造与升级的蓝图已经清晰，有关审批程序正在进行。学校可以结合校舍改造扩建，以"立美育人"主题下的创新体验空间建设为重点，争取使学校原有的创新实验室从 1.0（实物版）、2.0（数字版）逐渐向 3.0（智能版）发展。另外，涵盖各学科教学的"大艺术"课程内容还有待深入挖掘。

在突破传统美术学科教学瓶颈的过程中，持续努力探索并有效利用现代信息技术手段显得尤为重要。充分利用学校课程资源、家庭教育资源、社会教育资源，有效增进不同资源之间的互动，提升学生的审美体验，拓宽学生的审美视野，将是今后学校课程资源可持续创新使用的重要依托。

五、进一步辐射"以美立校"的美育优质资源

"以美立校，立美育人"的办学理念，正由校内不断拓展至校外。由于香山

中学有着丰富的教育资源，因此上海市美术家协会、浦东新区美术家协会、浦东新区名师工作室先后进驻校园，成立"书画教学基地"，建立包括"上海博物馆""上海孙中山故居""浦东新区妇幼保健院"在内的 10 处香山中学学生社会实践基地。2018 年，庄一弛同学凭借独具特色的本土曲艺表演和出色的绘画技艺成功入围"全国最美中学生"的评选。2020 年，黄盈盈同学、沈牧云同学的画作"爱心汇聚，同心抗疫"成为上海市浦东新区教育局的宣传海报。由此，香山学子以手中的画笔再次诠释了果敢担当的时代精神。

尽管学校的优质教育资源已相对丰富，但还要进一步拓展和辐射"以美立校"的美育优质资源。为了办更有质量、更加公平的教育，学校将继续加强内涵建设，进一步优化"立美育人"特色课程，建设国际交流平台，完善更多共享平台，为更多师生提供服务；创新校内办学机制，积极探索并完善初中和高中美育特色教育衔接机制；健全并完善香山中学的辐射机制，在更大范围内扩大参与学校的数量，形成更强有力的"香山影响力机制"。

第二节 深耕学校美育课程体系

学校坚持走特色办学之路，通过对美术课程、美术教学和管理机制的继承与沿革，不断完善学校特色创建机制，推动学校特色从单一的美术教学项目逐步发展为全面的美育项目。在此基础上，我们进一步梳理了学校课程体系。

一、课程哲学

学校的教育哲学是"立美教育"。"将美育融入教育全过程，以美养德、以美启智、以美健体、以美促劳，以美育促多育，全面推进综合素质教育"是"立美教育"的重要理念。

（一）"立美教育"的提出

"立美教育"是坚持传承与稳步提高的需要。学校以系列美育特色课程为基础，通过坚持科研课堂研究"美"和教育教学提升"美"，努力推动"立美教育"的开发和实施。从"素描""色彩""水粉"到"美育读本"课程，从特色班试点到全校普及，从浦东新区艺术教育特色学校到上海市艺术教育特色学校，美育在香山中学得到传承和发展，"美"已成为全校师生共同的追求。

"立美教育"是特色发展与整体推进的需要。学校注重把美育融入德育、智育、体育、劳育等方方面面，整体部署美育特色内涵发展的推进工作。全校教师广泛参与美育特色的研究与实践，如既重视学生美术专业的发展，也强调基础学科的均衡发展，着眼于学生审美素质和综合素质的不断提升。只有从学科立美、德育立美、课程立美、文化立美四条途径着手，妥善推进"立美教育"，积极倡导审美与育人、求学的统一，才能确保以美养德、以美启智、以美健体、以美促劳的整体效果和实现学生的全面发展。

"立美教育"是理解教育与深入教育的需要。教育最基本的目的是传授知识，更高的目的是启蒙人的思想和智慧。"立美教育"是一种回归本性的教育，是教育者依据特定的培养目标，通过"施教于美"的过程，达到"立美育人"目的的一种教育，也是教育者按照美的规律，使受教育者得以全面发展的教育过程。它既指向融德育为心灵之美、融智育为灵秀之美、融体育为健壮之美、融劳育为创造之美的单项教育过程，也指向由德育、智育、体育、美育、劳育相互渗透和交融后呈现出来的完美、统一的教育过程。正所谓，育人始于立美，而立美亦离不开审美。

（二）"立美教育"的内涵

"立美"，是一种实践活动。它是基于马克思主义实践观，以人类物质生产实践为基础，以建立美学为目标，从而形成的一种美学概念。"立美教育"就是教育者在实践过程中提取美的因素并将其转化为审美因素，在遵循美的规律的基础上，建立美的形式，从而引导学生自主创建美的活动。

"立美教育"可以使内在的逻辑美与外在的形式美相统一，使学生在学会欣赏的同时进行创造，在获得身心愉悦和满足的同时提高学习效果，激发学生对美的热爱，从而全面提升学生的综合素质。"立美教育"不是随心所欲的教育，而是按照美的规律展开的，是正规的教育活动；不同于片面的情感教育，它对学生审美素质和其他素质的发展具有促进作用。

学者张建认为："所谓'立美教育'就是建立在美的基础上，有目的、有计划、有组织地按照美的规律，借鉴审美精神，全面育人的教育活动。"[①]

基于上述教育哲学，学校确立了"以美立校，立美育人"的办学理念。

所谓"以美立校"，就是在美育成为学校发展厚实基石的基础上，按照美的品质持续推进学校建设，让美育成为学校持续发展的不懈动力。学校以深化"立美教育"为抓手，以美育特色课程体系建设为重点，以美术特色教学为龙头，充分挖掘并开拓美术教学的内涵和外延，将美育融入教育教学全过程，以美养德、以美启智、以美健体、以美促劳，使美育与德育、智育、体育、劳育有机结合，以美育促多育，充分发挥美育的整体功能，全面推进学校的综合素质教育。

所谓"立美育人"，就是教育者自觉应用教育规律和美的规律，开展内容与形式和谐统一的美育实践活动，并按照美的品质和特征，感染和影响学生，旨在发展学生的审美素质，提升学生的综合素质，最终为学生的成长、成人、成功奠定基础。教育工作者以美的语言引导学生、以美的行为感染学生、以美的意境影响学生、以美的课堂艺术启迪学生，逐步提升学生发现美、欣赏美、寻求美、创造美的能力，从而完善学生的人格，促进学生德智体美劳全面发展。

"以美立校，立美育人"的办学理念的本质就是手段与目的的统一、办学目标与育人目标的统一。这些统一于香山中学的美育特色包括营造"以美立校，立美育人"的文化氛围，重视师生对美的内在需求，促使师生形成更高阶的素养和能力，促进和谐、进取的学校美育文化建设。

（三）"立美教育"的课程理念

在"以美立校，立美育人"的办学理念引领下，学校提出"把美奉献给属于它的心灵"的课程理念。这也意味着要创建"美美与共"的艺术人文家园。

课程即美的情愫。充满美学魅力的元素与丰富多彩的课程相结合，是学生

---

① 张建．立美教育认识论［D］．长春：东北师范大学，2004.

取之不尽、用之不竭的宝贵源泉。新课程理念强调课程内容要与学生的生活保持密切联系，引导学生从生活中领会人类文明的丰富内涵，增强学生对生活的热爱和责任感，提升学生创造美好生活的能力；同时，要让课程走向生活，面向学生的生活世界和社会实践。教师要尊重学生已有的知识与经验，倡导自主、合作、探究的学习方式，让学生参与教学，让课堂充满创新活力；要把教学过程作为师生交往、共同发展的互动过程，实现教师角色的转换，从而引领学生积极投入课程学习，满足他们的教育需求。

课程即生命相遇。教育是直面人的生命、通过人的生命、为了人的生命而进行的社会活动，是以人为本的社会中最能体现生命关怀的一种事业。课程就是一种精神教育或生命塑造，旨在实现理性、健康和完善的生命教育。"如今的教育并不缺少先进的教学方法和教学设备，并不缺少教育思想和教育著作，也不缺少教育学的教授和博导，但唯独缺少有灵魂的教育。"课程的价值就在于对生命的体悟，在于满足生命生长的需求，在于师生之间对生命本真的共鸣。通过课程实施，教师用教育的初心唤醒学生的内心，激发学生潜在的生命活力，让课程成为生命栖息的绿洲。

课程即心灵滋养。课程是一种内在的召唤，这种召唤使教育情境中的每一个人都能真诚地谛听来自生命最本真的悸动和低语。课程实施应侧重于师生共生、师生互动、生生互动，注重课程类型的多样化和内心体验的深刻性。教师要守住教育的信念，让学生的灵性得以滋养。

总而言之，"立美课程"是学生发现美、表现美的源泉，是引领学生全情投入地去感受、去表达、去展示的舞台，是学生与生命相遇、碰撞、交流的空间，是学生个性发展、心灵成长的载体，是学生重塑生命、增长智慧的契机。

二、课程目标

根据新时代发展对未来人才培养的需要，按照国家基础教育的基本要求和中国学生发展核心素养的基本框架，结合学校的教育哲学，以培养全面发展的学生为宗旨，学校提出自己的育人目标，并制定相应的课程目标。

（一）育人目标

学校的育人目标是"培养懂美识、能美韵、会美动、善美创的香山学子"。懂美识涉及人文积淀、文明传承、语言思维、表达交流等方面；能美韵涉及艺术表达、多元文化、情趣高雅、审美达美等方面；会美动涉及身体健康、自信自爱、乐观坚强、和谐发展等方面；善美创涉及善于发现、乐于探索、敢于实践、勇于创新等方面。

（二）课程目标

学校在"以美立校，立美育人"的办学理念引领下，以课程为载体，以促进学生全面发展为核心，努力实现"培养懂美识、能美韵、会美动、善美创的香山学子"的育人目标，分学期制定了与之相呼应的课程目标（见表9-1）。

表 9-1　香山中学不同年级及学期的课程目标

年级及学期	懂美识	能美韵	会美动	善美创
六年级第一学期	能认识并正确书写汉字；有持久的课外阅读兴趣；养成观察生活、思考生活现象的习惯。	运用艺术语言，以造型艺术等形式记录所见所闻、所感所想。	认真上好"两操一课"，积极参与体育锻炼。	有意识地运用形式原理进行设计和制作；运用设计知识，评述自己和同学的设计作品。
六年级第二学期	能依据自己的语言能力和思想认识水平，选择生活材料，写出自己的感受和见解。	发展美术构思与创作的能力，传递自己的思想和情感。	积极参加体育活动，养成良好的运动习惯。	积极参与美术欣赏活动，主动收集、了解中外美术作品及重要美术家的信息。
七年级第一学期	汲取广博的人文知识，开展丰富的听说读写活动，具备多方面的知识和能力。	初步认识艺术的特征、表现形式及其对社会生活的独特贡献。	踊跃投身体育锻炼，培养健康的运动习惯。	欣赏优秀的设计作品，了解设计的主要门类及其主要特征，尝试从设计的角度进行评述。
七年级第二学期	培养关注现实、热爱生活、积极向上的生活情趣。	丰富视觉、触觉和审美经验，形成基本的艺术素养。	认真上好"两操一课"，主动进行体育训练。	积极参加各项实践创新活动，拓展知识领域，丰富生活经验，初步培养创新精神和实践能力。

（续表）

年级及学期	懂美识	能美韵	会美动	善美创
八年级 第一学期	提高阅读质量，注重情感体验，增强感受和理解能力，丰富自己的精神世界。	学会多角度欣赏艺术作品，形成健康的审美情趣。	学会运用科学的方法参加体育锻炼，具有安全参加体育活动的能力。	学习设计的形式原理与方法，进行多种形式的设计和制作练习，体会美术、环境与人之间的关系。
八年级 第二学期	逐步形成热爱中华优秀传统文化和尊重世界文化多样化的价值观。	增强对自然和人类社会的热爱和责任感。	理解营养、环境和生活方式对身体健康的影响。	在实践活动中善于观察和思考，勤于动手，勇于实践，增强探究和创新意识。
九年级 第一学期	拓展思维空间，培养观察、思考、表达和创造能力。	自由抒发艺术情感，表达个性和创意，增强审美自信；善于发现美，学会鉴赏美，敢于创造美。	学会掌握和运用运动技能，提高预防疾病的意识和能力。	以团队合作的方式，选择某一主题，进行设计练习，共同完成作品，并对各种作品进行分析与评价。
九年级 第二学期	培养视野开阔、心态开放、心智豁达、感情纯净、意志坚强的品质，积淀较为丰厚的文化底蕴。	创作具有一定思想和文化内涵的美术作品，形成健康的审美观念。	提高调控情绪的能力，具有强烈的社会责任感。	发展学生的思辨和个性化探究能力，在实践创新领域有自己的作品和成果。
高一年级 第一学期	能综合运用归纳、演绎、类比、比较、质疑等方法，也能自主梳理阅读中获得的知识。	在一定程度上了解中外美术史，并具备一定的艺术欣赏能力。	积极参加体育活动，保持参与运动的兴趣和坚持运动的习惯。	初步学习研究性学习的基础知识与基本技能。
高一年级 第二学期	具备良好的文学鉴赏能力，能结合自己的生活实际和知识积累评论作品的思想性和艺术性。	能识别图像的形式特征，分析图像的风格特征和发展脉络，理解图像蕴含的信息。	形成坚强的意志品质，懂得关心社会的体育与健康问题。	学会思考与分析社会、生产、生活现状，并能发掘问题和提出问题，以及选择研究课题。

（续表）

年级及学期	懂美识	能美韵	会美动	善美创
高二年级第一学期	能综合运用叙述、描写、说明、议论、抒情等表达方式，抒发对生活中的人、事、物的情感。	能表达对艺术作品的形式、情绪、格调、人文内涵的感受和理解。	保持参与运动的兴趣和积极运动的习惯，使性格更开朗、动作更协调。	通过美术基础技能再现主客观艺术形象，具备基本设计能力，并学会运用多种工具、材料和美术语言。
高二年级第一学期	能针对某些现象或观点发表见解；具有写作热情，养成随时动笔的习惯。	培养艺术鉴赏与评价的能力，形成健康向上的审美观。	形成积极进取、乐观向上的生活态度。	通过自主实践，确定研究课题，寻找解决方案与途径，选择研究成果的表述方式等。
高三年级第一学期	根据不同场合和需要及时发表自己的意见，能进行即兴演讲或辩论。	通过对优秀作品的欣赏，增进对艺术作品的热爱。	持之以恒地参与各项体育运动，增强体质。	具有创新意识，能运用创造性思维进行创意构思，并通过艺术的方法和材料呈现自己的想法。
高三年级第二学期	有一定的文化积淀，有健康的审美情趣和个性爱好，有独立的人格意识；能依据自己的兴趣爱好和发展趋势，选择拓展型课程或研究型课程的内容进行学习和探究。	培养自身的社会责任感、民族精神和爱国主义情怀；学习理解和尊重文化的多样性，初步具有国际视野和参与国际交往的能力。	形成健康的生活方式，促进身体素质与心理素质的健康发展。	通过对中学各学科基本原理、方法、价值观和相互关系的整体了解，探究认识世界万物的基本方法，并尝试加以检验，为研究问题和个人初步发展打好基础。

三、课程体系

学校在"立美教育"的教育哲学和"以美立校，立美育人"的办学理念框架之下，依据"把美奉献给属于它的心灵"的课程理念和相应的课程目标，构建"立美教育"课程体系，包括美德课程、美艺课程、美健课程、美探课程四大课程模块（见图9-1）。丰富多彩的课程共同承载着育人功能，实现育人目标。

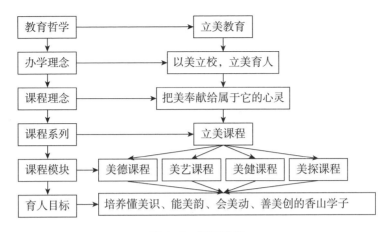

图 9-1　课程逻辑

四类课程体现了"立美教育"的理念，涵盖了中国学生发展核心素养，组成"立美教育"课程结构（见图 9-2）。同时，四类课程相互融合，共同促进学生全面发展。

图 9-2　课程结构

第三节　探索学校美育课程实践

学校的美育课程体系建设以美术课程为龙头，以审美和人文素养培养为核心，以创新能力培育为重点，旨在突出课程的多样性和选择性，注重学科之间的相互渗透与融合，重视美育基础知识学习，增强课程的综合性和实践性，丰富学生的审美体验，开阔学生的人文视野，推进各类课程的有效实施。

一、构建"立美课堂"

学校以"立美课堂"建设为抓手，致力于转变教师的教育理念，改进学生的学习方式，培养学生的学习能力，提升学生的学科核心素养，使学生在基础型课程学习中达成激励人的精神、温润人的心灵等目标。

（一）"立美课堂"的提出

"立美课堂"是针对教师较多关注自己的教，较少关注学生的学，因循文本和常规思维，课堂不够生动，对学生缺乏吸引力，同时学生机械、僵化、被动地接受知识，思维缺乏自由和灵性，缺乏语言表达能力的现象而生成的一种高品质的课堂形态。"课堂因美而精彩"是"立美课堂"的重要理念。

"立美课堂"具有教学设计精当美、教学过程优化美、教学语言艺术美、师生关系和谐美、教学成效丰盈美等特征。

（二）"立美课堂"的实践操作

1. 推进"立美课堂"系列校本研修

活动一：构建师带徒学习共同体。学校每学年组织新任教师与学科骨干教师构建师带徒学习共同体。师傅通过一对一、手把手地"传、帮、带"，多角度、立体式地帮助徒弟尽快领悟"五美品牌教师工程"的文化理念，熟悉"立美课堂"的基本形态和教学特点，尽快把握"立美课堂"的精髓。学校通过制定完善的考评制度，对师带徒学习共同体进行考核评价。

活动二：开展教研活动。学校围绕"立美课堂"建设，引领教师业务学习和专业成长。比如，学校有计划地引导教师开展以成果共享为目的的系列阅读写作活动。教师在学习的基础上，有意识地结合自身的思考与实践，撰写案例、心得、随笔等，并通过各种平台进行分享交流。

活动三：进行教学研究。各学科依据"立美课堂"的文化理念，确立各自教学研究的主题。比如，语文学科的"诗词教学"、数学学科的"函数图像教学"、英语学科的"戏剧教学"、物理学科的"物理美教学"、信息科技学科的"微课制作"、历史学科的"博物馆教学"、政治学科的"课程整合"、地理学科的"地图教学"等。学科组组长发挥课程规划、引领、组织、落实的作用，带领学科教师积极参与教学研究。在教学实际中，教师把"五美品牌教师工程"的核心理念融入不同学科、不同课型、不同主题，通过思考、实践、反思、总结，提升课堂教学效果，促进"灵智课堂"真正落地生根。

活动四：开展小课题研究。学校围绕"灵智课堂"建设，开展课题立项与研究，并组织教师开展小课题研究。小课题研究的基本流程为"发现问题—形成课题—课题论证—课题研究—撰写成果—分享交流—实践改进"。小课题研究周期短，切入点小，与课堂教学紧密结合，实效性强。学校通过开展课题研究，使"灵智课堂"的内涵更丰富，使其植根的土壤更肥沃。

2. 探索多样化的教学方式

追求教学方式的多样化是"立美课堂"的基本要求。比如，有的课堂以教师讲授为主，有的课堂以学生自主学习为主，有的课堂以学生小组合作学习为主，有的课堂以学生实验探究学习为主。随着教育信息化的发展和"灵智课堂"的全面推进，教师的教学方式要更灵活多样。"翻转课堂""主体式课堂""体验式课堂""探究式课堂""合作式课堂""问题式课堂"等新型教学方式推动课堂走向纵深。因此，教师必然要从关注"教"走向关注"学"，培育学生的学科核心素养，全面提升课堂品质，让课堂生态更富有生命气息、思维张力和精神滋养，融入国际视野、理性精神和家国情怀，强化信息技术参与、多样态呈现和交互式应用。

（三）"立美课堂"的评价标准

根据"立美课堂"的内涵与特征，学校从教学设计、教学过程、教学语言、师生关系、教学成效等方面出发，制定了"立美课堂"的评价标准（见表9-2）。

表9-2 "立美课堂"的评价标准

评价维度	评价标准
教学设计 精当美 （35分）	1. 教学目标明确、具体、适当。 2. 教学步骤详略有序。 3. 教学内容正确充实，凸显学科内涵，突出重点和难点。 4. 重视学法指导，教学手段灵活、多样。 5. 问题设计有明确指向、思想基础和思考空间。 6. 情境创设鲜活生动、贴近生活。 7. 重视信息技术与学科整合，课件画面有美感。
教学过程 优化美 （20分）	1. 课堂导入自然、流畅、新颖。 2. 发挥教学机智，注重细节处理。 3. 教学节奏调控有度，组织安排合理。 4. 关注学生的学习需求，激发学生的学习兴趣，培养学生的求知欲。
教学语言 艺术美 （15分）	1. 注重语调，抑扬顿挫，吐字清晰，快慢得当。 2. 用词准确、简洁、生动。 3. 声情并茂，以情激情。
师生关系 和谐美 （15分）	1. 师生互动和学生活动充分、有效。 2. 面向全体学生，课堂环境安全、民主。 3. 及时评价，重在激励，批评、褒奖有理有度。
教学成效 丰盈美 （15分）	1. 学生参与教学活动的主动性和积极性较高。 2. 学生思维活动具有合理性、层次性和创造性。 3. 学生语言表达具有条理性、准确性和生动性。

"立美课堂"主要通过学科组集体备课、课堂观察、主题教研、学生评教、教学展评等形式进行评价。

二、建设"立美学科"

经过多年的实践，学校开设了一批受学生欢迎、在区域层面有影响力的美育精品课程，涉及自然、社会、艺术等领域。比如：有艺术类课程，如硬笔书法、中西方美术史对比；有学科教学类课程，如国学之美；有跨学科类课程，如诗画同源、英语戏剧表演。这些课程为学生提供了艺术审美、潜能开发、人格发展等方面的学习经历。

（一）"立美学科"的创立与实施

学校依据办学理念和育人目标，建设了种类繁多的"立美学科"。其中具有代表性的"立美学科"见表9-3。

表9-3 具有代表性的"立美学科"

姓名	课程名称	地点	年级
苏焱	山水画	化学实验室（二）	六年级
丁中波	沪剧表演	操场活动室	六年级
朱彦炜	硬笔书法	化学实验室（一）	七年级
马静亚	英语戏剧表演	二楼阶梯教室	七年级
叶见鹏	风景画	叶见鹏画室	八年级
陈春凤	纸板造型	二楼物理实验室	八年级
俞丰	中西方美术史对比	二楼智慧教室	高一年级
瞿赟	数学与物理的艺术美	二楼智慧教室	高一年级
潘毅玮	历史与漫画	二楼物理实验室	高一年级
吴剑青	风景速写	吴剑青画室	高一年级
谷谢爽	诗画同源	四楼地理专用教室	高一年级
曹琼	国学之美	三楼录播教室	高二年级
蒋凤英	物理与艺术	二楼物理实验室	高二年级
闵欢	外刊精读	二楼智慧教室	高二年级
凌筱玥	金融与理财	二楼物理实验室	高二年级
姚倩	红叶传媒	三楼机房	高二年级
黄长德	诗词鉴赏	二楼物理实验室	初中和高中
沈一冰	阿拉伯语言文化	二楼历史专用教室	初中和高中

（二）"立美学科"的评价标准

"立美学科"旨在打造动态课堂，促进学生勤学善思，从而落实课程理念。"立美学科"主要从艺术审美、潜能开发、人格发展方面进行评价。课程设计应依据国家课程标准，体现明晰的目标、严谨的逻辑、递进的序列、科学的编排。教师评价应聚焦课程规划与设计的合理性、课程实施的有效性、教学方案的创新性、组织能力等方面。学生评价既重视学习结果，更关注学习过程，致力于保护和发展学生的个性与特长，促进学生的全面发展。

三、创设"立美社团"

社团活动是学校课堂教学的延伸性活动，是进一步深化课程改革、发展素质教育的重要体现。社团活动的正常开展，既能丰富学生的课余生活，也为学生提供了自主发展的空间。社团是校园文化建设的重要载体，是第二课堂的引领者。学校各社团应凭借富含思想性、艺术性、知识性、趣味性、多样性的活动，吸引广大学生积极参与。

（一）"立美社团"的创立与实施

学校依据办学实际和学生需求，创设了学科拓展类、综合类、科技创新类、文体类等社团。其中具有代表性的"立美社团"见表9-4。

表9-4 具有代表性的"立美社团"

社团类型	社团名称	实施方式
学科拓展类	晓津文学社	学生根据个人兴趣提出申请，自主选择心仪的社团；社团辅导教师根据综合考察商讨是否通过申请，组织学生参与社团活动，完成社团课程，并记录学生的成长轨迹。
	国学社	
	口才与演讲	
	萌芽生物社	
	纸板造型	
	青团漫画社	

（续表）

社团类型	社团名称	实施方式
学科拓展类	插画社	
	朗诵社	
综合类	M.E. 礼仪社	
	电影社	
	XSPS 心理社	
	英语戏剧表演社	
	红叶传媒社	
	广播社	
	戏剧社	
	社工社	
科技创新类	平面设计社	
	3D 打印和智能家具设计社	
	影视制作社	
文体类	羽毛球社	
	篮球社	
	足球社	
	田径社	
	合唱团	
	ACG 社	
	GROOL 舞社	

（二）"立美社团"的评价标准

学校从社团筹备、活动过程、活动效果、特色创新四个维度出发，制定了"立美社团"的评价标准。

表9-5 "立美社团"的评价标准

评价维度	评价内容	评价标准	评价方式
社团筹备	社团主题	主题健康积极,课程资源丰富,活动准备充分。	1. 将过程性评价与总结性评价相结合。 2. 评价方式多元化,如学生自评和互评、小组评价、教师评价、家长评价。 3. 通过社团成果展评,评出优秀社团,参加星级社团评比。
	活动方案		
活动过程	特长发展	积极参与社团活动,发展自我特长。	
活动效果	社团学习成果	能形成自己的学习成果,积极参与社团成果的展示交流。	
特色创新	活动亮点	社团成果展示有特色、有创新、有亮点。	

四、推行"立美之旅"

研学课程包罗万象,是综合历史、地理、科技、人文和爱国主义教育等内容的融合课程。学校倡导集社会调查、参观访问、亲身体验、资料收集、集体活动、同伴互助、成果总结等于一体的综合性学习,使学生能达到在游中有学、在行中有思。

(一)"立美之旅"的主要范畴

市内研学。由于上海有丰富的研学旅行课程资源,因此为了加强文化熏陶,学校根据实际开展祭扫革命烈士及文化寻根活动,包括张闻天故居、黄炎培故居、上海孙中山故居等;组织参观各类博物馆,包括震旦博物馆、上海博物馆、金桥碧云美术馆、刘海粟美术馆等;开展学生干部考察活动,探寻深坑秘境,感受莲湖村自然生态之美。

国内研学。国家幅员辽阔,山河壮美,历史悠久,文化博大精深,有许多研学旅行课程资源。比如,学校既组织了浙江乌镇研学旅行,带领学生体验水乡风情和江南雅致,也开展了中国美术学院研学活动,带领学生置身于浓厚的艺术氛围下,体验特色课程、实地写生。

国际研学。此类范畴以主题的形式进行研学,引导学生了解世界历史、文化、环保等方面的内容。比如,走进日本九州——环保体验之旅,走进意大利——绘画艺术之行等。

（二）"立美之旅"的主要方式

行走前：教师做好研学规划，制定课程纲要，设计活动方案和评价方式，并在此基础上编制研学教材。学生根据教师提供的研学纲要查阅相关资料，做好研学功课，分组展示交流。

行走中：教师根据研学课程做好活动计划，精心组织学生活动，指导学生边走边学。学生要在过程中善于观察和思考，勤于记录和整理，积极寻找知识与社会、知识与生活之间的联系，在行走体验中进行感悟和内化。

行走后：教师指导学生根据研学评价标准进行成果收集、整理、展示，并在此基础上进行自我评价、小组评价等。教师撰写研学心得，学生撰写研学报告。教师负责集结成册，形成研学成果。

（三）"立美之旅"的评价标准

"立美之旅"以过程性评价为主，具体评价标准见表9-6。

表9-6 "立美研学"的评价标准

评价维度	评价内容	评价标准	评价方式
过程性评价	学生参与研学过程的积极性	积极参与研学活动，认真记录并整理研学过程中习得的知识。	1. 根据学生在研学中的阶段性表现，结合积极性、参与度等划分等级，并进行记录。 2. 按照活动小组的分工要求，对照实施标准，对活动组织的各个环节进行检测，再根据活动完成情况，对研学效果进行评估。 3. 举办研学成果评比展示，将结果记入学生成长记录袋中，并纳入综合素质评价体系。 4. 通过问卷调查、座谈等形式，让参与单位、学生家长、志愿者、服务合作部门等针对研学活动的效果进行评估。

五、开设"创新实验课程"

"创新实验课程"是培养学生实践性的重要载体之一。学校结合美育特色改善学生的学习环境，提升学生的创新能力。比如，创建新的创新实验室和创新实验课程，进一步充实创新实验室的内涵，提升选修课程的品质。

（一）"创新实验课程"的设计与实施

创新实验课程是源于生活、归于生活的教育方式，旨在引导学生跳出书本、走进生活、积极思考、反复实践；强调"发现问题、分析问题、解决问题"的思维模式，组织学生进行头脑风暴、创意碰撞，让学生在观察、研究、协作、分享、优化等过程中形成创新能力；突出"沟通优化、行动生成"的实践准则，倡导将交流沟通贯穿始终，遵循新型建构主义教育理念，将实践探究与合作学习相结合，让学生更深地卷入发现问题、分析问题、解决问题的思考中，形成真正有深度的学习。教师要在创新实验课程实施过程中有意识地加强跨学科、跨领域的整合，将科技、艺术、人文、自然、社会等方面的内容与自我的学科知识、学习体验有机融合，逐步开发出更加具有创新实验室特点的课程，帮助学生走出课堂、走向社会、全面发展。

1. 开设数字化创新速写课程

这类课程以信息技术为抓点，以传统速写技艺为起点，以数字化速写反转课堂为特点，以速写学生生活为焦点，以培养学生美好生活情怀为基点，以记录评价学生速写心迹为亮点，以速写微视频编辑的综合性能力培养为重点，以跨时空的视频学业交流为热点。

2. 开设 3D 打印和智能家具设计课程

在快速打印实物功能的支持下，学校开设了新的拓展型课程。在这类课程学习中，学生通过主动参与创新设计，全面细致地分析打印任务，充分发挥想象力和创造力，最终打印出个性化的艺术作品。这类课程旨在加强创意思维培养，关注实践性、探究性、创新性，推进美育教育。

3. 与职校合作开设影视制作和平面设计课程

学校为创新实验课程的开展创造了新的环境，借助职业技术学校的教学资源、成熟的教学模式和师资资源，满足不同学生的发展需求，促进学生全面而有个性的发展，为学生多元化发展搭建成长平台，实现组班学生在普通教育、专业教育、技能特色等方面的多元发展。

4. 分享成果，推进创新实验课程实施

创新实验课程的共同特质是创新、实践与分享。没有分享，就没有人类社会的整体进步。作为人类社会的一分子，分享和传播知识是每个人应尽的义务。将分享作为乐趣则是一种良好的品格和习惯。创新实验课程鼓励学生积极创新各种分享模式，可以通过组内分享、班内分享、校内分享、社区分享等形式进行分享，也可以通过微信、QQ、网站等平台发布创客成果，还可以举办各级各类文化节进行成果展示。

（二）"创新实验课程"的评价标准

创新实验课程采用多元化的评价体系，坚持过程性评价和终结性评价相结合、自我评价与他人评价相结合，注重对成果分享与展示的评价。过程性评价指标包括学习态度、创新意识、动手能力、练习情况等。终结性评价指标包括学生的知识掌握情况、操作技能、综合能力等。

以 3D 打印和智能家具设计课程为例，学生的最终评价是 60% 的过程性评价加上 40% 的终结性评价。过程性评价包括以下几个维度：笔记记录情况、创意表完成情况、发明创造情况、上课发言情况、纪律情况、小组合作情况等。过程性评价主要由各组长和课代表完成。终结性评价主要取决于学生作品完成情况。在创新实验课程实施过程中，教师凭借多元化的评价机制，促进学生核心素养发展，引导学生在奔向未来的道路上全面发展、个性化发展、创新发展。

第四节　美育领航学校课程建设

学校在建构课程体系、架构课程实施与评价框架的基础上，进一步通过思想领导、组织建设、制度建设、专业引领保障课程的实施。

一、思想领导

学校将"立美教育"作为教育哲学，融入课程建设的各个层面，以此来引领课程建设、教师发展等。

首先是文化浸润。课程建设离不开学校文化的滋养。"立美教育"是回归生命、返璞归真的教育，是润物细无声的综合体现，是共融和谐、积极而又智慧的，需要所有人全方位地参与和推动。学校需要"以美立校"的办学理念和管理方法，师生需要"立美育人"的品格和教育智慧。"立美教育"应内化在师生的生命中，让师生的生命焕发蓬勃的活力和张力。

其次是课程研修。学校通过组织教师参加校本课程规划培训，引导教师认同学校的教育哲学、课程哲学、育人目标、课程目标、课程结构、课程设置、课程实施、课程管理与评价等，宏观指导教师积极参与课程开发和实施。教师通过参加国家课程校本化、课程整合、课程开发和实施等专题培训，提升课程意识，提高课程执行力和课程整合、开发、实施、评价的能力。学校通过课程建设核心团队培训，以点带面，引领教师提升教育教学能力。

最后是课程执行。课程规划是学校课程建设的顶层设计。课程建设要真正落到实处，关键是教师的课程执行力，包括各学科课程规划、课程管理、课程实施、课程监控、课程评价等。每名教师都是课程执行者，都要在课程执行中融入"立美教育"理念，并根据课程理念和育人目标不断进行思考与调整。

二、组织建设

为了进一步加强课程建设，学校成立了课程建设领导小组和美育教学研究中心。课程建设领导小组以校长为组长，以学校中层领导、教研组组长为主要成员，具体负责学校课程规划、管理、调整等。美育教学研究中心以教学副校长为组长，以课程处、德育处、骨干教师为核心，具体负责学校课程申报、审定、实施、指导、考核、评价、调整等。学校把课程建设列入学校工作日程，课程处、德育处、年级组、教研组帮助相关教师制定课程规划，进行课程研发，落实课程实施。

三、制度建设

为了保证课程建设工作顺利开展，学校进一步加强课程制度建设，从规划制度、审议制度、实施制度、评价制度、监控制度、激励制度等方面建立一套较为完善的课程管理制度。

第一，课程规划制度。学校制定科学合理的课程规划，作为课程建设的顶层设计，统领课程建设工作。

第二，课程审议制度。课程审议的组织机构是学校课程中心。学校课程中心每学期开学初对学校的课程规划、各学科的课程规划、各类课程的课程纲要进行审核，提出修改意见。

第三，课程实施制度。学校从不同类型的课程实施角度（必修课程、选择性必修课程、选修课程），建立相应的课程研发、整合、实施、评价机制。

第四，课程评价制度。任课教师要认真做好课程评价工作，对学生参与课程的学习情况作出适当且能体现课程特点的评价。教师结合学生自评、小组互评等进行综合评价，并定期将评价情况反馈给学生和家长。课程处每学期要对各学科的研发、实施、评价、成果等进行综合评价，从学生、家长、社会、效益、学校规划及培养目标等角度，对课程的进一步实施和开展提出改进方案。

第五，课程监控制度。学校课程建设领导小组对学校课程实施的全过程进行调研和监控。比如，通过听课、问卷调查、座谈、个别访谈等形式，从课程内容、教学过程、学习效果、学情分析等方面分析该课程的实施质量和学生的认同度，并及时反馈结果，为学校课程的后续研发和实施提供决策依据。

第六，课程激励制度。学校从绩效工资中列出专项，对课程建设中的先进个人、优秀学科组进行表彰或给予奖励。课程建设与教师年度考核相结合，有利于发挥激励机制的作用，充分调动教师参与课程建设的积极性和主动性。

四、专业引领

学校确立"以美立校，立美育人"的办学理念，按照美育的规律建设学校，将美育深深地扎根于学校文化中。同时，学校紧扣育人目标，建立适合学生发展的美育机制，以美术特色教育为基础，将美育全方位融入教育教学。

第一，培养专业美育特色教师。学校成立了上海市香山中学领军人才发展导师团，聘请高校专家教授、特级教师、资深美育特色领军专家、相关行业的精英等培训、带教学校有发展潜质的教师，进一步加强美育专业教师队伍建设，为打造一批香山特色教师领军人才和学科能手奠定坚实基础。

第二，通过大师级导师引领教师成长。学校聘任多位来自高校美院和市、区美协的教授担任学校艺术顾问，精准"把脉"学校特色发展规划，带来艺术发展的前沿信息，开展资优学生的个性化辅导。其中，首批校外工作室队伍就得到多位大师的鼎力支持。比如，上海工程技术大学美术学院原院长徐伟德，上海教育考试院美术命题组原组长林加冰，上海师范大学美术学院教授王大根，上海师范大学美术特级教师翟勇，上海市美术家协会秘书长丁设，浦东新区美术家协会主席徐立铨，上海美术名师培养基地主持人张家素，美术特级教师、上海市美术名师培养基地原主持人瞿剑宛，等等。

第三，开展"特级教师进校园""大师进校园"系列活动。学校共聘请了16位专家，涉及美育、美术、语文、数学、英语、政治、历史、地理、化学、体育、音乐、物理、生物等学科。参与活动的教师遍及学校所有学科，其中特色教师充分进行跨学科交流，相关学科教研组、备课组也积极参与其中。

第四，加大骨干教师培训。学校积极组织骨干教师参加各学科名师基地的学习活动，也邀请名师基地主持人来学校开展一系列教学观摩活动和学科研讨活动。比如，上海市郑朝晖语文学科名师基地、上海市第四期"双名工程"攻关计划虞涛数学基地、浦东新区吴文涛英语学科名师基地、浦东新区杨正家数学学科名师基地、浦东新区李鹰体育学科名师基地、浦东新区姚瑜洁德育学科名师基地、浦东新区陈璞音乐学科名师基地等不定期在学校开展学科教学活动。

总之，学校的课程建设立足于学校文化，结合问卷调查、访谈、观察与相关资料分析等，对学校的优势和不足进行诊断与分析，充分利用师生资源，在诊断的基础上建构包括课程哲学、课程目标、课程框架、课程内容、课程实施、课程评价在内的课程规划，开展实践跟进、反思总结和循环推进，是学校推进课程改革的重要路径和模式。

（撰稿人　顾霁昀）

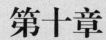

第十章

精彩性课程：让每一个生命都精彩

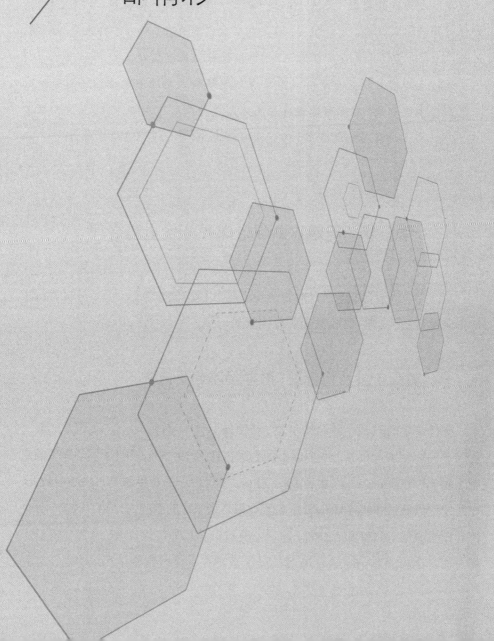

上海市闵行区曹行中学（以下简称"曹行中学"）是一所公办初级中学，地处城乡接合部的闵行区梅陇镇，始建于 1971 年，前身为曹行农业中学。近年来，学校以先后加入七宝教育集团、梅陇镇学区初中联盟成员校、上海市强校工程实验校为发展契机，坚持"让每一个孩子都成为精彩的故事"的办学理念，发挥教师的团队效能，集聚学校、社会和学生家庭资源，使办学特色更加鲜明。家长、社区对学校的满意度日益提高，学校的社会声誉良好。

学校运用项目研究生成的 APPR 课程发展模式对原有的课程进行系统性反思和整体性重构，对课程建设存在的问题进行广泛的调研分析，最终形成以"在这里，我们演绎精彩的故事"为课程理念的"精彩教育"课程体系。

第一节　问题诊断促进课程开发更趋合理

基于师生问卷数据，通过对曹行中学与九校均值的数据对比，分析曹行中学在课程开发、实施、评价方面的总体状况。

一、教师年龄结构合理，教学经验趋于成熟

曹行中学的教师年龄结构呈现"纺锤体"，青年教师（工作 6 年以下和 30 岁以下）占比为 33.86%，50 岁以上的教师占比为 19.35%，中年教师（介于前二者之间）占比为 46.79%。从表 10-1 可知，曹行中学的青年教师占比相对较低，比九校均值低 12.09%；硕士研究生学历和高级职称的教师占比相对较高，分别比九校均值低 1.52% 和 5.28%。这说明曹行中学教师在教育理论和教学经验上相对而言比较成熟；60 后、70 后的骨干教师在日常教育教学实践中不仅起到

中流砥柱的作用，还是整个学校相关工作的引领者和示范者。

表 10-1　教师基本信息的关键数据对比

	男教师	硕士研究生学历	工作 6 年以下	30 岁以下	50 岁以上	高级教师
曹行中学	22.58%	17.74%	20.96%	12.90%	19.35%	17.74%
九校均值	22.44%	16.22%	24.09%	21.86%	19.51%	12.46%
差距	0.14%	1.52%	−3.13%	−8.96%	−0.16%	5.28%

未来几年，学校的教师队伍发展比较稳定，成熟教师对青年教师的成长有一定的促进作用。但随着青年教师的持续加入，学校要进一步加强教师梯队建设。

二、教师学科结构不合理，专职教师不足

从目前中考学科的任课教师来看，曹行中学除数学、物理以外的语文、英语、化学和道德与法治专任教师占比明显低于九校均值，特别是化学学科专任教师的占比为 0。非中考学科中除地理、劳动技术以外的各学科专任教师占比均高于九校均值，生命科学、信息科技、音乐、美术、综合实践活动、其他学科专任教师的占比明显偏高（见表 10-2）。

表 10-2　不同学科教师的数据对比

学科	曹行中学	九校均值	差距
语文	17.7%	22.6%	−4.9%
数学	22.6%	18.7%	3.9%
英语	16.1%	19.6%	−3.5%
物理	8.1%	5.2%	2.9%
化学	0%	3.2%	−3.2%
道德与法治	3.2%	5.4%	−2.2%

学科	曹行中学	九校均值	差距
历史	4.8%	3.3%	1.5%
地理	3.2%	3.6%	−0.4%
科学	3.2%	2.9%	0.3%
生命科学	3.2%	1.7%	1.5%
信息科技	4.8%	2.8%	2.0%
劳动科技	1.6%	2.5%	−0.9%
音乐	3.2%	2.2%	1.0%
体育	8.1%	6.9%	1.2%
美术	4.8%	2.7%	2.1%
综合实践活动	1.6%	0.6%	1.0%
其他	6.5%	3.9%	2.6%

综上，学校的教师年龄结构合理，但学科结构不合理，中考考试学科教师欠缺。同时，学生对生活类课程有较高的需求，希望提升自己的学科成绩，但又不喜欢考试类课程。可见，考试类课程教师的数量和质量都有待提升。

三、教师整体风格积极而主动

曹行中学教师对课程建设的积极性和主动性比较高，在课程建设的外部支持与内驱发展方面都表现得较为突出，对所有与课程建设相关的问题的认同度均高于九校均值（见表10-3）。

表10-3 曹行中学与九校教师对课程建设的参与度的数据对比

题目	曹行中学		九校均值		差距
	非常符合	比较符合	非常符合	比较符合	
我自己进行课程建设的自觉性不错。	8.00%	41.90%	7.87%	16.33%	25.70%

（续表）

题目	曹行中学		九校均值		差距
	非常符合	比较符合	非常符合	比较符合	
校本课程的开发和实施没有增加我的教学负担。	6.40%	33.80%	6.35%	18.57%	15.28%
学校推进国家课程校本化实施的课程资源充足。	6.40%	46.70%	15.39%	22.91%	14.80%
我认为教师也要有课程管理的权限。	20.90%	64.50%	19.51%	52.17%	13.72%
我认为教师必须成为课程的领导者。	29.00%	53.20%	28.32%	45.95%	7.93%
我经常为学校课程建设提供意见和建议。	11.20%	40.30%	12.10%	32.67%	6.73%

曹行中学教师整体风格积极而主动，主要有以下几点表现：一是对课程建设的自觉性非常高（比九校均值高 25.70%），能较好地胜任校本课程的开发和实施工作（比九校均值高 15.28%）；二是对课程建设的主体性比较强，希望自己具有一定的课程管理权限（比九校均值高 13.72%）和课程主导（比九校均值高 7.93%），能经常为学校课程建设提供意见和建议（比九校均值高 6.73%）；三是认为学校对课程建设的支持力度比较大，对学校推进校本课程开发提供的资源比较满意（比九校均值高 14.80%）。

四、教师较为认同学校课程开发和实施

曹行中学教师的积极性和主动性比较强烈，愿意参与学校课程开发和实施。同时，鉴于我校拥有较高比例的教师具有硕士研究生学历和高级职称，他们在校本课程开发方面展现出较高的熟练度，对学校的实际情况更为了解，并积累了丰富的校本课程开发经验（见表 10-4）。

表 10-4　曹行中学教师对学校课程开发和实施的认同度

题目	非常符合	比较符合	认同度
我能很好地将课程目标贯穿于教学设计中。	25.8%	67.7%	93.5%
我经常根据课程实施情况对教学进行有针对性的调整。	29.0%	62.9%	91.9%
我认为学校课程建设应围绕本校的培养目标展开。	35.4%	56.4%	91.8%
我在教学过程中注重创造性地设计教学情境。	25.8%	64.5%	90.3%
课程评价主要包括对教师教学的评价和对学生学习的评价。	29.0%	56.4%	85.4%
我已经形成自己独特的教学风格。	19.3%	62.9%	82.2%

　　曹行中学在激励教师开发校本课程、创新教学方式等方面需要加大校级层面的扶持力度，主要体现在：一是进一步加大对教师开发校本课程的政策支持力度，根据学校的实际情况和学生的需求鼓励教师积极参与校本课程开发，同时可以进一步挖掘硕士研究生学历和高级职称的教师自身蕴含的校本课程资源；二是加强激励机制建设，对教师参与校本课程开发和教学方式创新的行为给予相应的激励，进一步提高教师的积极性和主动性；三是进一步寻求对校本课程开发的外部支持，加强校外合作和专家指导，帮助教师进一步积累关于校本课程开发的理论认识和实践经验。

五、学生对学校课程的需求较高

　　学生是学习和发展的主体。学校课程根据学生身心发展和学习的特点，关注学生的个体差异和不同的学习需求，爱护学生的好奇心和求知欲，充分激发学生的主动意识和进取精神。同时，学校以基础型课程为主导，引导学生在不同学科领域的学习技能方面达到一个共同要求的底线，并根据自己的兴趣爱好和个性特长选择不同领域进行拓展，最终达成个性发展目标。

　　曹行中学学生对优秀课程的渴望更强烈，这也对学校和教师提出了更高的要求。他们有独立意识，希望获得更大自主权；更倾向于体育、艺术、生活技术类课程，希望能让自己的个性特长得到发展。虽然也有过半学生希望通过课程提升自己的学习成绩，但他们又不喜欢考试类学科。

曹行中学学生的校本课程参与度较低，每周参与 1 节及以上校本课程的比例总体较低。学校的专题教育内容丰富多样且落实效果较好，同时国家课程的实施质量较高。但学生对校本课程（社团活动）的喜爱度不高，语文、数学、英语、物理学科占课问题比较突出，因此他们对社团活动的参与度也较低。

六、学情波动较大，学校课程图谱有待完善

由于学校地处城乡接合部，随迁子女占比较高。随迁子女流动性强，特别是在高年级阶段，学生流失现象更为显著。一般而言，学校流失的往往是较为优秀的学生，因此同一个班级在不同的学年甚至学期的学情均会发生较大的变化。

学校自主开发了近 30 门兴趣类、学科类拓展型课程，能满足不同学生的个性发展需求，尤其是民族鼓乐、女足等课程已经形成特色品牌。但由于受中考改革、加入上海市强校工程实验校、部编教材推广实施等的影响，学校还要进一步完善学校课程图谱，尤其要完善课程的评价措施，以评价带动课程实施方案的优化和落实，从而满足学生对课程的需求。

第二节　学校是让每一个孩子成就精彩的地方

学校围绕"让每一个孩子都成为精彩的故事"的办学理念和"在这里，我们演绎精彩的故事"的课程理念，坚信通过启迪心智激发学生潜能，从而成就每一个学生的精彩人生。

一、课程哲学

学校的教育哲学是"精彩教育"。其内涵是以丰富多彩的活动锻炼人，以良好的行为规范约束人，以精选的优秀文化熏陶人，以精彩的课堂教学培养人，为每一个学生提供最合适的教育，使每一个学生的每一天都精彩，从而实现精彩的一生。

（一）办学理念

"让每一个孩子都成为精彩的故事"是学校的办学理念。"成为"是指变成，是从量的积累到质的变化的过程。"精彩"有漂亮、优美、出色、绝妙、精神、神采、光辉、佳妙等含义。"精"是指提炼或挑选出的优质的东西；"彩"是指丰富美丽的颜色。"故事"具有记忆，传播文化传统、价值观念、文化形态等意义，侧重于过程性描述。

学校的办学理念是基于为每一个孩子创设优质的环境，丰富学生的学习和生活经历，引导学生树立正确的世界观、人生观、价值观，完善从量化累积到内化于心的过程，启迪心智，激发活力，致力于成就学生精致多彩的人生。

我们的教育信条是：

我们坚信，每一个孩子都是一个精彩的故事；

我们坚信，教师是精彩故事的设计者和演绎者；

我们坚信，教育是创造精彩故事的活动；

我们坚信，学校是让每一个孩子成就精彩的地方。

（二）课程理念

学校的课程理念是"在这里，我们演绎精彩的故事"。

课程即生命场景。广博有趣的知识、异彩纷呈的课堂与丰富多彩的活动融为一体，吸引学生走进、参与并与之融合，从而促进学生心智的成熟与成长。

课程即文化演绎。文以载道，文以化人。学校在传承传统文化的过程中启迪新思维、传播新文化、培育新风尚、成就新少年。

课程即精彩生活。学校注重实践和体验，强调从学习中积累，从生活中感悟，将知识转化为行动，实现学以致用。

课程即美好旅程。不积跬步，无以至千里；不积小流，无以成江海。因此，教师要引导学生用心学习、留意收获、增广见闻。

二、课程目标

学校课程是为实现育人目标服务的。因此，学校要在坚持素质教育方向，着眼全体学生的未来，在构建科学、合理、有效的课程体系的基础上，培养自律担当、阳光健康、勤学善思、勇于创新的合格小公民。

（一）育人目标

自律担当是指自觉遵守国家法律和《中小学生守则》，能进行自我约束、自我管理，直面现实，不逃避和退缩，敢于肩负起责任和使命。

阳光健康是指身体强健、乐观开朗、精神向上，充满青春的朝气和活力，有健全的心理和社会适应能力。

勤学善思是指勤于学习，善于思考，积极投身于日常学习和生活中，并养成良好的学习习惯，保持积极的学习热情。

勇于创新是指具有综合运用已有知识和技术，提出新方法、新观点的能力，与时俱进，提升艺术鉴赏、劳动创造等方面的综合能力。

（二）课程目标

学校基于"自律担当、阳光健康、勤学善思、勇于创新"的育人目标，确立了不同年级的课程目标（见表 10-5）。

表 10-5　曹行中学不同年级的课程目标

年级	自律担当	阳光健康	勤学善思	勇于创新
六年级	提升自我管理能力，培养良好的学习和生活习惯，提升校园小主人的责任感。	培养善于合作、乐于分享的品质。	开展丰富的听说读写活动，具备多方面的知识和能力。	积极参加各项实践创新活动，拓展知识领域，初步培养创新精神和实践能力。

（续表）

年级	自律担当	阳光健康	勤学善思	勇于创新
七年级	养成良好的学习习惯和生活习惯，提升团队责任意识和管理能力。	学会与人相处，培养善于合作、乐于分享的品质。	汲取广博的人文知识，开展丰富的听说读写活动，具备多方面的知识和能力，培养关注现实、热爱生活、积极向上的生活情趣。	积极参加各项实践创新活动，拓展知识领域，体验和感受知识与生活的互动，丰富生活经验，初步培养创新精神和实践能力。
八年级	养成坚毅的品质，克服学习和生活中的困难，培养社会责任感。	掌握与个体成长和社会生活紧密联系的基础法律知识，做到正确行使权利，自觉履行义务。	提高阅读质量，注重情感体验，发展感受和理解能力，丰富自己的精神世界，逐步形成热爱中华优秀传统文化和尊重世界文化多样化的价值观。	在实践活动中善于观察和思考，勤于动手，勇于实践，增强探究和创新意识，发展综合运用知识的能力，在创新领域有初步的体验。
九年级	树立正确的世界观、人生观、价值观，关心集体，乐于奉献，增强民族自豪感，具有强烈的爱家乡、爱社会、爱国家的情感。	培养对自己、对班级、对社会的责任感，成为有理想、有道德、有文化、有纪律的合格公民。	拓展思维空间，培养观察、思考、表达和创造能力，培养视野开阔、心态开放、心智豁达、感情纯净、意志坚强的品质，积淀较为丰厚的文化底蕴。	在实践操作的基础上，提高发现问题、分析问题、独立解决问题的能力，发展思辨能力和个性化探究能力，在实践创新领域有自己的作品和成果。

三、课程体系

在"精彩教育"的教育哲学和"让每一个孩子都成为精彩的故事"的办学理念框架之下，学校依据"在这里，我们演绎精彩的故事"的课程理念和相应的课程目标，并结合师资、生源、硬件设施等实际情况，形成"精彩教育"课程体系。

"精彩教育"课程体系包括精美言语、精雅艺趣、精魅思维、精妙探索、精勤健体、精善修身六类课程，体现"精彩教育"的理念，涵盖中国学生发展核心素养，组成"精彩教育"课程结构（见图 10-1）。

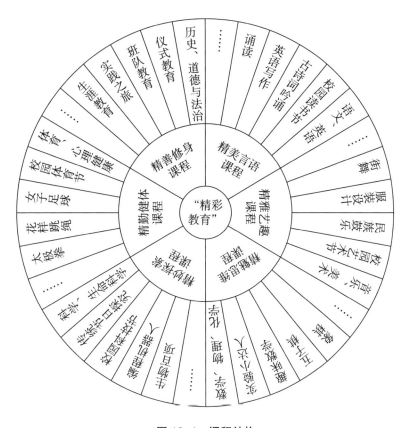

图 10-1 课程结构

精美言语课程包括语文、英语等基础型课程和拓展型课程中的英语写作、语文写作等，主要对接德育和智育，旨在提升学生的语言素养，培养学生的听说读写能力。

精雅艺趣课程包括音乐、美术等基础型课程和拓展型课程中的民族鼓乐、服装设计等，主要对接美育，旨在帮助学生提高艺术修养，形成发现美、欣赏美、创造美的意识与能力，促进学生身心健康发展。

精魅思维课程包括数学、物理、化学等基础型课程和拓展型课程中的趣味数学、五子棋等，主要对接智育，旨在培养学生的自然科学素养，激发学生对科学的热爱，鼓励学生乐于探索。

精妙探索课程包括科学、生命科学等基础型课程和拓展型课程中的编程机器人、生物百项等，主要对接智育和劳育，旨在培养学生的逻辑思维能力、探究创新能力和动手操作能力。

精勤健体课程包括体育、心理健康等基础型课程和拓展型课程中的女子足球、太极拳等，主要对接体育，旨在促进学生身心健康发展，培养学生积极向上的精神品格。

精善修身课程包括历史、道德与法治等基础型课程和研究型课程中的仪式教育、实践之旅等，主要对接德育，旨在培养学生关注社会生活的意识，提升学生的社会参与度、融入度。

根据国家基础型课程的具体安排，结合学校课程资源、课程门类，考虑到学生的学习兴趣和发展需求，我们按照不同年级对课程内容进行系统建构，形成"精彩教育"课程结构的具体框架。

第三节　精彩课程的多途径实施与多维度评价

基于 APPR 课程发展模式，学校通过推进课程改革、优化课堂教学、建设学科特色、丰富社团活动、定制实践体验、丰富节庆活动、重视仪式教育、完善评价机制等途径推进课程实施。

一、课题引领下的"精彩课堂"呈现"两点四环"

学校正在持续推进的重点工作是以课题为引领，构建"两点四环"的"精彩课堂"。

（一）"精彩课堂"的内涵

"精彩课堂"是一种以提升学生学力为最终目的，在教学价值观上追求以学生的学为中心，注重学生的掌握、学生的问题、学生的思考、学生的参与，在教学设计上聚焦教学重点和学生疑惑点，在教学过程中强调"放""收""测""拓"。"放"是指教师通过设置问题解决的任务或者核心问题，下放学习的自主权，让学生自主学习或讨论。"收"是指教师收集学生学习过程中出现的错误，加以引导和点拨。"测"是指教师及时检测自身的教学效果和学生的学习效果。"拓"是指教师要拓展学生的学力。其中，"放下去、收上来"的教学模式，是提升课堂教学质量的有效方法。

（二）"精彩课堂"的构建策略

其一，以提升学生的学力为根本目标，强调师生之间的互动，强调课堂教学在不断的"放"和有针对性的"收"中的动态推进。因此，教师要培养正确的学生观，关注学生的参与体验；要建立过程观，关注教学过程的结构性；要有效益观，关注课堂教学的实效；要有发展观，认识到课堂教学不是封闭的，而是开放的，整个教学过程呈现出螺旋式推进的特点。"精彩课堂"的灵动性表现为"放""收""测""拓"四个环节的组合是动态、开放、可循环的。比如：教师有可能将"放"提前到课前的学生预习环节；有可能在一节课中呈现出完整的四个环节；也有可能针对具体的教学内容、学生情况，还考虑到课堂时间的限制，只在这节课呈现其中的两个环节，并在下节课结合新的教学内容以另一种形式呈现其他环节。

其二，强调教师不仅要研究教材、学科教学基本要求、中考考纲等，还要了解学生的疑惑点，即学生学习这部分内容时在知识的理解或运用上经常出现的问题及产生的疑惑。学生是如何思考问题的，他们对一些概念到底理解到什么程度，他们建构知识的具体过程是怎样的，这一切都是看不见摸不着的，教师很难直接获得这方面的信息。因此，教师借助自身多年积累的经验，同时结合当下真实的课堂观察，就是一个准确捕捉学生疑惑点的有效途径。

其三，强调教师要精练教学语言，让"放"有方向，让"收"有力度。教学语言在课堂教学中起着引导学生思考、鼓励学生表达的作用。语音清晰、言简意赅、明确具体、专业规范的语言，会给学生以明亮清澈的感受，让学生的精神为之一振，也就更容易投入和教师的互动中；与之相反，如果教师的教学语言随意含糊、啰唆重复，语速过快或过慢，则会让学生接收信息时很费力，理解困难，甚至有想睡觉的感觉。而且，复杂烦琐的讲述，也会破坏学生思维的连续性，不但不能让学生进行持续深入的思考，而且学生也容易出现走神、开小差等不遵守课堂纪律的现象，长此以往还会形成厌学的情绪和浮躁的性格。因此，教师精练、准确、有感染力的语言表达是成功构建"精彩课堂"的保证。

其四，强调教师要设计核心问题，在问题链引导下让"放"和"收"更有质量。问题是学生学习的起点，是教师教学的开始，是建构课堂的"脚手架"。在课堂教学中，教师通过设计核心问题，并在此基础上形成问题链，引导学生基于问题链进行深入思考，在"放"和"收"中开展生生、师生互动，在互动中推进课堂教学。

（三）"精彩课堂"的评价指标

学校结合课堂教学的特点，重点围绕中国学生发展核心素养中的"乐学善学""勤于反思""批判质疑""勇于探究""自我管理""问题解决"六个要点，制定了学生"学力"综合评价指标。为了让课堂教学评价有据可依，学校聚焦学生的课堂表现，从学习兴趣、学习习惯、学习方法、学习能力四方面制定了学生"学力"课堂表现观察表，并围绕这四方面明确了相应的评价要点，描述了评价内容。

二、以"精彩学科"形成学科特色

学校办学质量的核心要素之一就是学科建设。因此，在办学过程中，学校致力于提高各学科教师的能力和水平，使其努力形成学科特色。

（一）"原色语文"课程群

"原色语文"课程群是以统编教材为蓝本，为了落实"语言的建构和运用、思维的发展和提升、审美的鉴赏和创造、文化的理解和传承"四大语文学科核心素养而设置的相关课程，涉及初中低学段到高学段八册语文教材的内容。

在课程实施过程中，教师紧紧围绕统编教材"双线组元"的特点，立足单元教学，关注学生的学习经历，旨在发挥语文学科基础性、工具性、社会性的特点，如既有内涵和深度，又可灵活变化，缤纷多彩。"原色语文"课程群不拘泥于时空，不固化于形式，聚焦学科本色，致力于多元多维发展。其间，课堂教学与专项活动相结合，线上组织与线下传授相搭配，助力学生积累丰富的学习经验，从而促使学生锤炼优质的品德修养，成就独特的精彩人生。

（二）"智慧数学"课程群

"智慧数学"课程群紧扣课程标准，结合学生需要具备的数学学科核心素养设置课程，力争让学生打好基础，学会应用，激发兴趣，启迪思维，同时获得积极的情感体验，形成正确的价值观。

在课程实施过程中，学校将数学基础型课程作为学生课前的引领和课堂学习的主要内容，将拓展型课程和研究型课程作为特色教学内容。学生通过这些丰富的课程，获得对日常生活与周围环境中的简单数学问题进行探索、求解、检验的经历，并在应用数学知识的过程中逐步培养综合应用所学知识解决生活实际问题的能力，以及独立思考的习惯。

"智慧数学"课程群的评价对象和评价主体都是学生。因为"智慧数学"课程群的评价不只是认定，更重要的是激励和调控。在"智慧数学"课程群的评价活动中，学生有评价他人学习表现的责任，还有自我评价的权利。学生有自我评价的机会，就有自主展示自己才华的空间，从而能更好地发挥主体作用，发展自身的元认知能力。

（三）"开放英语"课程群

"开放英语"课程群紧扣课程标准和教学基本要求，在听、说、读、写方面提高学生的英语能力，激发学生的学习兴趣，致力于落实语言知识，培养语言技能，提升文化意识，优化思维品质，增强学习能力。

在课程实施过程中，学校将英语基础型课程作为学生课前引导和课堂学习的主要内容，将拓展型课程作为特色教学内容，旨在提升学生的自主学习能力，拓宽学生的国际视野，真正发挥英语语言在交际中的作用。

（四）"创造劳技"课程群

"创造劳技"课程群是针对初中劳动技术学科的相关课程，致力于让学生在动手操作的实践中体验劳动的光荣和乐趣，并学会合作，从而培养学生的综合素质和能力。

在课程实施过程中，教师要让学生认识到劳动技术课是以操作性、实践性的学习方式为主，以培养学生正确的劳动技术意识和创新思维能力为目的的课程。同时，劳动技术课是以学生获得积极的劳动体验、形成良好的技术素养为主要目标的，对学生的全面发展起到独特的作用。

（五）"感悟生命"课程群

初中生命科学基础型课程选择以人与自然为主线，以人体的平衡与调节为核心，向身心健康辐射；从认识人体出发，逐步认识人体周围的生命世界以及生物与环境的关系；围绕"人—自然—社会"，从整体上探讨人与社会发展和生态环境的关系。

在课程实施过程中，教师依据初中生命科学的教学内容和设计思路，以提高全体学生的生命科学素养为核心，选择人体、健康、生物的主要类群、生态系统四个主题，为学生提供满足健康成长需求的生命科学基础知识、基本技能及相关方法。通过学习，学生在初步获得生命科学的基础知识和基本技能的同时，还能初步体验科学态度、科学精神、科学方法的教育，关注与生命科学有关的热点问题，初步形成人与自然和谐共存的科学理念，逐步养成健康的生活态度和良好的行为习惯。

（六）"科探物理"课程群

物理学是自然科学领域研究物质的基本结构、相互作用和一般运动规律的一门基础学科。中学物理课程是中学自然科学课程系列中的一个重要组成部分，它在引导学生获取科学知识、树立科学思想、学习科学方法等方面起到重要作用。

中学物理课程的目标是：使学生获得必要的物理基础知识和技能；初步了解物理学的发展历程；经历物理知识的形成过程；学习和运用物理学的基本思想和基本方法；养成良好的学习习惯和科学态度；逐步形成正确的世界观、人生观和价值观，使学生初步具有现代社会成员所必需的基本能力和科学素养。

科学探究既是学生的学习内容，又是重要的学习方式，是提高学生科学素养的一种重要而有效的途径。将学生的学习重心从过分强调知识的传承和积累转变为知识的探究，引导学生从被动接受知识转变为主动获取知识，从而培养学生的科学探究能力、实事求是的科学态度和敢于创新的科学精神。

（七）"奇趣科学"课程群

"奇趣科学"课程群主要介绍科学学习最通用、最基本的科学概念、原理和方法，旨在让学生从整体上了解科学本质，认识自然，形成科学的世界观和方法论，为之后学习分科科学课程奠定入门基础。

在课程实施过程中，教师要立足学生发展，提高每一个学生的科学素养，促进其健康人格的形成。对于奇妙的科学现象，学生要能初步了解科学的探究过程，具有解决问题的能力；能与他人合作或独立从事简单的科学探究活动，从而形成探索科学的兴趣；能以科学态度对待人类、自然等方面的问题，了解科学技术对社会所起的推动作用。

（八）"美丽化学"课程群

化学是一门在原子、分子的层次上研究物质的组成、结构、性质转化及应用的科学。这类课程是化学的启蒙，课程设置紧扣课程标准，旨在让学生对化学学科的基本知识、基本理论有初步的认识和了解，同时掌握相关的实验基本技能，为之后学习高中化学打下坚实基础。

在课程实施过程中，教师要让学生认识到化学是许多实验课程的基础。同时，教师要根据学生的年龄特点，在教学中以实验为基础，通过实验中出现的美丽现象和规律变化，引导学生从中获得学科体验，体验化学实验中的美、物质组成中的美、物质性质中的美、化学变化规律中的美，让学生进一步认识和学习化学，从而热爱化学这门学科。

（九）"规范道法"课程群

"规范道法"课程群旨在引导学生在社会生活中，通过处理与自身、与他人和集体、与国家和社会的关系，逐步培养做人做事的稳定的思维方式、观念系统和行为习惯。它融合了道德、心理健康、法律、国情等相关内容，旨在促进学生道德品质、健康心理、法律意识、公民意识的进一步发展，形成乐观向上的生活态度，逐步树立正确的世界观、人生观和价值观。道德与法治学科核心素养是一种综合素养，也是一种必备品格和关键能力，是指学生在道德与法治学科学习和实践活动中养成的具有初中道德与法治学科特征的基础知识、基本技能、基本品质和基本经验。结合国家层面的思想政治学科核心素养（政治认同、理性精神、法治意识、公共参与），融入道德与法治学科的学情进行理解，初中道德与法治学科核心素养应为政治认同、道德修养、法治观念、健全人格、责任意识。

初中四年的道德与法治课是知识的传授，使学生具备公民意识、公民品德、公民常识；是方法的指导，使学生了解如何掌握辩证唯物主义的思维方法并加以实际运用；是在情感态度和价值观上的方向性引领，确保学生身心健康发展，形成健全的人格；等等。简单地讲，就是通过道德与法治学科三维目标的达成来促进学生道德与法治学科核心素养的培育。

（十）"璀璨历史"课程群

历史教育对提高学生的人文素养有重要作用。义务教育阶段的历史课程是在唯物史观的指导下，弘扬以爱国主义为核心的民族精神和以改革创新为核心的时代精神，传承人类文明的优秀传统，使学生了解和认识人类社会的发展历程，更好地认识当代中国和当今世界。学生通过历史课程的学习，初步学会从历史的角度观察和思考社会与人生，从历史中汲取智慧，提高综合素质，从而实现全面发展。

历史课程的设计思路是面向全体学生，从培养学生的历史素养和人文素养出发，遵循历史教育规律，充分发挥历史教育功能，使学生掌握中外历史基础知识，初步学会学习历史的方法，提高历史学习能力，逐步形成对历史的准确认识，并提高正确认识现实的能力，达到课程目标的要求。

（十一）"锦绣地理"课程群

"锦绣地理"课程群紧扣课程标准，旨在让学生了解有关地球与地图、世界地理、中国地理和上海乡土地理的基本知识，了解环境与发展问题；获得基本的地理技能和地理学习能力；具有初步的地理科学素养和人文素养，培养爱国主义情感，形成初步的全球意识和可持续发展观念。同时，教师要结合中考的新要求，结合生命科学的相关内容，组织学生进行案例分析的学习，要把这部分内容融入课堂常态教学。

在课程实施过程中，教师要将地理等基础型课程作为学生课前引导和课堂学习的主要内容，以教材为中心，也要对一些实时性内容进行补充，如澳大利亚山火、非洲的蝗虫等，让学生学习与生活有关的地理知识。此外，教师还要将一些拓展内容和实践活动作为特色教学内容，以此来培养学生的地理素养。比如，学校每年都会开展地理知识竞赛，该活动面向七年级学生，安排在第二学期进行。竞赛的目的是用学科趣味的知识来激发学生学习地理的兴趣。

（十二）"追源探究"课程群

在《上海市中小学研究型课程指南》等文件的指导下，学校积极整合国家课程与学校课程，致力于培养具有民族情怀、国际视野的学生。比如，学校通过以"探究节日文化，传承中华文明"为主题的综合实践活动，让学生了解节日文化的起源、典故、传说、各地不同的习俗以及渗透在节日文化中的名人名言、古诗词等，从而更加认同、热爱中华民族，增强民族自豪感和使命感。学校通过探究活动，增强学生发现问题、探索问题和解决问题的能力，收集、处理和运用信息的能力，自我发展的能力，欣赏他人成果的能力，养成科学态度和人文素养，培养团队合作精神和人际交往能力。

（十三）"多彩音乐"课程群

"多彩音乐"课程群是以国家音乐课程为核心，辅以《上海传统音乐文化：中学版》等特色教材、校本课程。国家教材有少年儿童出版社的六年级和七年级音乐教材以及上海教育出版社的八年级和九年级艺术教材。校本课程以学生学习兴趣和特长发展为出发点，包含鼓乐、街舞、合唱等。《上海传统音乐文化：中学版》融合上海乡土音乐文化和城市音乐文化内容，让学生充分领略和了解上海丰厚的传统音乐文化，增强学生对本土传统音乐文化的自豪感和自信心，从而激发他们对传统文化的热爱。

在课程实施过程中，教师要将音乐等基础型课程作为学生课前引导和课堂学习的主要内容，将拓展型课程和社团活动课程作为特色教学内容，致力于促进学生个性化发展。其中，"鼓乐""陶笛""合唱"作为学校特色课程，由两名音乐教师主要负责，同时请相关专业的专家进行指导。

（十四）"健康体育"课程群

"健康体育"课程群以国家体育与健身课程为核心，紧扣课程标准对学生运动技能的要求设置课程。这类课程具有基础性、实践性、健身性、综合性，以身体练习为主要手段，以促进学生健康发展为主要目的，并努力让学生掌握1—2项终身受益的体育项目。同时，教师要结合中招体育考试要求，将综合运动技能融入课堂常态教学。

在课程实施过程中，学校主动开展初中体育与健身课程的实践和研究，完全能体现国家规定的体育课程内涵，开拓课程的深度，凸显师生在教学实践中的创造性和主体性，并根据目标的整体性、项目内容的系统性，有效促进学生全面发展。

教师要将体育与健身课程作为学生课前引导和课堂学习的主要内容，将拓展型课程和社团活动课程作为特色教学内容，重视学生运动素质和体能训练。其中，"女子足球"作为学校特色课程，贯穿于六七年级的体育课、大课间，由六七年级体育教师负责实施；其他课程作为活动课，由相关专业的教师、教练负责实施。

在体育与健身课程的评价体系中，对于学生的学的评价应该包括学习态度、知识技能、心理发展、社会适应等方面，体能测试可根据体育与健身学科体能项目评分标准进行评价。

（十五）"奇妙美术"课程群

"奇妙美术"课程群以审美教育为核心，紧扣课程标准，以美术知识和技能为基础，旨在陶冶学生的情操，弘扬以爱国主义为核心的民族精神，培养学生的创新精神，提高学生的美术素养和实践能力。

美术教学是实施美术课程目标的主渠道，因此要充分体现先进的教学理念和策略，遵循现代美术教育的自身规律，要从单纯的技能技巧学习转变为美术文化的学习，要想方设法地为学生提供自主探索、合作交流、操作实践等多样化的学习方式。同时，教师要注意加强教学过程的师生互动，使课堂充满生命活力，促进学生美术素养的不断提高。

这类课程学习评价的重点在于学生学习过程中的表现，包括课堂学习的态度、对美术知识和技能的掌握度、创造性思维与问题解决能力。在作品评价中，教师要对学生能表达自己情感、有一定独特性与创意性的结果给予充分肯定，也要对学生能运用美术手段与人合作交流、分享艺术成果及其他成绩给予积极评价。在评价中，教师要引导学生热爱自然美和艺术美，关注社会与环境，倡导培养积极向上的审美情趣和责任意识。

（十六）"智能信息"课程群

"智能信息"课程群以国家信息科技与编程课程为核心，紧扣课程标准对学生信息技能的要求设置课程，确保学生既能学习基本信息知识，也能了解并掌握不断发展的新技术。同时，教师要结合初中信息科技学业水平考试的要求，将基础知识、基本技能和新兴技术综合融入课堂常态教学。

在课程实施过程中，教师要将信息科技等基础型课程的理论知识、基本操作技能作为学生课前引导和课堂学习的主要内容，将 Scratch 等新技术作为特色教学内容，重视学生基本操作能力的提升以及编程软件操作的练习和巩固。其中，"Scratch 编程"作为学校特色课程，由六年级信息教师负责实施。

这类课程的学习评价以过程性评价和结果性评价相结合的方式展开。过程性评价包括对学生学习态度、学习热情、课堂表现、知识和技能的掌握、信息技术能力的提高等方面的评价。结果性评价由上海市统一的学科学业水平考试对学生进行考核评价。学校最终按照这两方面的综合评价给予学生优秀、良好、合格、不合格等第。

三、以"精彩社团"丰富学生课余生活

学校根据"精彩社团"的特点，将其分为学科拓展、艺术、科学创新、文体四种类型。

在评价上，学校采用参与评价、绩效评价和成果评价相结合的模式。评价主体的多元化，对学生的发展起到制约和激励作用，有效保障社团课程的实施。参与评价突出过程性评价，采用学生自评、小组互评和教师评价相结合的方法，主要考查学生的学习表现、学习能力、学习效果等情况。绩效评价通过社团课程考查的方式进行，可以采用笔试、面试、表演、动手制作、小论文等形式，主要考查学生在课程学习过程中对相关知识和技能的掌握程度、发展状况等，由教师对绩效进行评定。成果评价对学生在课程学习过程中相关学习领域的技能

和特长发展起到导向和激励作用。根据三类评价的总和，对学生拓展型课程的成绩进行等第评定，分为优秀、良好、合格、须努力四个等第。

四、以"精彩之旅"促使学生在实践中感动体悟和成人成事

高雅艺术之旅、职业体验之旅、红色爱国之旅、研学探访之旅、七彩梅陇之旅等精彩纷呈的活动，让学生们流连忘返。每一个学生不但更加坚定了理想信念与爱国主义情怀，增强了社会责任感，提高了创新精神和实践能力，而且能在实践中感动体悟和成人成事。

高雅艺术之旅：通过开展中国传统戏曲等高雅艺术进校园活动，提升学校的文化品位，陶冶学生的艺术情操，切实引导学生弘扬中华优秀传统文化，提高艺术素养和文化素养。

职业体验之旅：通过职业基地（公司）参观、职业人访谈采访、产品制作体验、职业角色模拟、体验父母的工作内容等活动，帮助学生发现职业兴趣、启蒙职业理想，在学工匠、学劳模的过程中养成辛勤劳动、诚实劳动、创造性劳动的品质。

红色爱国之旅：通过走进红色纪念地、博物馆、公共文化设施、上海市历史文化风貌区等，引导学生在寻访考察、阅读资料、课题调研中关注我国的发展成就，关注中华文化的传播，深化爱国主义教育和革命教育。

研学探访之旅：通过各类主题研学活动，引导学生发掘家乡的历史人文之美、经济物产之丰和治理发展之新，激发并培育学生的家国情怀。

七彩梅陇之旅：通过参观梅陇十园十景，学生对梅陇镇有了进一步的了解，增强了爱梅陇的情感，立志为建设美丽家园而不懈努力。

学校积极鼓励教师、家长、学生共同参与社会实践体验、研学探访、考察调研等活动，不断拓宽学生的社会实践路径，挖掘各类教育场馆资源，为学生提供丰富多彩的校外课程内容。

五、以"精彩节日"提升学生综合素质

校园是学生自由伸展的美好空间，更是学校文化扎根生长的舞台。为此，学校设立多个校园节日，满足学生的成长需求。

学校根据学生身心成长的阶段性需求，设立艺术节、体育节、科技节、读书节等校园节庆课程。校园节庆课程的实施包括竞赛学习、主题学习、服务学习等形式，致力于促进学生在参与中获得体验，以及在活动中提升综合素质。

艺术节通过组织班级联赛、主题展览、成果展示等活动展开，主要形式有合唱比赛、校园歌手大奖赛、汉字书写比赛、美术作品展、器乐专场赛、舞蹈专场赛等。

体育节通过校园足球或篮球班级联赛、全校学生体质健康测试、趣味运动会、健康教育手抄报展示等活动展开，并利用体育课、大课间、阳光体育的时间全面推进。

科技节通过知识讲座、主题成果展示、综合游园等活动展开，旨在丰富学生的科学文化生活，培养学生的实践能力和科学志趣。

读书节通过集体阅读、主题讲座、知识问答、读书小报、书签制作等形式展开，旨在培养学生的语言建构与运用、思维发展与提升、审美鉴赏与创造、文化传承与理解等语文学科核心素养。

校园节庆课程主要通过学生展示个人特长和综合能力、养成创新意识和合作探索精神、达成课程目标、感受课程传达的精神、激发创新精神等方面进行评价，通过自评、互评、组评、师评等形式对学生进行评价，通过个人申报项目表、活动记录表、互评打分表、小组报告等量化评价。

六、以"精彩探究"培养创新精神和实践能力

"精彩探究"是指学生在教师的指导下，自主运用研究性学习方式获得和应用知识、发现和提出问题、探究和解决问题的学习活动。它是以问题为起点，以研究为中心，旨在充分发挥学生自主能力，强调团队合作，重视实践体验的

一门课程。这类课程改变了学生单一的学习方式，致力于培养学生的创新精神和实践能力，发展学生的多元智能，促使学生形成健全的人格，促进学生全面和谐发展。

比如，学生以中国传统节日为探究主题之一，选择起源、习俗、文化等为课题，制定简单的研究方案，收集资料，开展研究，制作 PPT 以展示成果和交流，获得相应的体验和经验。此外，学生从自然界、社会生活中选择和确定研究的问题，运用观察、调查、实验、猜想、分析、推理等手段，在真实的生活环境中开展研究。

通过"精彩探究"，学生能大胆质疑，主动思考，积极寻找答案，实事求是，敢于提出不同意见，有批判和创新意识；能利用合适的工具和技术，通过多种途径收集信息；能对收集的信息进行初步的定性和定量分析，并通过语言、文字、图表等形式进行信息交流；能懂得协商，合理分工，主动承担任务，相互配合，相互协作。

七、以"精彩仪式"塑造学生品德人格

"精彩仪式"有助于增强学生的使命感和仪式感。它包含独特的文化意蕴，具有丰富的教育意义，对学生的思想观念、价值追求、行为方式等有启迪、引导和教育的作用，是学生品德培养和人格塑造的有效路径。

"精彩仪式"主要有以下四类课程。一是常规仪式课程，包括升旗仪式课程、十分钟队会仪式课程、入团仪式课程。升旗仪式课程是指每周一早上举行庄严的升旗仪式，包括出旗、迎旗、升旗、国旗下演讲等；十分钟队会仪式课程是指每周四中午各中队进行十分钟主题队会，开展丰富多彩的队活动；入团仪式课程是指每学期进行入团十步曲的基本仪式，包括团前教育、入团积极分子学习、入团宣誓仪式等。二是青春仪式课程，包括行正仪式课程、品正仪式课程、心正仪式课程、志正仪式课程，分别在四个年级开展。六年级开展行正仪式课程，注重培育学生的"文明礼仪、规范言行"；七年级开展品正仪式课程，注重培育学生"真诚待人、品行端正"的品质；八年级开展心正仪式课程，注重

培育学生"爱与尊重、乐观积极"的态度；九年级开展志正仪式课程，注重培育学生"磨砺心志、志向远大"的品格。三是成长仪式课程，包括建队暨换戴大号红领巾仪式课程、重温少先队铭言仪式课程、十四岁集体生日仪式课程、离队暨毕业典礼仪式课程，分别在四个年级开展。六年级学生进行换戴大号红领巾仪式，争得立志章；七年级学生进行重温少先队铭言仪式，争得铭言章；八年级学生进行十四岁集体生日仪式，争得接力章；九年级学生进行离队仪式和毕业典礼，争得珍爱章。四是节日仪式课程，包括学雷锋月仪式课程、"六一"庆典仪式课程、少先队建队日仪式课程。学雷锋月仪式课程于每年三月实施，开展爱心义卖、我爱妈妈、奉献小队等活动；"六一"庆典仪式课程于每年六月一日实施，对部分学生和作品进行表彰、展示等；少先队建队日仪式课程于每年十月十三日实施，举行少代会等仪式。

"精彩仪式"从学习态度、学习过程、学习效果三个维度展开评价，评价内容包括学生的参与情况、行为要点、情感体验等。学生在仪式中感受文化内涵和价值追求，实现心灵的润泽，感受生命的洗礼。"精彩仪式"采用自评、互评、组评、师评相结合的方式进行评价。

第四节　健全制度体系以保障学校课程实施

回顾曹行中学的课程建设历史，学校管理者和教师的课程理解力、执行力和评价力不断提升，学校在课程建设中的经验不断得到积累和传播。这一切都源于学校不断建构与完善课程建设制度和保障体系。

一、完善课程组织体系，落实课程具体实施

学校成立课程建设领导小组和课程部，推进课程高效实施。课程建设领导小组以校长为组长，以学校中层领导、教研组组长为主要成员，具体负责学校

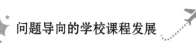

课程规划、管理与调整。课程部以教导处、政教处、学科组组长、骨干教师为核心，负责学校课程申报、审定、实施、评价、调整等具体事宜。学校把课程建设列入学校工作日程，教导处、政教处、年级组、学科组积极组织，帮助相关教师制定课程规划，进行课程研发。

二、制定课程管理制度，形成研发、实施、评价机制

学校通过确立科学且合理的课程规划，将其作为课程建设的顶层设计蓝图，全面引领并统筹学校的课程建设工作。每个学科组在每学年之初根据学校课程规划，结合本学科的课程建设实际情况，构建学科课程，从课程目标、课程设置、课程实施、课程评价、课程管理等方面撰写学科课程规划。学校要从课程简介、背景分析、课程目标、学习主题（列出教学进度）、课程评价等方面对开设的每门学科作出详细的规划。

同时，学校要从不同类型的课程实施角度（基础型课程、拓展型课程、研究型课程），建立相应的课程研发、整合、实施、评价机制。比如，拓展型课程主要采用学生自主选择的方式，分年级走班，并且定时间、定地点、定教师、定学生。

任课教师要认真做好课程评价工作，对学生参与课程的学习情况作出合适并能体现课程特点的评价。课程部每学期要对各学科的研发、实施、评价、成果等进行综合评价，从学生、家长、社会效益等角度出发，对学校课程提出改进方案。

三、保证课程研发和实施过程中必需的物质条件

学校创造条件，保证课程研发和实施过程中必需的经费、器材、场地、配置等物质条件。比如：将校本课程的研发、评审、优化、实施计入教师工作量，保障优秀课程的奖励经费，并将工作业绩归入教师业务档案中；鼓励教师争取与课程相关的课题、项目经费，开展课程研发与评价的深度研究；为优秀课程提供必要的场地、设施配置以及器材的经费保障与采购支持，以确保课程的有效实施。

（撰稿人　杨贤龙）

后记

　　自 2018 年上海市第四期"双名工程"启动以来，我们十位校长在上海市教育科学研究院杨四耕教授的指导下进行学校课程改革实践，一路上受到项目组专家和十所学校师生的大力支持。最终，本项目成果获得上海市基础教育教学成果奖二等奖并成功出版。

　　特别感谢上海市第四期"双名工程"项目组及所有外聘专家在项目申报、课题开题、中题汇报、成果指导等活动中给予的督促、建议和指导。他们在三年的时间里多次修正我们的研究方向，明确我们的研究路径，最终促使我们取得研究成果。

　　感谢上海市泾南中学、上海市闵行区浦江第三中学、上海市建平中学西校、上海市实验学校东校、上海市上南中学北校、上海市北蔡中学、上海市闵行区浦江第一中学、上海市香山中学、上海市闵行区曹行中学、上海市南汇第二中学的师生积极参与课题活动，为本课题的实施推进提供了保障。虽然课题结题时不少校长已经离开原学校，但这些学校在课题实践中的成功经验依然是我们的宝贵财富。

　　感谢张人利校长、徐红校长、董君武校长等为我们提供优秀的学校示范案例与指导，感谢上海市教育学会、上海市浦东新区教育局组织人事处对我们的大力扶持，也感谢兄弟团队胡瑞峰校长基地、陈洁校长基地与我们携手共进、互相支持。

　　感谢上海教育出版社的编辑们对本书出版作出的努力。

刘玉华

2024 年 8 月

图书在版编目（CIP）数据

问题导向的学校课程发展 / 刘玉华等著. —上海：
上海教育出版社, 2024. 10.
— ISBN 978-7-5720-3127-4

Ⅰ. G632.3

中国国家版本馆CIP数据核字第2024U1147J号

总 策 划　刘　芳　公雯雯

责任编辑　袁　玲

封面设计　肖禹西

问题导向的学校课程发展

刘玉华　　等著

───────────────────────

出版发行　上海教育出版社有限公司
官　　网　www.seph.com.cn
地　　址　上海市闵行区号景路159弄C座
邮　　编　201101
印　　刷　上海商务联西印刷有限公司
开　　本　700×1000　1/16　印张 19
字　　数　281 千字
版　　次　2024年11月第1版
印　　次　2024年11月第1次印刷
书　　号　ISBN 978-7-5720-3127-4/G·2773
定　　价　68.00 元

───────────────────────

如发现质量问题，读者可向本社调换　电话：021-64373213